Johannes Falke

Die Hansa als deutsche See- und Handelsmacht

Johannes Falke

Die Hansa als deutsche See- und Handelsmacht

ISBN/EAN: 9783743316904

Hergestellt in Europa, USA, Kanada, Australien, Japan

Cover: Foto ©ninafisch / pixelio.de

Manufactured and distributed by brebook publishing software (www.brebook.com)

Johannes Falke

Die Hansa als deutsche See- und Handelsmacht

Deutsche National-Bibliothek.

Volksthümliche Bilder und Erzählungen aus Deutschlands Vergangenheit und Gegenwart.

Neue Ausgabe.

Achter Band.

Berlin.
Verlag von F. Henschel.

Die Hansa

als

deutsche See- und Handelsmacht.

~~~~~~

Von

Dr. Johannes Falke,

Hauptstaatsarchivar in Dresden.

Neue Ausgabe.

Berlin.
Verlag von F. Hensche.

1. Der Verkehr an den deutschen Meeren in vorhansischer Zeit.

Seit den ältesten Zeiten einer deutschen Geschichte finden wir unsre Vorfahren als Meeranwohner. Die Nordsee, die mit ihren Küstenländern von deutschen Stämmen die erste und hauptsächlichste Bedeutung erhielt, hieß deswegen das deutsche Meer, mare germanicum. Die Römer hatten hier in den ersten Zeiten ihres Kaiserreichs mit deutschen Stämmen ihre heftigsten Kämpfe, das auf den Trümmern Roms begründete Frankenreich fand in den von deutschen Franken bewohnten Küstengegenden der Nordsee seine vornehmsten Stützpunkte und zugleich in den Sachsen seine zähesten und kriegerischsten Gegner, England erhielt von hier den Theil seiner Bevölkerung, der dieses Inselreich zuerst als selbstständigen Culturstaat in die Geschichte einführte. Das deutsche Rheingebiet, so weit es von den Mündungen aufwärts von den fränkischen Stämmen besetzt war, ist für unsre Culturgeschichte von der ältesten Bedeutung, und von hier aus drangen zuerst deutscher Handel und Gewerbe über das Meer. Schon unter dem ersten fränkischen Herrscherhause der Merowinger erhoben sich die Städte wieder, die während der Römerzeit hier geblüht hatten, unter den brüberhin fluthenden Wogen der Völkerwanderung aber zu Boden gelegt waren. Köln, Mainz und Straßburg traten zuerst mit culturhistorischer Bedeutung hervor. Aus der Zeit der Karolinger haben wir von ihrem Verkehr und ihrer Schifffahrt die ersten zuverlässigen Mittheilungen. Karl der Große befreite im Jahre 775 die Bürger von Straßburg von allen ungerechten Zöllen am Rhein, welchen Namen sie auch haben möchten. Der lateinische Dichter Ermoldus Nigellus, der um 824 in Straßburg als Verbannter lebte, erzählt von einem lebhaften Verkehr der Straßburger mit den Friesen und nennt den Elsässischen Wein einen Hauptgegenstand dieses Handels. Zu derselben Zeit hatten auch schon die Friesen Zollfreiheit bei Worms und auf dem Neckar. Die Handelslinien von Mainz und Köln reichten im 10. Jahrhundert den Rhein hinab in die Nordsee und durch das innere Deutschland zur Donau hinüber und an dieser hinab bis nach Konstantinopel. Mainz hieß bis zum 13. Jahrhundert die vornehmste Stadt Deutschlands, das „goldene" Mainz, und dieses Bisthum das ruhmvollste, an Volk und Schätzen reichste, an Macht und Gebiet ausgedehnteste. Aber schon seit dem 11. Jahrhundert wetteiferte Köln mit Mainz und gewann im dreizehnten durch seinen Verkehr über die Nordsee in Handel und Gewerbe einen immer weiteren Vorsprung. Als die Kölner im Jahre 1074 einen Aufstand gegen ihren Erzbischof erhoben, doch von ihm bezwungen wurden, zählte diese Stadt schon über 600 reiche Kaufleute, die aber der auf Seiten des Erzbischofs stehende Geschichtsschreiber Lambert als ein Geschlecht schildert, das vom Winde bewegt wird, von Jugend auf unter städtischem Luxus und Vergnügen erzogen und, ohne alle Erfahrung des Kriegswesens, stets gewohnt ist, nach dem Verkauf der Waaren bei Wein und Mahlzeiten wie Helden über den Krieg zu reden, ohne doch selbst das Werk hinauszuführen zu können. Wie wenig schmeichelhaft auch diese Schilderung sein mag, so sehen wir doch, daß Reichthum und Luxus schon im 11. Jahrhundert in Köln zu Hause waren. Weiter hinab in den Gebieten des Niederrheins erscheinen dagegen die Friesen als die ältesten Träger des Handels, als fleißige und geschickte Gewerbsleute, als tüchtige und kecke Seefahrer. Berühmt waren sie in der Wollenweberei, und ihre farbigen Tücher standen so sehr in Ansehen, daß Karl der Große dem Perserkönig als Gegengeschenk für kostbare Gaben mit hispanischen Pferden und Maulthieren friesische Tücher von blauer, weißer, bunter und grauer Farbe mit stattlicher Gesandtschaft schickte. Die Friesen vermittelten zuerst den Verkehr des innern Deutschlands und besonders der rheinischen Gegenden mit den Küstenländern der Nordsee, hielten die Verbindung zwischen den deutschen Küsten und den nach England gegangenen Angelsachsen aufrecht und legten zugleich durch ihren Seehandel den ersten Grund zu einer deutschen Schifffahrt. Auf den Messen von St. Denys waren sie schon zu Anfang des 8. Jahrhunderts thätig und belebten mit ihren Schiffen damals sogar die Seine. In Worms bewohnten sie einen besondern Stadttheil, in Mainz und Köln waren sie mit ihrem Handel thätig, auf dem Neckar hatten sie Zollfreiheiten, während die Kaufleute der oberrheinischen Städte in den Mündungen des Rheins und der Schelde Handelsfreiheiten und Zollerleichterungen erwarben. Als die bedeutendste friesische Handelsstadt trat schon zur Zeit der Karolinger da, wo der Leck vom Rhein sich trennt, Dorestatt hervor, wegen seines Reichthums und Ruhmes ein Hauptzielpunkt für die räuberischen Züge der Normannen. Von hier aus fuhren die Friesen mit ihren Segelschiffen nach England in den Humber, erschienen schon im Jahre 770 in York als thätige Kaufleute und erwarben sich zugleich als Baumeister und Seekrieger großen Ruf.

Weiter gegen Osten bewohnte die Südküste des deutschen Meeres der Stamm der Sachsen. Zuerst von Süden und Westen her durch die Herrscher des Frankenreichs, dann von Norden und Osten durch Normannen und Slaven vielfach bedrängt, erhoben sie nach Annahme des Christenthums und unter dem Schutze des deutschen Reiches diese Gegenden zu einem der bedeutendsten und culturreichsten Theile des Reiches. „Sachsen," so schreibt schon Einhard in seiner Lebensgeschichte Karls des Großen, „ist kein geringer Theil Deutschlands und wohl doppelt so groß, wie der von Franken bewohnte, dem es an Länge gleichkommen mag. Drei Winkel hat es, den einen im Süden am Rhein, den andern im Westen im Lande Hadeln, den dritten am Saalefluß; die Elbe bildet die östliche Grenze, doch auch noch jenseits der Elbe wohnen Sachsen. Fast ganz Flachland mit wenigen Hügeln, ist es berühmt durch seine Männer, durch Kriegsthaten und Fruchtbarkeit, nur des süßen Weines entbehrt es, sonst bringt es Alles, was zum Lebensbedarf gehört, selbst hervor, denn es ist im Ganzen überall fruchtbares Acker=, Wiesen= und Waldland, am Rhein und an der Saale fett, gegen Friesland sumpfig und nur an der Elbe trocken. Elbe, Weser, Saale sind seine Hauptflüsse." Im 9. Jahrhundert treten hier schon Bremen, Hamburg und Magdeburg durch ihre vortreffliche Lage, den Ernst und die Betriebsamkeit ihrer Bewohner als aufstrebende, zu großer Bedeutung bestimmte Handelsplätze hervor. Bremen, durch seine Lage gegen die Seeräuber mehr geschützt und schon seit dem Anfang des 9. Jahrhunderts Sitz eines Erzbischofs, schwang sich schnell zu einem weitreichenden Handelsleben empor und war schon ein nach den Verhältnissen jener Zeit glänzender Bischofssitz geworden, als Hamburg, von Karl dem Großen als Burg gegen die östlichen Slaven gebaut, noch durch Anfälle von diesen und den nordischen Seeräubern niedergehalten wurde. Bedeutend für die älteste Geschichte Bremens war die Regierung des Erzbischofs Adalbert im 11. Jahrhundert. „Das kleine Bremen," sagt der Geschichtschreiber Adam von Bremen um diese Zeit, „wurde durch sein Verdienst weit und breit wie nur Rom selbst bekannt, und Andächtige und Gesandte kamen aus den fernsten Gegenden, selbst aus Island, Grönland und den Orkaden, bittend, daß er ihnen Prediger sende, was er auch that." Alle Fremden, die hierher kamen, waren ergötzt durch die Pracht des griechischen Gottesdienstes, den der prachtliebende Erzbischof eingeführt hatte, durch den Rauch der Spezereien, das Blitzen der Lichter, den Donner der laut tönenden Stimmen und den Glanz der kostbaren Gewänder. „Aus allen Theilen der Erde," beschließt Adam seine Schilderung, „besuchten die Kaufleute Bremen mit den gangbarsten Waaren." — Wenn auch der Tod des hochstrebenden Kirchenfürsten mit seinen Folgen die „Stadt Bremen an Bürgern, den Markt an Waaren" herunterbrachte, so dauerte dieser Rückschritt doch nicht lange; im folgenden Jahrhundert sehen wir den Bremer Markt wieder mit Waaren und Schiffen erfüllt, wobei die friesischen Rustrer vor allen thätig erscheinen, und Bremer Seefahrer verbinden durch weitreichende Seefahrten die neuentdeckten livländischen und die estländischen Küsten mit dem Morgenlande. — Am lebhaftesten tritt in den unteren Elbgegenden neben dem in seiner Entwicklung niedergehaltenen Hamburg das weiter im Innern gelegene Bardewik hervor, das schon Karl der Große mit Magdeburg und anderen südlicheren Orten zu einem Verkehrsplatze mit den Slaven bestimmt hatte, und das im 10. und 11. Jahrhundert seine Handelslinien die Elbe hinauf und hinab, hinüber zu den von den Slaven bewohnten Ostseeküsten, mit andern sächsischen Binnenstädten Magdeburg, Soest, Stendal, Salzwedel erstreckte. Diese Städte trugen einen immer mächtiger sich entwickelnden Handelsstrom aus dem nordwestlichen Deutschland über die Elbe an die südwestliche Küste der Ostsee und waren trotz ihrer Lage im Innern des Landes die ersten, welche einen deutschen Seehandel auf der Ostsee begründeten, dem sie einen Theil ihrer schnellen Blüthe verdankten. Das Salz der benachbarten Lüneburger Quellen war ein Hauptgegenstand dieses Handels und hob namentlich die Stadt Bardewik zu großem Reichthum, bis sie in ihrem Uebermuthe Heinrich den Löwen beleibigte und nach gänzlicher Zerstörung durch denselben ihre Handelsstellung an das jüngere Lübeck abgeben mußte. Weiter noch hinein in's Binnenland, aber auch mit lebhafter Betheiligung am Seehandel, blühte in frühesten Zeiten neben dem durch Kaiser Otto I. gehobenen und begünstigten Magdeburg die Kaiserliche Residenzstadt Goslar, die aber gleichfalls schon sehr früh ihre hervorragende Stellung einbüßte. Arnold von Lübeck, der Geschichtsschreiber, rühmt Goslar vor andern sächsischen Städten und nennt die Bürger kriegsgeübt durch beständigen Gebrauch der Schwerter,

Bogen und Lanzen; noch beweisen kolossale Baureste aus dieser älteren Periode der Stadt frühen Reichthum und Bedeutung. Doch die Braunschweiger und ihre Fürsten bedrängten seit dem dreizehnten Jahrhundert unaufhörlich die Stadt, zerstörten ihre Bergwerke, schädigten die Bürger auf allen Straßen und eroberten endlich durch plötzlichen Ueberfall Goslar zu einer Zeit, da die Thore schlecht bewacht und der größte Theil der Bürger draußen war. Acht Tage lang sollen die Sieger auf großen Lastwägen die Beute hinweggeführt haben und darunter waren so viel Spezereien und Pfeffer, daß diese damals äußerst kostbaren Waaren mit Scheffeln vertheilt wurden; aus den Kirchen wurden goldene Kronleuchter und andere Zierrathen in Menge geraubt. Seitdem erhob sich Goslar nie mehr zu der Bedeutung seiner ersten Periode wieder. Auch Halle nahm an diesen Verkehrslinien Antheil, und die Salzschiffe gingen von hier die Saale hinab in die Elbe, und von der Elbe die Havel aufwärts bis zu den Slaven an der Ostseeküste.

Ein Hinderniß ganz besonderer Art, das wir hier näher erwähnen müssen, hielt noch im 9. und 10. Jahrhundert die Entwicklung der deutschen Nordseeküste zurück. Es waren die räuberischen Anfälle der Dänen und Normannen, die bis tief hinein in's Innere Deutschlands sich erstreckten. Vor Allen reizte sie das reich gewordene friesische Küstenland, und so oft sie auch von den kriegerischen Einwohnern mit schweren Verlusten zurückgetrieben wurden, so suchten sie stets das offene Land und die Städte mit neuen Plünderungen heim, vernichteten unter anderen den Hafenort Witla gänzlich und hatten sogar Dorestatt eine Zeitlang als Lehn vom Reiche inne. In stets wiederholten Raubzügen verwüsteten sie die Rheinufer bis über Köln hinauf, brannten diese Stadt zu verschiedenen Malen aus, daß sie ganz neu wieder erbaut werden mußte, hielten sich dann den Winter hindurch auf dem Rheinufer und den Rheininseln mit den geraubten Schätzen und Vorräthen, Männern und Weibern, die sie als Sclaven gebrauchten, hinter schnell aufgeworfenen Verschanzungen und stürmten im Frühling wieder mit Raub und Plünderung über das flache Land. Auch in Sachsen drangen sie die Elbe aufwärts tief hinein, wurden zwar oft mit schweren Verlusten geschlagen, kehrten aber immer gewitterschnell zurück und führten über das Meer, was sie nur an Beute erlangen konnten. Durch Ludwigs des Deutschen und seines Nachfolgers Arnulf nachdrucksvolle Kriegführung wurden sie endlich auf die Dauer aus den deutschen Gegenden hinweggewiesen und richteten seitdem ihre Raubzüge in die Länder jenseits des Rheins.

In der ältesten Zeit unserer Geschichte waren auch die Südküsten der Ostsee schon einmal von germanischen Völkerstämmen ganz besetzt gewesen, ohne daß diese aber zur Ruhe und zu einer bleibenden Heimath gelangen konnten. Als später das Frankenreich durch Karl den Großen den Gipfel seiner Macht erreichte, sehen wir diese Seeküsten von der dänischen Halbinsel bis in den äußersten Osten hinauf im Besitze slavischer Stämme und die Deutschen nach Westen bis über die Elbe zurückgedrängt. Aber zu derselben Zeit erwacht auch bei diesen schon das Verlangen, wieder über die Elbe zu dringen und die Ostsee zu erreichen, ein Verlangen, das in den folgenden Zeiten erst Ruhe findet, nachdem die Küsten bis zur Newa hinauf deutschem Einfluß und deutscher Bildung gewonnen waren. Zuerst dringen in kaum erkennbaren Linien deutsche Betriebsamkeit und Handelsthätigkeit unter Karl dem Großen nach Norden zu den Dänen, nach Osten über die von diesem Kaiser angeordneten und beschützten Handelsplätze zu den Slaven an die wagrischen und abodritischen, holsteinischen und mecklenburgischen Ostseeküsten. In dieser Periode sind in den Ländergebieten der Ostsee die nordisch-germanischen und die slavischen Völker dem deutschen Elemente noch weit voraus. Die Germanen des Nordens hatten, durch die Nähe der schwedischen, norwegischen und dänischen Küsten begünstigt und durch größere Seekühnheit und Tüchtigkeit ausgezeichnet, die Straßen der Nord- und Ostsee schon aufgedeckt und verbanden durch ihre Fahrten die Küsten der britischen Inseln und der nordischen

Reiche mit den slavischen und russischen Gebieten im Osten und über diese selbst mit Konstantinopel und dem fernen Morgenlande. Die slavischen Stämme ragten durch größere Beweglichkeit hervor, durch ein schnelleres Aufblühen von Handel und Gewerbe, welche schon zu einer Zeit, da die Deutschen kaum erst die Ostsee kannten, hier schon sehr lebhafte, durch die Sage glänzend gefeierte Verkehrsmittelpunkte herausgebildet hatten. Adam, Helmold und Arnold, die drei trefflichen Geschichtsschreiber dieser Zeiten und Länder, rühmen gleichmäßig die Thätigkeit der slavischen Völker an der Ostsee, die Fülle und Behaglichkeit ihrer Lebensverhältnisse, ihre Geschicklichkeit und Emsigkeit in Ackerbau, Viehzucht, Fischerei, Handel und Gewerbe. Helmold lernte im 12. Jahrhundert als Begleiter des Bekehrers Vicelin zu einer Zeit, da das deutsche und slavische Element auf Tod und Leben im Kampf gegen einander lagen, aus eigener Anschauung diese Gegenden kennen. Beim Abodritenfürsten Pribislav wurden beide gastfreundlich aufgenommen und von Tafeln, die mit zwanzig Gerichten besetzt waren, gespeist. „Aus eigener Erfahrung habe ich kennen gelernt," ruft Helmold nach der Beschreibung eines solchen Gastmahls aus, „was ich bisher nur von Hörensagen kannte, daß kein Volk, was die Gastlichkeit anlangt, ehrenwerther ist, als die Slaven; denn in Bewirthung der Gäste sind sie alle eines Sinnes, so daß Niemand um gastliche Aufnahme zu bitten braucht. Was sie durch Ackerbau, Jagd und Fischerei erwerben, geben sie Alles mit frohen Händen hin und preisen den als den Tapfersten, der der Verschwenderischeste ist." Ebenso erstaunt waren die Begleiter des h. Otto über den Reichthum dieser Völker an Fischen, Rindvieh und Wildpret, Feld= und Gartenfrüchten, Honig, Butter und Käse. Die slavischen Sorben beuteten zuerst die Salzquellen Halle's aus, die Pomeranen webten wollene und leinene Tücher, bauten Getreide, Flachs und Waid, brauten Meth und Bier; der Fischfang wurde von ihnen und anderen slavischen Stämmen an den Küsten auf's Lebhafteste betrieben. Schon vor den Germanen übten die Slaven Berg=

bau und schmiedeten treffliche Geräthe und Waffen. Dennoch hatten sie weder Häuser von Stein, noch Städte von dauerbarem Bau; ihre Wohnungen waren Hütten von Flechtwerk und Zelte von Leinwand, ihre Tempel und Paläste von Holz, ihre Festungen schnell aufgeworfene Erdwälle. Sie lebten in Allem leicht und schnell, mehr für den Tag als planmäßig, bald im Ueberflusse schwelgend, bald darbend und von Nachbar zu Nachbar ziehend. Hatten sie Alles durchgebracht, so gingen sie auf Raub und Diebstahl und theilten und verschmausten am folgenden Tage die Beute mit den Freunden. So geartet waren die Bewohner der südlichen Ostseeküsten vor der Germanisirung. Damals schon gab es hier ganz bestimmt ausgeprägte Schifffahrts- und Handelslinien. Vor Schleswig, in ältester Zeit Habeby genannt, sammelten sich mit dem Eintreten der Fahrzeit die Handelsschiffe aus den westlichen Gegenden, zogen dann längs der Küste in meistens kurzen Tagefahrten nach dem wagrischen Aldenburg, dann zum abobritischen Reric, von hier zu der vielbesuchten und genannten Hauptstadt der Retharier, Rethra, „aller Welt bekannt." Hier war dem slavischen Hauptgotte Radegast ein prachtvoller Tempel erbaut mit seinem Bilde von Gold und einem Lager von Purpur; die Stadt hatte neun Thore, war von tiefer See rings umgeben und durch eine hölzerne Brücke mit dem Festlande verbunden. Von Rethra ging die Fahrt in die Mündung der Oder, wo Vineta für „Barbaren und Griechen (Russen), die ringsum wohnen," einen lebhaften Markt bot. Diese Stadt wurde von der Sage mit besonderer Vorliebe verherrlicht, als das glänzendste Beispiel vergangener slavischer Herrlichkeit, deren versunkene Trümmer immer noch sichtbar aus der Tiefe des Meeres emporragen. Wenn die schärfere Forschung diese Steintrümmer auch schon längst als Klippen und Kreidefelsen erkannt hat, so sind doch die Nachrichten von der Stadt Vineta zu bestimmt, um Alles für Sage halten zu können. Adam von Bremen redet von Vineta also: „Weil zum Preise dieser Stadt große und fast unglaubliche Dinge vorgebracht werden, so will ich Einiges einschalten.

Es ist wirklich die größte von allen Städten, die Europa ein=
schließt. In ihr wohnen Slaven und andere Nationen, Grie=
chen und Barbaren, denn auch den dort ankommenden Sachsen
ist unter gleichem Rechte mit den Uebrigen zusammenzuwohnen
gestattet, freilich nur, wenn sie, so lange sie sich dort aufhal=
ten, ihr Christenthum nicht kundgeben. Uebrigens wird, was
Sitte und Gastlichkeit anlangt, kein Volk zu finden sein, das
sich ehrenwerther und dienstfertiger bewiese. Jene Stadt nun,
welche reich ist durch die Waaren aller Nationen des Nordens,
besitzt alle möglichen Annehmlichkeiten und Seltenheiten; auch
der Vulkanstopf, den die Eingeborenen das griechische Feuer
nennen, findet sich dort u. s. w." — Hierher führte von Ham=
burg aus eine Landhandelsstraße, die Adam auf 7 Tagereisen
berechnet. Jedenfalls also war Vineta ein berühmter und viel=
besuchter Hafenplatz, doch nach slavischer Art leicht und für den
Augenblick gebaut, im Winter nur von seßhaften, heidnischen
Slaven bewohnt, im Sommer von den Ostseefahrern, Fisch=
fängern, Kaufleuten aller Nationen des Nordens besucht und
belebt. — Von hier aus zog sich dann in den ältesten Zeiten
der Handel zu Lande weiter in den Osten, über Gedanie
(Danzig) durch die Küstengebiete der Pomeranen, Prussen, Esten
u. s. w. nach Ostrogard, dem späteren Nowgorod, der Russen
westlichsten Handelsstadt, die ihre Handelslinien auf dem Dniepr
nach Kiew, der Nebenbuhlerin Konstantinopels, zog und hier
mit dem großen morgenländisch=asiatischen Handelsstrom zu=
sammentraf. Auch in der Ostsee selbst und an der gegenüber=
liegenden schwedischen Küste hatten die sich kreuzenden Handels=
linien verschiedene Verkehrsknotenpunkte gebildet. Als ein äl=
tester und berühmtester erscheint die dänische Insel Holm (Born=
holm), ein sicherer Standort für alle Schiffe, welche zu den
Slaven und an die russischen Küsten gesandt wurden, desgleichen
an der schwedischen Küste Sigtuna und Birka (Björköe). In
diesen letzteren Hafen, dessen Eingang aber durch die zum Schutz
gegen die Seeräuber unter der Meeresfläche aufgeführte Stein=
mauer sehr gefährlich geworden war, kamen alle Schiffe der

Dänen und Normannen, der Slaven und Sachsen, um von hier aus die russischen Küsten und Ostrogard zu erreichen.

Diese Verhältnisse der Ostseeküsten erhalten im Laufe des 12. und 13. Jahrhunderts eine gänzlich veränderte Gestalt. Das Vordrängen der Deutschen über die Elbe nach Osten, die gleichzeitigen Eroberungen der Dänen an den Südküsten hin über Rügen und Pommern bis nach Estland, die durch die Deutschen der Nordsee eröffnete Fahrt durch den Sund und über die offene Ostsee bis nach Livland, ließen die alten Verkehrsplätze fast alle bis auf den Namen verschwinden und erhoben nach vollendeter Germanisirung der Küsten an deren Stelle die Städte, welche uns später als die Träger des Handels und der Hansa in diesen Gebieten entgegentreten. Die deutschen Eroberungen begannen hauptsächlich mit Albrecht dem Bären im Süden und mit Heinrich dem Löwen im Westen; die Gründung des Schwertordens in Livland, die Uebersiedelung des deutschen Ordens in das Land der alten Preußen schlossen den Kreis der bedeutsamen Thatsachen, welche die langgedehnte Südküste der Ostsee zu einem wichtigen Theile des deutschen Reiches umbildeten und die Ostsee zu einem deutschen Meere machten. Zuerst fielen Albenburg und Reric, und der letzte Ort verschwand bis auf den Namen. Rethra wurde i. J. 906 durch Otto I. und den Markgrafen Gero vernichtet, Vineta 1043 durch den Dänenkönig Magnus gänzlich niedergeschlagen, 1170 auch die rugischen Städte Arkona und Karenz zerstört. Die Slaven wurden von den Deutschen und Dänen theils vernichtet, theils in die Sclaverei verkauft, und was übrig blieb, lebte vom Raub zu Land und See oder gab sich dem Eroberer in Zins und Dienstpflicht. Zuerst trat jetzt als der hauptsächlichste Mittelpunkt des Ostseeverkehrs Wisby auf Gothland hervor. Die schwedischen Kaufleute, damals die gothischen genannt, ließen sich hier zuerst nieder und verkehrten von hier aus mit Slaven und Russen; dann kamen von der Nordsee und den nun deutsch gewordenen südwestlichen Ostseeküsten auch die deutschen Kaufleute, um über diese Insel

ihre Handelslinien auf der Ostsee nach allen Richtungen aus=
zubreiten. In der Travelandschaft erblühte damals das zuerst
von den Slaven erbaute, — das Dorf Alt=Lübeck giebt noch
Zeugniß davon, — dann etwas höher hinauf von den holstei=
nischen Grafen auf einem von der Trave und Wakeniß um=
flossenen sicheren Hügel Buku neubegründete Lübeck.

Heinrich der Löwe, der um diese Zeit hier seine Vernich=
tungskämpfe gegen die slavischen Stämme mit Glück und Nach=
druck führte, erzwang von dem Grafen von Holstein die Abtretung
der neuen Stadt Lübeck und machte sie nach Zerstörung von
Bardewik zu einem Mittelpunkte dieses südwestlichen Ostsee=
gebietes. Dadurch erhielt die weitere Germanisirung dieser Ge=
genden einen festen Rückhalt und sie drang nun mit dauerndem
Erfolge nach Osten unausgesetzt weiter, bis die Abodriten, Ra=
nen, Luitizen, Wilzen, Pomeranen und Kassuben nach blutigen
Kämpfen dem Christenthum und dem deutschen Reiche unter=
worfen waren. Zu gleicher Zeit drängte aber auch das dänische
Reich, damals und noch in späteren Jahrhunderten die größte
Macht des nördlichen Europa's, von der Nordküste vorwärts
und erstreckte im Gleichschritt mit den Deutschen am Meere
hin seine Eroberungen über mecklenburgische und pommersche
Gebiete bis nach Rügen und bald auch bis nach Liv= und Est=
land.

So lange die beiden Reiche, das deutsche und das dänische
hier dasselbe Ziel verfolgten und als natürliche Bundesgenossen
zu demselben schweren Kampf aneinander gefesselt waren,
gingen sie ohne heftiges Zusammenstoßen mit= und nebenein=
ander diesen Eroberungen nach, welches Verhältniß durch die
freundschaftliche Verbindung des ersten dänischen Waldemar
mit Friedrich I. und Heinrich dem Löwen und des zweiten
Waldemar mit Friedrich II. bewiesen wird. Später erwuchsen
aus diesem Verhältnisse Kämpfe und feindselige Wechselbezie=
hungen, die den friedlichen und nachhaltigen Abschluß auch heute
noch nicht gefunden haben. Zugleich mit den Dänen erwarben
noch von anderer Seite die Polen, damals durch kraftvolle

Herrscher zu einem Reiche und einem Ziele vereinigt, in diesem
Werke der Unterwerfung und Christianisirung der Ostseeküsten
mit und erstreckten ihren Einfluß tief in die pommerschen Gebiete hinein. Doch das deutsche Element erhielt durch überlegene Kriegstüchtigkeit und höhere Bildung, durch zäheres und
gleichmäßigeres Vorgehen das Uebergewicht, der dänische Einfluß blieb auf Küstengebiete und Inseln beschränkt, die polnische Macht wurde gegen Südosten zurückgedrängt, und zwischen
beiden schritt die deutsche Eroberung und Bildung, getragen
durch die Kriegsmacht des deutschen Ordens und des Ordens
der Schwertbrüder, durch die Geisteskraft der Kirche, durch die
Gewerbs- und Handelsmacht der alsbald aufblühenden Städte,
bis zur Newa hinauf. Die Gabe, verlassene Landstriche zu
colonisiren, unterlegene Völkerstämme der eigenen Bildung auf
die Dauer zu gewinnen und dienstbar zu machen, bewährte
sich damals in erfolgreichster und glänzendster Weise, so daß
bis zum 14. Jahrhundert das ganze langgestreckte Küstengebiet
von der Mündung der Trave bis über die Düna hinweg mit
aufblühendem städtischen Gemeinwesen besetzt war und deutscher
Handel und Gewerbfleiß, deutsches Recht und deutsche Bildung
über das Meer in das innere Land hinein gegen Osten und
Südosten sich die Herrschaft gewonnen hatte. Lübeck, Wismar
und Rostock, Stettin, Garz, Stargard, Greifswalde, Stralsund,
Anklam, Demmin, Kolberg, Danzig, in Preußen Thorn, Kulm,
Elbing, Königsberg, Memel, in Livland Reval, Dorpat, Riga
und viele andere mit deutschem Rechte begabte, von deutschem
Gewerb- und Handelsfleiß belebte Städte füllten mit ihren
Waaren und Schiffen die Wege der Ostsee, trugen des deutschen
Reiches Einfluß und Bildung nach Rußland und in die nordischen Länder, erstreckten ihre Handelslinie über den Sund
hinaus nach Norwegen, England, Flandern, Frankreich, bis
nach Spanien und machten im Verein mit den kriegerischen
Orden und den geistlichen und weltlichen Fürsten die Südküste
der Ostsee in ihrer ganzen Länge zu einem untrennbaren Gliede
des Reiches, wenn auch die förmlich vollzogene Einverleibung

einzelner Theile fehlte, und von Seiten der mitwerbenden feindlichen Mächte, insbesondere Dänemarks, mancher Widerspruch und erfolgreicher Widerkampf entgegengesetzt wurde. Dieses weitgedehnte norddeutsche Küstengebiet von den Rheinmündungen hinauf bis zur Düna, mit den schon lange rein deutschen Küstenländern der Nordsee, mit den stets vom dänischen Einflusse bedrohten Landschaften der Niederelbe und Trave, mit der von der Travemündung bis zur Düna langausgedehnten Südküste der Ostsee, die kaum erst den slavischen Völkerstämmen entrissen war und mit den Resten derselben durchzogen blieb, dabei vom Meere her durch dänischen und scandinavischen Einfluß, vom Lande durch polnische, lithauische und russische Eroberungsgelüste bedroht wurde, bildet den Boden, aus dem die allgemeine deutsche Hansa als ein alle hier aufblühenden deutschen Städte umfassender Bund emporwuchs, um drei Jahrhunderte hindurch in diesem Theile Europa's das Ansehen des deutschen Reiches und Volkes mit städtischen und bürgerlichen Mitteln allein in Herrschaft zu erhalten. —

2. Die kaufmännischen deutschen Vereine auf Gothland und in London.

Schifffahrt und Handel hatten in jenen Zeiten in den nördlichen Meeren Europa's Gefahren und Schwierigkeiten zu bestehen, die wir jetzt kaum noch in den entlegensten Weltmeeren kennen. Die Schiffe, theils lang und schmal, theils kurz und tiefbauchig, waren bis zum 12. Jahrhundert gewöhnlich ohne Deck, mit einem Mast, der mit dem einzigen, an rechtwinklig einsitzender Raae befestigten Segel erst nach der Abfahrt aufgerichtet und vor der Landung eingelegt wurde, mit einem Steuer, das als breites bewegliches Ruder zur Seite herabfiel und nach Belieben rechts oder links eingesetzt werden konnte, und wurden, wenn der Wind ungünstig war, durch lange Ruder und Stangen bewegt. Die Kunst des Kalfaterns war sehr unvollkommen, ein Theil der Mannschaft mußte ununterbrochen das eindringende Wasser mit Eimern ausschöpfen. Im 12. Jahrhundert erhielten die Schiffe ein Verdeck, das während des Winters abgenommen wurde; der Mast wurde fester gestellt, das Steuerruder mit der schräg aufsteigenden Verlängerung des Kielbalkens verbunden, Vorder= und Hintertheil oder Steven zum Angriff und Vertheidigung kastellartig erhöht und mit sicheren Planken umgeben. Auch das Verdeck zwischen den Steven wurde mit Planken umzogen, die in der Mitte einen beweglichen Durchlaß zum Aus= und Einsteigen und Laden hatten. Der kurze starke Mastbaum trug auf der Spitze eine „Reibe", Mastkorb, aus biegsamen Weiden geflochten, später meistens aus stärkerem Holz gezimmert. Da man den Kompaß nicht kannte, noch von den Sternen und Meeresuntiefen genügende Kenntniß besaß, bewegte sich in diesen unvollkommenen und wenig ladungsfähigen Schiffen der Handel längs der Küste in kurzen Tagereisen von Station zu Station. Zwar die Friesen und die übrigen Anwohner der Nordsee wagten sich in ganz offenen Fahrzeugen freiwillig oder von den Winden verschlagen auf das offene Meer hinaus und machten Fahrten bis nach Island und Nordamerika, doch waren solche nur Ausnahmen und geschahen mehr in abenteuernder Lust als zu regelmäßigen kaufmännischen Unternehmungen.

Auch in der Ostsee blieb die Schifffahrt in dieser Zeit wesentlich Küstenfahrt, wie wir im ersten Abschnitt gesehen haben. Mit der Germanisirung der Küsten nahm aber der Handel eine veränderte Gestalt an. Die wendischen Handelsplätze verschwanden und deutsche Handelsseestädte, Lübeck, Wismar, Rostock, Stettin, Greifswald, Stralsund, Danzig u. s. w. blühten rasch empor und schufen auf der Ostsee einen direkten deutschen Seehandel. Die Schifffahrt löste sich mehr und mehr

von der Küste und zog in gerader Fahrt auf die Insel Gothland.

Durch die äußerst vortheilhafte Lage, welche den Eingang
in den finnischen und botnischen Meerbusen in gleicher Weise
beherrschte und ebenso den Handel nach den finnischen und
russischen wie nach den deutschen, schwedischen und dänischen
Küstengebieten möglich machte, durch ihre glücklichen politischen
Verhältnisse, welche die Insel und ihre einzige Stadt Wisby
zwar unter den Schutz des schwedischen Reiches stellte, aber doch
ihnen fast unbedingte innere Freiheit gewährte, wurde Gothland
während des 13. und noch im 14. Jahrhundert Mittelpunkt
und Sammelplatz des gesammten Ostseehandels. Die Rechts-
und Handelsverhältnisse jener Zeiten machten nothwendig, daß
der Kaufmann seine über Land oder Meer entsendeten Waaren
selbst begleitete oder von einem Verwandten und Vertrauten
geleiten ließ. Er verschickte sie nicht auf vorhergegangene sichere
Bestellung, um sie vom Besteller gegen baare Zahlung in Empfang nehmen zu lassen, sondern mußte mit ihnen auf gut
Glück einen allgemeinen und bekannten Handelssammelplatz auf-
suchen und hier herbergen, bis eine günstige Gelegenheit den
willigen Käufer und die meistens nur in den Erzeugnissen anderer Länder bestehende Rückzahlung herbeiführte. Ein solcher
allgemeiner Sammelplatz ward jetzt die Insel Gothland, und
es strömten hierher während der Fahrzeit Griechen und Russen,
Finnen und Schweden, Norweger und Dänen, sowie Deutsche
aus allen Küstengebieten der Ost- und Nordsee zusammen, die
alle nach abgewickeltem Geschäfte zur Herbstzeit in die Heimath
zurückkehrten.

Es war eine natürliche Folge der Rechtsverhältnisse jener
Zeit, daß Kaufleute aus einen und demselben Volke, wenn
sie in fernen und fremden Ländern zu Handelszwecken zusam=
mentrafen, sich zum Schutze ihres Eigenthums, zur gegenseitigen Unterstützung wegen Forderungen und Schulden der
Fremden, zur Erleichterung des gesammten Handelsbetriebes
nah aneinander schlossen, um mit vereinten Kräften den

rechtlichen Schutz zu gewinnen, welcher beim gänzlichen Mangel diplomatischer Verbindungen zwischen den einzelnen Reichen und Fürsten auf politischem Wege weder erreicht noch beansprucht werden konnte. Je mehr die deutschen Ansiedlungen im Ostseegebiete aufblühten und der deutsche Handel in stärkeren Strömungen an die nördlichen und östlichen Küsten dieses Meeres sich ergoß, um so zahlreicher und regelmäßiger strömten auch die deutschen Kauffahrer auf Gothland zusammen, und mit der Regelmäßigkeit dieses Verkehrs mehrte sich auch die Nothwendigkeit einer ununterbrochenen, auch während des Winters wirksamen Verbindung zwischen der Insel und den deutschen Städten. In Folge dessen verweilten auch zur Winterszeit immer mehr Deutsche in der Stadt Wisby und ließen sich endlich ganz nieder, so daß hier neben der gothischen Stadtgemeinde eine besondere deutsche Gemeinde mit selbstständiger Verfassung, besonderem Stadttheile und eigenem Siegel sich bildete. Zur Zeit Heinrichs des Löwen finden wir die erste urkundliche Spur dieser deutschen Gemeinde in Wisby. Im Jahre 1163 schlichtete Heinrich einen schon länger dauernden Streit zwischen den Deutschen und den Eingeborenen auf Gothland und bestätigte den letzteren in seinem Lande denselben Schutz und dieselben Rechte, welche ihnen schon der Kaiser Lothar zugestanden hatte: die Zollfreiheit, das Erbrecht beim Tode von Angehörigen in fremdem Lande, freien Handel und Wandel, wie seine eigenen Bürger auf Gothland genossen, doch mit der Bedingung, daß die Gothländer Lübecks neubegünstigten und gesicherten Hafen fleißig besuchen sollten.

Diese deutsche Gemeinde umfaßte aber keineswegs alle Deutschen, die des Handels wegen Gothland besuchten, sondern nur die, welche mit beständigem Aufenthalte Bürger von Wisby geworden waren. Außerdem kamen noch von den meisten norddeutschen Handelsstädten zu Kauf und Verkauf während des Sommers eine Menge von Kaufleuten hier zusammen, die gleichfalls in die Friedensurkunde des Herzogs eingeschlossen waren. Nach Heinrichs des Löwen Sturz waren diese deut=

schen Kaufleute, da der Einfluß des deutschen Reiches sich soweit noch nicht erstreckte, sich selbst überlassen und mußten nun durch ein vereintes Zusammenstehen die Sicherheit ihrer Stellung zu gewinnen suchen. Das Jahr 1229 giebt uns den ersten Beweis eines solchen gemeinsamen Handelns. Der Fürst Mistislav Davidowitsch von Smolensk, welche Stadt gleichfalls den russisch-deutschen Handel in hervorragender Weise vermitteln half, hatte Gesandte nach Riga und Gothland geschickt, um die zwischen Smolensk und den auf Gothland weilenden Kaufleuten obwaltenden Zwistigkeiten beizulegen. Den daraus hervorgegangenen Vertrag haben im Namen der Kaufleute drei Bürger aus Gothland, einer aus Lübeck, einer aus Soest, zwei aus Münster, zwei aus Gröningen, zwei aus Dortmund, einer aus Bremen und drei aus Riga unterschrieben. Unter den Vertretern der hier weilenden deutschen Kaufmannschaft ist also, außer von Riga, nur einer aus der einen deutschen Ostseestadt Lübeck, alle übrigen aus deutschen Binnenstädten; es ruhte somit der selbstständige deutsche Ostseehandel noch damals fast allein in den Händen der binnenländischen Handelsstädte, welches Verhältniß sich bald gänzlich umgestalten sollte.

Weitere Aufschlüsse über diese Gesellschaft der Kaufleute giebt uns die älteste Skra (Gesetzbuch) des deutschen Hofes zu Nowgorod, von der wir sogleich ausführlicher reden. Diese Skra stellt nämlich fest, daß der jährliche Ueberschuß der Einnahmen dieses Hofes in der Marienkirche der Deutschen auf Gothland im Kasten St. Peters, ihres Schutzheiligen, niedergelegt werde. Die vier Schlüssel des Kastens sollen der Oldermann der deutschen Gemeinde zu Wisby und die Oldermänner von Lübeck, Soest und Dortmund aufbewahren. Daran schließt sich die Nachricht, daß im Jahre 1263 die Lübecker den Kaufleuten von Soltwedel in ihrem Verein auf Gothland gleiche Rechte mit den eigenen Bürgern und einen Sitz auf der Lübecker Bank zugestehen. Also sehen wir um die Mitte des 13. Jahrhunderts, neben der vollständig ausgebildeten deutschen

Gemeinde der Stadt Wisby, auch die Kaufleute der hierher handelnden deutschen Städte, jede für sich zu besonderen Gemeinen mit eigenem Oldermann und eigener Bank zusammengeschlossen, welche nach Belieben kleinere Städte, die zu einem besonderen Verein zu schwach waren, aufnehmen konnten. Diese Einzelvereine bildeten zusammen einen alle umfassenden, in dessen Versammlungsgebäude jeder seine besondere Bank und Stimme behauptete.

Das Jahr 1287 giebt uns auch schon ein Zeugniß für das gemeinsame Handeln des Gesammtvereins der deutschen Kaufleute auf Gothland. Alle diese Kaufleute nämlich aus den Städten und Orten, welche die Insel besuchten, stellten die Regeln und Gesetze schriftlich fest, welche sich aus Gebrauch und Gewohnheit ergaben und zum Schutz von Person und Eigenthum vereinbart waren. „Bei Schiffbruch oder Raub sollen alle benachbarten Städte in ihren Bürgerversammlungen das Verbot erlassen, daß Niemand von solchem Gute kaufe noch verkaufe, sondern Jeder soll dem Verunglückten zu Schutz und Wiedergewinnung von Person und Eigenthum helfen. Wer solches Gut an sich bringt und wird dessen überwiesen, giebt es ohne Entschädigung dem Eigenthümer zurück und zahlt 20 Mark Silbers als Strafe an seine Stadt oder, beweist sich auch diese säumig, an die Gesellschaft der Kaufleute. Welche Stadt diesen Vorschriften nachzukommen verweigert, ist aus der Gemeinschaft der Kaufleute an allen Orten und auf allen Straßen ausgestoßen, bis sie ihre Pflicht erfüllt. Also ausgestoßen ist die Stadt Reval, wenn sie sich nicht bis über's Jahr diesem Beschlusse gefügt hat. Am Leben aber wird gestraft, wer bei einer Anschuldigung einen falschen Eid geschworen hat." Diese Urkunde wurde mit dem Siegel aller sich in Gothland aufhaltenden Kaufleute bekräftigt.

So bildeten also die Gothland besuchenden deutschen Kauffahrer schon eine bestimmt ausgeprägte Gesellschaft, welche für den Verkehr unter einander Formen und Gesetze von bindender und zwingender Kraft auch für die deutschen Städte, deren

Bürger auf Gothland des Handels wegen zu verweilen pflegten, feststellen, die Nichtbefolgung mit Ausstoßung, den Meineid mit dem Tode bedrohen konnte. Auch hatte die Gesellschaft schon ihr eigenes Wappen, dessen Führung im Mittelalter stets ein Beweis großer politischer Selbstständigkeit war, mit einem aufrecht stehenden Lilienbusch und der Umschrift: „Siegel der deutschen Kaufleute auf Gothland weilend." Die deutsche Gemeinde zu Wisby hatte einen kleineren Lilienbusch ohne Umschrift. Das also ist klar, daß nicht die deutschen Städte die kaufmännische Gesellschaft stifteten und beherrschten, sondern daß diese unabhängig von jenen durch die Kaufleute selbst, wie sie sich hier zusammenfanden, den augenblicklichen Verkehrsbedürfnissen gemäß gegründet und zu solchem auch für die Städte Gesetze gebenden Ansehn ausgebildet wurde.

Seit durch solche Verbrüderung die deutschen Kauffahrer auf der Insel Gothland einen gesicherten Aufenthalt gewonnen hatten, wurde auch der deutsche Handel nach Rußland regelmäßiger und ausgiebiger. Die Stadt Nowgorod, in diesen früheren Jahrhunderten ein glänzender Handelsplatz und eine mächtige Republik, wurde der Stapelort, wo die Kaufleute und Waaren des russischen Inlandes bis nach Asien hinein mit denen der deutschen Städte zum Austausch zusammentrafen. Zu Anfang des 13. Jahrhunderts finden wir die deutschen Kaufleute hier wie auf Gothland als Gesellschaft eingerichtet. Sie haben Häuser und Besitzthümer erworben, dieselben zu einem großen allgemeinen deutschen Hofe, dessen Skra wir schon erwähnt haben, vereinigt, werden von selbsterwählten Oldermännern geleitet, halten gemeinsame Versammlungen und haben in jener Skra die von ihnen selbst festgestellten, für Alle bindenden Ordnungen. Dieser Hof erscheint von den Deutschen auf Gothland in entschiedener Abhängigkeit. Seine Gründung und Bildung war wohl in der zweiten Hälfte des 12. Jahrhunderts von denselben ausgegangen und ihnen deshalb auch die Oberleitung geblieben, bis später durch die veränderte

Stellung der deutschen Ostseestädte auch hier eine wesentliche
Aenderung eintrat.

Nach Norwegen und Schweden, insbesondere nach der
Insel Schonen, sowie nach den dänischen Inseln und Jütland,
fanden schon früher Handelsbeziehungen von den deutschen
Städten der Nord- und Ostsee statt, doch werden in keinem
dieser Reiche in dieser Periode deutsche kaufmännische Gesellschaften erwähnt. Die Deutschen erwarben hier gleichfalls Han-
dels- und Schutzrechte, Zollbegünstigungen und Befreiungen
vom Strandrechte, aber nicht durch Vereine, sondern die Städte
erlangten jede für sich nach Gunst und Gelegenheit die Freiheiten, die später vereinigt auf den ausgebildeten hansischen
Städtebund übergingen. Die Gesellschaft der vereinigten Kaufleute auf Gothland, societas seu consodalitas mercatorum,
consorcium mercatorum, hatte im 12. und 13. Jahrhundert
nur Bedeutung und Geltung für den Handel dieser Insel und
an den russischen und livischen Küsten, und war nichts mehr
und nichts weniger, als ein für sich abgeschlossener kaufmännischer Verein des Ostseehandels. Ebensowenig, wie von einer
weiter greifenden Verbindung dieser Gesellschaft mit den Städten, finden wir von einem Namen der deutschen Hansa in der
Ostsee eine Spur: „gemeiner Kaufmann, communis mercator,
universi oder omnes mercatores," mit dem Zusatze, „auf Gothland weilend," sind die einzigen urkundlich neben den oben
genannten vorkommenden Bezeichnungen.

Ausgebildeter war um diese Zeit schon der Handel der
norddeutschen Kaufleute in der Nordsee. Sachsen und Friesen blieben mit den in frühen Jahrhunderten nach England
übergesiedelten Angelsachsen in fortdauernden Handelsverbindungen, Karl der Große mit den angelsächsischen Königen in di-
plomatischem Verkehr. Schon die Gesetze des Königs Ethelred,
der 978—1016 in England herrschte, bewilligen den Kaufleuten des römischen Kaisers wichtige Verkehrsfreiheiten, und
die Stadt Köln behauptete später, daß ihre Kaufleute unter
Wilhelm dem Eroberer, 1066—1087, Handels- und Schutz-

rechte in England besessen hätten. Die von König Heinrich II. im folgenden Jahrhundert (1151—1189) dieser Stadt ertheilten Freibriefe erwähnen schon ein Haus als Eigenthum der Kölner in London mit besonderem Schutzversprechen. Derselbe Heinrich II. und Kaiser Friedrich I. versprechen im Jahre 1157 gegenseitigen Schutz des Verkehrs zwischen ihren Unterthanen, und König Richard (1189—1199) befreit wieder das Haus der Kölner, „Gildhalle" genannt, von seiner Abgabe, welche Befreiung auch die späteren Könige bestätigten.

Zu derselben Zeit haben auch schon andere deutsche Städte Handelsverbindungen und Rechte in England. Lübeck erhält im Jahre 1176 von Heinrich II. die Befreiung vom Strandrechte, d. i. von dem Rechte, nach welchem das schiffbrüchige Gut den Bewohnern und Beherrschern der Küste rechtlos verfallen war. Dieselbe Urkunde bestätigt den Lübeckern und „allen Kauffahrern aus anderen deutschen Städten," welche England des Handels wegen besuchen, alle Rechte und Freiheiten, welche sie schon zur Zeit der Vorfahren Heinrichs II. innegehabt hatten.

Neben Lübeck wird zu Anfang des 13. Jahrhunderts noch besonders der niederländischen Stadt Tiel, als im Besitze von verbrieften Handelsvorrechten in England, gedacht, und von London rühmen die damals lebenden Schriftsteller, daß diese Stadt von vielen Fremden und ganz insbesondere von Deutschen mit Waaren besucht werde. Um das Jahr 1130 erhielten auch die Unterthanen des Herzogs Otto von Braunschweig von König Heinrich III. für Person und Waaren in England ein besonderes Schutzversprechen, die Kaufleute von Gothland im Jahre 1237 Befreiung vom Ein- und Ausfuhrzoll, die Kaufleute von Hamburg im Jahre 1266 und die von Lübeck im folgenden Jahre das Recht, ihre „Hansa", d. i. ihre kaufmännische Gesellschaft, gleich den Kölnern gegen Entrichtung der feststehenden Abgaben halten zu dürfen. In demselben Jahr bestätigt Heinrich III. „allen deutschen Kaufleuten, welche in London ein Haus, Gildhalle genannt, besitzen," alle von seinen Vorfahren zugestandenen Freiheiten, und nach anderen Urkunden wird diese Gildhalle wieder von den vereinten deutschen Kaufleuten erweitert und durch königliche Zugeständnisse von Abgaben befreit. Im Jahre 1282 sehen wir einen Streit der Stadt London mit den Kaufleuten „der deutschen Hansa" daselbst von den königlichen Richtern beigelegt. In London also und England haben wir die ältesten Handelsrechte und Freiheiten, welche deutsche Städte für ihre Kaufmannschaft erwarben, und zugleich den Beweis, daß dieser Städte Kaufleute, die von Köln zuerst und dann auch die übrigen, jede für sich, abgeschlossene Vereine bildeten, welche dann wieder mit gemeinsamem Besitz einer ursprünglich nur den Kölnern zugehörigen, immer mehr erweiterten und bevorrechteten Gildhalle sich zu einem Gesammtverein zusammenschlossen, unabhängig, wie auf Gothland, vom Rath und der Bürgerschaft der Städte. Der Verein für sich stellt Gesetze und Verträge fest, wie im Jahre 1282 mit der Stadt London, ohne Mitwirkung und Bevollmächtigung von Seiten deutscher Städte.

Ferner haben wir hier zuerst und mit unzweifelhafter Bedeutung den Namen „deutsche Hansa", der aber nicht einen Bund von Städten, sondern den freiwillig zusammengetretenen Verein von Kauffahrern der einzelnen Städte und den aus diesen Einzelvereinen gebildeten Gesammtverein bezeichnet. Hansa bedeutet also ursprünglich eine kaufmännische Gesellschaft, die Gilde einzelner Kaufleute, die, zu kaufmännischen und rechtlichen Zwecken gebildet, mit einer Gesellschaftsverfassung und dem Besitz einer Gildhalle ausgerüstet ist. Von einer weiter greifenden Verbindung mit den Städten oder mit der Gesellschaft auf Gothland finden wir auch in England bis zu Ende des 13. Jahrhunderts keine Spur.

Eine ebenso alte Richtung des norddeutschen Seeverkehrs zog sich längs der deutschen Nordseeküste über die Niederlande nach Flandern und Brabant, wo schon früh reger Handels- und Gewerbsfleiß und die günstige Küstenbeschaffenheit bedeutende Handelspunkte, unter denen Brügge eine Weltstellung gemann, herausgebildet hatten. Die aus der Mitte des 13. Jahrhunderts erhaltenen Urkunden deuten unzweifelhaft darauf hin, daß deutsche Städte, wie Köln, Soest, Dortmund, Bremen und Hamburg, Braunschweig und Magdeburg, Lübeck und auch noch weiter östlich gelegene Städte, in den holländischen und flandrischen Hafen= und Handelsplätzen Befreiungen vom Strandrecht, Zollbegünstigungen und Schutzrechte schon ein Jahrhundert vorher erworben hatten. In der ältesten Urkunde vom Jahre 1252 sichert die Gräfin Margarethe von Flandern mit ihrem Sohn Guido „auf die Bitte aller Kaufleute des römischen Reiches, die Gothland besuchen, und namentlich des Lübeckers Hermann, genannt Hoyer, und des Hamburgers Jordan," diesen Kaufleuten eine Anzahl Freiheiten und stellt die Zollabgaben fest, welche sie den Grafen von Flandern und ihren Lehensmannen, den Herren von Ghistelle, Formezele und Wahtina entrichten sollen. Die beiden Deutschen heißen die Abgeordneten, nuntii, aller deutschen Kaufleute. Auch bestätigt eine flandrische Zollrolle aus dieser Zeit die schon früher mit den Kaufleuten des römischen Reiches zu Brügge vereinbarten Zollbestimmungen, und andere Urkunden gestatten wieder den Flamländern in den deutschen Städten, insbesondere in Bremen und Münster, dieselben Freiheiten, welche diese in Flandern genießen. Im Jahre 1280 verlegten, wegen unerträglicher Bedrückungen von Seiten der Stadtgemeinde, die Deutschen den Stapel von Brügge nach Ardenburg, mit Bewilligung und Vergünstigung der Grafen von Flandern. Ein gemeinsamer Beschluß von Seiten der Gesellschaft des gemeinen deutschen Kaufmanns auf Gothland war vorausgegangen, zu welchem unter andern die Städte Wisby, Stendal und Halle, unter Vorbehalt ihrer besonderen Freiheiten, ihre Zustimmung erklärten.

So hatte also im Laufe des 13. Jahrhunderts die Gesellschaft sämmtlicher norddeutschen Kauffahrer auf Gothland auch in Flandern eine vorwiegende einflußreiche Stellung erworben und erließ gemeinsame Beschlüsse, denen sich auch in diesen entfernteren Gegenden die einzelnen Städte und deren besondere kaufmännische Vereine willig und gern unterwarfen. Wir haben hier Beweise eines gemeinsamen politischen Handelns von Seiten dieser Vereinigung, das schon weit über deren ursprüngliche Grenzen und Zwecke hinausreicht, doch sehen wir auch hier immer noch den Verein der Kaufleute Beschluß fassend im Vordergrund und die Städte nur zustimmend und bestätigend.

Das Hamburgische Seerecht, im Jahre 1270 aus schon bestehenden älteren Rechten und Gewohnheiten aufgezeichnet, bestimmt: wieviel jeder Kauffahrer aus Hamburg, der Flandern besucht, zu Utrecht und zu Osterferken, wo die Hansa gehalten wird, „to hense" geben soll als Abgabe, womit er das Recht der Mitgliedschaft in der Gesellschaft bezahlte. Nach den weiteren Bestimmungen dieses Seerechts stand den einzelnen Hansen oder Vereinen ein Oldermann vor, der den Sitz des Vereins mit Zustimmung der übrigen Hansabrüder auch an einen andern Ort verlegen durfte. Ohne die besondere Erlaubniß dieses Oldermanns durfte kein Hamburgischer Bürger bei Geldstrafe „die Morgensprache der Hansa am Sonntag versäumen, oder einen Mitbürger vor des Grafen Richter verklagen." Auch das lübische Seerecht, 1299 jetzt fest, was die lübischen Kauffahrer in Flandern oder im T'Zwin, dem Seehafen Brügges, to hense zahlen und wie die Gelder nach dem Beschluß des Oldermanns und der Hansabrüder verwendet werden sollen; auch sie sollen am Sonntage, oder so oft der Oldermann für nöthig hält, bei Geldstrafe „die Bank der Herren von Lübeck zur Ehre ihrer Stadt" besuchen. —

Wir sehen also in Flandern bis jetzt Vereine der norddeutschen Kaufleute nach den Städten mit gesetzlicher Abhängigkeit von diesen gebildet und zugleich alle unter einander wieder zu einem Gesammtverein zusammengeschlossen, jedoch von einem Gesammtverein der deutschen Städte, von einer „Hansa" als Städtebund und dessen Oberleitung noch keine Spur. Die große kaufmännische Gesellschaft auf Gothland hatte auch hierher ihren gewichtigen Einfluß erstreckt und schloß als solche Verträge, für alle bindend mit der Grafschaft Flandern.

Im folgenden Abschnitte sehen wir die norddeutschen Städte unter einander in Einzelbündnisse, dann in immer umfassendere Einigungen und zugleich in ein immer engeres Verhältniß zu den kaufmännischen Vereinen treten, bis endlich ein Jahrhundert später der Städteverein der Hansa über die kaufmännischen Gesellschaften die unbedingte Oberleitung gewonnen hatte.

3. Die ältesten Vereine norddeutscher Städte.

Das Bürgerthum und das Städtewesen haben sich im deutschen Reich im Gegensatz zum Adel, dem landbesitzenden und kriegübenden, und zum großen Theile auch im steten Gegensatze zu dem Fürstenthume herausgebildet. Seit den ältesten Zeiten war das von deutschen Völkerstämmen besetzte Landgebiet unter die Glieder des freien Krieger- und Ritterstandes vertheilt, und wenn auch nur die wenigsten und die am tiefsten stehenden Glieder desselben sich persönlich mit der Landwirthschaft selbst beschäftigten, so war doch diese neben dem kriegerischen Handwerk der einzige Erwerbszweig, aus dem der glänzende und bedürfnißvolle herrschende Stand seine Nahrung zog. Die eigentlichen Diener und Pfleger des Ackerbaues waren in durchaus gebundenen Verhältnissen und mußten im Dienst weltlicher und geistlicher Fürsten und Herrschaften nach dem unerbittlichen Gebot der Pflicht, so gut die landwirthschaftlichen Kenntnisse und die abhängige Stellung es zuließen, in ziemlich nothdürftiger und auf niedrigster Stufe stehender Betriebsweise die unentbehrlichsten Leibes- und Lebensbedürf-

nisse erzeugen. Das Gewerbe stand wieder in der abhängigsten
Stellung zu dieser mangelhaften Landwirthschaft, war an dieselbe in jeder Weise gebunden, arbeitete fast nur für sie und
ihre Herren und galt im Ganzen als ein Nebengewerbe, dessen
Ausübende an die Scholle gebundene Unterthanen des landbesitzenden Adels und größtentheils in noch untergeordneterer Stellung, als der ackerbauende Theil der Bevölkerung, waren. Aus
diesem Zustand der vom Adel, dem freien Krieger- und Ritter-
stande beherrschten Landwirthschaft rang sich mit dem elften
und zwölften Jahrhundert in kräftigem, unbesiegbarem Aufschwung ein Bürger- und Gewerbestand hervor, welcher den
späteren Jahrhunderten des Mittelalters einen wesentlich verschiedenen und höheren Charakter aufprägen sollte.

In den aus der Römerzeit erhaltenen Städten des Donau-
und Rheingebietes, die fast alle Sitze geistlicher und weltlicher
Fürstenthümer geworden waren, hatte sich das Gewerbe doch
immer noch von meist leibeigenen Unterthanen des herrschenden
Standes betrieben, zu größerer Verdichtung, zu blühenderem
Aufschwunge emporgearbeitet und namentlich in den Zweigen,
welche für den Krieg, für die allgemeineren Bedürfnisse größe-
rer Volksmassen, für den feineren Luxus des herrschenden
Standes wirken, so daß alsbald ein weitergreifender Handel
daraus emporwachsen konnte. Die jetzt rascher fortschreitende
Entwickelung des deutschen Reiches und Volkes breitete die
Keime des einmal begonnenen städtischen Lebens bald über alle
von deutschen Stämmen besetzten Gebiete und weckte überall
Gewerbe und Handel als selbstständige, von der Landwirthschaft gelöste Grundlagen und Nährmittel eines neuen mächtigen
Standes. Die gleiche Beschäftigung und die gleichen, wenn
auch noch nicht klar gewordenen Zielpunkte, die Nothwendigkeit, die verschiedenartig gebildeten Gewerbskräfte zu einem
weitgreifenden Handelsbetriebe in Vereinigung zu setzen und
zu erhalten, derselbe Gegensatz zu dem herrschenden und in den
meisten Fällen gegnerischen Stande, das Bewußtsein, einen
Boden unter den Füßen zu haben, der zur Befreiung aus ge-

bundenen, fast leibeigenen Verhältnissen und zu dauerhafter
Selbstständigkeit alle Bedingungen und Mittel in sich trage,
die tiefgreifende, von Jahr zu Jahr wachsende Verbindung
unter den neuen Gewerbs- und Handelsplätzen, kurz alle die
Lebensbedingungen, welche in Nord- und Süd-Deutschland für
das Bürgerthum immer dieselben waren und bleiben, gaben den
Städten damals auch überall dasselbe unabweisbare Streben
nach innerem Ab- und Zusammenschluß, nach einem endlichen
und gründlichen Frei- und Selbstständigmachen der neuen Er-
werbszweige und des darauf begründeten bürgerlichen Standes. Je zahlreicher und volkreicher die Städte aufblühten,
umsomehr wurden der vom Adel beherrschten Landwirthschaft
die Arbeitskräfte entzogen; je gewinnreicher und verheißungs-
voller die neuen Gewerbszweige sich ausdehnten, um so allgemeiner und unbezwinglicher erwachte im beherrschten Theile der
Bevölkerung das Bedürfniß und die Sehnsucht, von jenem zu
diesen, vom gebundenen und bedingten Eigenthum zu der freien
Arbeit, von der Leibeigenschaft zu einer selbstständigen bürgerlichen Stellung überzugehen. Selbst ein Theil des adeligen
und ritterlichen Standes folgte dieser Anziehungskraft und
suchte in den Städten für größere staatsbürgerliche Selbstständigkeit, für weiter greifenden politischen Einfluß, für eine Befreiung und Mehrung des Eigenthums die bessere Gelegenheit.

Diese Verhältnisse brachten den herrschenden kriegerischen
Stand bald in den feindlichsten Gegensatz zu dem auf-
wachsenden bürgerlichen, der, unter den Verhältnissen jener Zeit
nie versöhnt, sich in ununterbrochener Heftigkeit durch alle Jahrhunderte des Mittelalters zieht und fortwährend und überall
im Reiche zwischen Fürsten und Städten, Adel und Bürgerthum, Ritter und Kaufmann die endlosen Fehden und Kämpfe
erzeugt, die jenen Zeiten ihr für alle Zeit gültiges, besonderes
Merkmal aufprägen. Fluß- und Landstraßen waren mit steten
Gefahren erfüllt, die friedlichen Handelszüge der Bürger gli-
chen den schwergewaffneten Kriegszügen und mußten jetzt zu
Kampf auf Leben und Tod, im nächsten Augenblick zum fried-

lichsten Austausch selbsterzeugter Waaren bereit sein. Die Städte, die Sitze der Friedenskünste, umgaben sich mit doppeltem Mauerharnisch, mit bewehrten Thürmen und Thoren, und hielten zu jeder Zeit, theils aus eigenen Bürgern, theils aus Söldnern eine kriegstüchtige und kriegsbereite Mannschaft. Auch das Handwerk und der Handel waren bewehrt und bewaffnet, und seines Lebens sicher war nur, wer hinter thurmhohen Mauern im festen, wohlbewachten Hause mit stets offenen Augen ruhete. Dieser allgemeine Kriegszustand, der bei dem gänzlichen Mangel reichspolizeilicher Einrichtungen und dem stets geschwächten, nach anderen Richtungen gezogenen Ansehn des Reichsoberhauptes nie und nirgends auf die Dauer gedämpft werden konnte, zwang die städtischen Gemeinwesen, in der eigenen Kraft und Wachsamkeit Sicherheit und Schutz für ihre Landstraßen zu suchen und durch Bündnisse mit den nach gleichen Zielen strebenden Nachbarstädten das Fehlende zu ersetzen. Zuerst schlossen die zwei oder drei nächstgelegenen Städte solche Bündnisse, um durch gegenseitige Hülfeleistung die zwischen ihnen laufenden Land= oder Flußstraßen gegen Straßenraub und Bedrückung zu sichern, innerhalb der vertragschließenden Städte den Bürgern gegen böse Schuldner und Verbrecher Recht zu verschaffen und wechselseitige Handelsfreiheiten festzustellen. Mit den Fortschritten des Städtewesens auf der einen, der fürstlichen Landesherrlichkeit auf der anderen Seite erweiterten sich die Bündnisse, erhielten zahlreichere Mitglieder, weiter greifende Zweckbestimmungen, bis sie zu großen politischen Mächten innerhalb des Reiches emporwuchsen. Süddeutschland mit seinen älteren und früher entwickelten Städten ging voran, das nördliche Deutschland folgte, um dann den großartigsten und folgenwichtigsten aller städtischen Bünde, den Bund der allgemeinen deutschen Hansa, aus unscheinbaren Anfängen herauszubilden.

Die ersten urkundlich geschlossenen Schutzverbindungen von Städten finden wir in Niedersachsen und Westphalen erst um die Mitte des 13. Jahrhunderts, doch können wir nach der

Entwickelung der übrigen Verhältnisse in diesen Gegenden annehmen, daß dieselben in Nordwest-Deutschland früher, als in Nordost-Deutschland, ihren Anfang genommen haben, wenn uns auch urkundlich als das erste Bündniß das zwischen Hamburg und Lübeck erhalten ist. Von den Bündnissen westlicher Städte ist das vom Jahre 1249 zwischen Braunschweig und Stade das älteste, wodurch beide Städte sich unter dem Vorbehalt der Gegenseitigkeit den freien Handel auf ihren Märkten gestatten. Im Jahre 1256 sicherten Bremen und Braunschweig sich freien Handel und Schutz der Personen und Güter innerhalb der Mauern zu, im Jahre 1258 Hamburg und Braunschweig mit gegenseitigem Schutzversprechen und der Bedingung, daß auch im Falle eines Krieges zwischen ihren Landesherren, dem Herzog von Braunschweig und dem Grafen von Holstein, der Schutz noch drei Monate nach erfolgter Aufkündigung fortdauern solle. — Auch Köln und Bremen, sowie Bremen und Hamburg vergleichen sich um diese Zeit dahin, daß sie die Schuldner, die von einer Stadt in die andere fliehen, nicht schützen wollen. Solche Sicherheitsverträge innerhalb ihrer Mauern und ihres Gebietes errichten in den Jahren 1264 bis 1267 auch Hamburg und Hannover, Hamburg und Dortrecht, Hameln und Bremen mit der besonderen Bestimmung, daß kein Bürger wegen der Schulden eines Dritten haften solle, wenn er nicht des Schuldners Bürge oder Erbe geworden sei.

Der bedeutendste Vertrag aus dieser Zeit ist das im Jahre 1253 erneuerte Bündniß der vier nordwestdeutschen Städte Münster, Dortmund, Soest und Lippe gegen alle und jede Feinde. Die vier Städte erklären, daß sie sich zu einem ewigen Verein verbunden haben, jedem, der einen der Ihrigen beraubt oder schädigt, Alles verweigern, was ihm nützen könne, und ihm niemals ein Darlehn geben wollen. Ausdrücklich war diese Verbindung gegen die Herren und ihre Burgvögte, Ritter und Knappen gerichtet, welche zu solcher Frevelthat hülfreiche Hand leisten. „Jede Stadt soll den Beschädigten auf jede Weise zur Erreichung seines Rechtes, wie den eignen Bürger, unterstützen und ihn im Falle der Gefahr und Verfolgung sicher dorthin geleiten, wo er von seinen Mitbürgern mit Geleit empfangen werden kann. Wird ein Ritter von einer Stadt mit rechtem Grund des Treubruches bezüchtigt, so soll er in keiner der Städte ein Darlehn erhalten, bevor er nicht Alles, was er verschuldet, wieder gut gemacht hat. Kauft ein Bürger das einem Bundesgenossen geraubte Gut oder bringt es sonst in seinen Besitz, so soll er dasselbe in keiner der verbundenen Städte verkaufen und in jeder als gleich schuldig mit dem Räuber geachtet und behandelt werden. Jeder dawider Handelnde zahlt eine Buße und geht seiner Ehre in den Städten verlustig, wenn er sich nicht durch das Zeugniß von sechs erprobten Männern reinigt. Macht eine Stadt sich des Bundbruches schuldig, so soll sie sich durch den Eid von zwölf Männern, sechs aus dem Rath, sechs aus den Einwohnern der Stadt, reinigen."

Von der unmittelbarsten Bedeutung für die Ausbildung der Hansa wurden die Verträge, welche Hamburg und Lübeck zum Schutz ihrer Handelsstraßen mit einander aufrichteten. Im Jahr 1210 verbanden sich zuerst die Bürger beider Städte zu gegenseitiger Sicherung für Bürger und Bürgergut, im Jahre 1241 folgten umfassendere Verträge. Danach sollten alle aus der einen Stadt wegen einer Schuld ausgestoßenen Einwohner auch in der anderen ausgestoßen und beide Städte verpflichtet sein, mit gegenseitiger Hülfeleistung das Meer von der Mündung der Trave bis zur Mündung der Elbe und die Elbe bis Hamburg auf gemeinsame Kosten zu schützen und mit allen Kräften, bis volle Genugthuung erreicht sei, zusammenzustehen, sobald ein Bürger außerhalb der Mauern ermordet oder geschädigt werde. Im Jahre 1255 erneuerten die beiden Städte zugleich mit einer ersten Münzeinigung dieses Schutzbündniß auf drei Jahre, vertrugen sich bald darauf auch über Schifffahrtsgewohnheiten und Regeln, und im Jahre 1259 erklärt Lübeck der Stadt Hamburg, den für die aufgestellten

Wehrmittel vereinbarten Kostenbetrag zu ihrem rechtmäßigen Antheil leisten zu wollen.

Diese ersten Verträge der Städte Lübeck und Hamburg, welche in dieser Vereinigung während des 14. Jahrhunderts sich zum Mittelpunkt und Haupt des hansischen Bundes emporschwingen sollten, zeigen schon die große bleibende Bedeutung beider Städte für den deutschen Handel und für die Politik des deutschen Reiches in Bezug auf den Norden. Hamburg, der Hauptstapelplatz und Hafen der Elbmündung, war bestimmt, die aus dem Innern des Reiches gegen Norden sich ergießenden Handelsströmungen vermittelst der Elbstraße zusammenzufassen und nach allen Richtungen über die deutsche Nordsee weiter zu führen, in umgekehrter Richtung aber über das innere Deutschland alle auf der Nordsee diesem Reiche zufließenden fremdländischen Waarenströmungen von dem Strombette der bis zur Südostgrenze des Reiches hinauf reichenden Elbe ringsher auszubreiten. Lübeck hatte dieselbe Aufgabe der Vermittelung zwischen dem nordischen und dem deutschen Handel, soweit sich beide auf der Ostsee begegnen konnten, und um diese Aufgabe zu erfüllen, verband es schon in diesem Jahrhundert die schiffbare Trave durch den für die ältere deutsche Handelsgeschichte außerordentlich wichtigen Stecknitzkanal mit der Elbe, so daß diese, nächst dem Rhein die bedeutendste Handelsstraße des Reiches, zwei in beide deutsche Meere sich ergießende Mündungen erhielt, deren eine den mächtigen Waarenstrom über Hamburg in die Nordsee, die andere auf Stecknitz und Trave über Lübeck in die Ostsee trug. Außerdem waren beide Städte noch inniger dadurch verbunden, daß die von der Nord- in die Ostsee und in umgekehrter Richtung ziehenden Handelsströmungen, der Waarenaustausch also zwischen dem nordwestlichen und nordöstlichen Theile von Europa, sich damals weniger durch die gefürchteten Meerengen zwischen Dänemark und Skandinavien von einem Meere zum andern bewegten, als zu Lande durch den südlichsten Theil Holsteins von Hamburg auf Lübeck und umgekehrt. Beide Städte, da-

durch in unzertrennliche Verbindung gesetzt, wurden die Haupt=
träger der Vermittelung zwischen den beiden deutschen Meeren
und zugleich, da sie in Folge dessen der erobernden Politik
Dänemarks zunächst und am gefährlichsten ausgesetzt blieben,
zu einer dauernden Einigung unter einander und zu immer
weiterer Ausdehnung derselben auf die Nachbarstädte gezwun=
gen, wie der nächstfolgende Abschnitt eingehender schildern
wird.

Die handelspolitische Bedeutung Lübecks nach Nordosten
erscheint schon im Laufe dieses Jahrhunderts in steigender
Bedeutung. In den jetzt russischen Ostseeprovinzen hatte Lü=
beck an der Eroberung, der Besiedelung mit Deutschen, der
Begründung deutscher Städte den lebhaftesten Antheil ge=
nommen und zugleich diese Gelegenheit nach Kräften benutzt,
um hier auf die Dauer sicheren Boden für seine Handelsrich=
tungen zu gewinnen. Schon im Jahre 1231 bestätigte die
Stadt Riga den Lübeckern den Besitz eines innerhalb der Ring=
mauern abgetretenen Hofes, und im Jahre 1242 gestand ihnen
der Meister des deutschen Ordens in Preußen einen Landbesitz
in Samland zu, um dort eine Stadt und einen Seehafen zu
begründen, aus welchem Unternehmen freilich nichts wurde.
Zu gleicher Zeit erwarben die Lübecker von den Grafen von
Holstein und den Herzogen von Pommern Freiheiten in Bezug
auf Schifffahrt, Fischerei und Handel, und von den Markgrafen
zu Brandenburg eine Bestätigung solcher Rechte mit besonderer
Hervorhebung ihres Handels in Danzig und auf der Weichsel.
Auch in der Gesellschaft der Kaufleute auf Gothland tritt Lübeck
jetzt in den Vordergrund. Auf einem Vertrage derselben mit dem
deutschen Orden vom Jahre 1268 steht Lübeck an der Spitze der
aufgeführten Städte, und die Urkunde vom Jahre 1270, wo=
durch König Erich von Dänemark den im Wendenlande und
andern mecklenburgischen und pommerschen Küsten belegenen
Seestädten Lübeck, Wismar, Rostock, Stralsund, Greifswald
und Stettin Schutz= und Zollrechte auf den seeländischen Jahr=
märkten ertheilt, zeigt Lübeck als Haupt eines ausgebildeten

Bundes der sogenannten wendischen Städte. Mit demselben Bund errichtet in den Jahren 1284 und 1285 der König Erich neue bestätigende Verträge, und im Jahre 1293 erklärt Wismar, daß es sich mit den Städten Lübeck, Rostock, Stralsund und Greifswald zum Schutz des gemeinsamen Handels und Rechtes zu Wasser und zu Land auf drei Jahre mit Festsetzung der von jeder einzelnen zu stellenden Mannschaft verbunden habe. Daneben sehen wir auch Lübeck nach Bedürfniß seine Verbindung mit den einzelnen deutschen Seestädten fortführen. Im Jahre 1280 verbindet sich die Stadt mit den Deutschen zu Wisby auf 10 Jahre zu gemeinsamem Schutze der Ostseeschifffahrt und erneuert den Bund, dem auch Riga beitrat, im Jahre 1282.

Aus den Einzelbündnissen einiger Städte bildete sich also nach und nach durch die Gleichheit und die Verschmelzung der handelspolitischen Interessen ein alle wendischen Städte umfassender Bund heraus, der später auch über die weiter belegenen östlichen Seestädte, insbesondere das deutsche Wisby und Riga, unter Lübecks Leitung, ausgedehnt wurde.

Noch bedeutender trat Lübeck vermöge seiner Lage und seiner handelspolitischen Einigung mit Hamburg bei einem Bunde der Ostseestädte mit den Städten des westlichen Deutschlands hervor. Im Jahre 1241 erneuerten die Städte Soest und Lübeck nach beigelegten Streitigkeiten, von denen wir aber eine bestimmtere Kunde nicht haben, ihr altes Freundschaftsverhältniß, und im Jahre 1256 fordert die Stadt Minden die Städte Lübeck, Hamburg, Stade und andere um und jenseits der Elbe gelegene auf, dem beschworenen Vertrage zufolge gegen die Bedrückungen des Grafen von Wilipa und des Herrn von Ravensberg mit der festgesetzten Mannschaft Hülfe zu leisten. Gegen den Schluß dieses Jahrhunderts ist die Verbindung der östlichen und westlichen Städte vollzogen und läßt sogar schon eine maßgebende Einmischung auch in die inneren Verhältnisse der einzelnen Städte zu. Der Bund der Seestädte forderte nämlich im Jahre 1290 Hildesheim auf, mit der gegen den Rath der Stadt aufgestandenen Gemeinde zu Braunschweig allen Verkehr abzubrechen. Wenige Jahre darauf, 1293—95, wurde Lübeck von allen sächsischen und slavischen Städten als rechtliches Haupt des Bundes ausdrücklich anerkannt, und in Folge dessen forderte Rostock die Stadt Köln auf, durch Besiegelung einer dem Schreiben beigelegten Erklärung anzuerkennen, daß keine Appellation vom Hofe zu Nowgorod anders, als nach Lübeck, statthaben solle. Dieselbe Aufforderung schicken Rostock und Wismar zu gleicher Zeit an die anderen westlichen Städte, Dortmund, Osnabrück, Soest, Hamburg, Münster, Stade. Desgleichen bezeugten urkundlich das Domkapitel zu Lübeck und die Predigermönche und Minoriten, daß sie die Urkunden der sächsischen, slavischen, westphälischen und preußischen Städte eingesehen hätten, welche die Appellation von Nowgorod nach Lübeck anerkennten. Solcher Erklärung traten ausdrücklich bei die Städte Köln, Trier, Paderborn, Minden, Lemgo, Lippe, Herford, Hörter, Magdeburg, Halle, Braunschweig, Goslar, Hildesheim, Hannover, Lüneburg, Rostock, Stralsund, Wismar, Greifswald, Kiel, Stade, Riga, Danzig und Elbing.

Bis zu Ende des 13. Jahrhunderts haben sich also die bedeutendsten Städte des Nord- und Ostseegebietes zu bestimmten handelspolitischen Zwecken in eine Vereinigung zusammengeschlossen, die bei hervorragender Stellung der wendischen Städte und bei einer anerkannten Oberleitung der Stadt Lübeck besonders in den nordöstlichen Handelsrichtungen gemeinsame Ziele unter gemeinsamen Verpflichtungen und Formen verfolgt. Zu gleicher Zeit tritt auch die von jetzt an feststehende Gruppirung der Städte, ihre Eintheilung in das sächsische, westphälische, wendische und preußische Viertel hervor, doch war dabei von einer feststehenden Organisation des Bundes so wenig, wie von seiner unbedingten Oberleitung über alle ausländischen Handelsniederlassungen und über die Verhältnisse der einzelnen Bundesglieder oder über die Gesellschaft der Kaufleute auf Gothland die Rede. Nur bei einzelnen

Verhältnissen und Ereignissen zeigt sich eine allgemeine Ueber=
einstimmung, die eine freiwillige, in jedem Einzelfalle erneuerte
Uebereinkunft zur Folge hatte. So verhandelt noch i. J. 1287
die Gesellschaft der Kaufleute auf Gothland unabhängig vom
Einfluß der Städteeinigungen und stellt für „alle deutsche
Kaufleute, welche Gothland besuchen", gemeinsame Beschlüsse
wegen schiffbrüchiger und geraubter Güter fest. Auch die be=
deutenderen Städte Lübeck, Köln, Hamburg, Bremen, schließen
wieder abgesondert für sich in den nordischen Reichen, in Eng=
land und Flandern, Handels= und Zoll=Verträge und schützen
und mehren dort ihre Besitzthümer und Rechte aus eigenem
Antrieb und mit eigenen Mitteln. Erst die politischen Ver=
wickelungen und Kriege, in welche die Städte nach und nach
hineingezogen wurden, konnten diesen norddeutschen Städtebund
vollenden, die in den fremden Ländern wurzelnden kaufmänni=
schen Einzelvereine in den einen Bund aufgehen machen, die
gesonderten handelspolitischen Strebungen und Erwerbungen zu
einem geschlossenen Ganzen vereinigen und so die Hansa der
deutschen Seestädte zu der ersten und maßgebenden Handels=
und Seemacht des nördlichen Europa's ausbilden, welche Ent=
wickelung der nächste Abschnitt darstellt.

4. Die ersten Kämpfe der norddeutschen Städte gegen Dänemark und die nordischen Reiche.

Wenn wir die Kriegsgeschichte des hansischen Bundes in
den Ereignissen, die auf seine Entwickelung unmittelbaren Einfluß
geübt haben, darstellen wollen, müssen wir alle jene unzähligen
Einzelfehden ausschließen, welche die Bundesglieder für sich oder
im Sonderbunde mit den nächsten Städten und Landesherren,
gegen die räuberischen Wegelagerungen des kleineren Adels,

seltener gegen nebenbuhlerische Schwesterstädte geführt haben. Diese nahmen nie einen so ausgedehnten und gefährlichen Charakter an, daß der ganze Bund oder nur eine der großen Gruppen als solche mit thatsächlicher Theilnahme wäre hineingezogen worden, blieben stets in der Nachbarschaft der einzelnen Städte und verließen nie, ausgenommen etwa in den großen Seeräuberkriegen, den Boden des deutschen Reiches. Gegen die Feinde im Innern des Reiches, gegen Reichsfürsten und Glieder, als ganzer Bund und politische Macht aufzutreten und mit gesammter Bundeskraft einen Bürgerkrieg auf des Reiches Boden zu führen, blieb der Hansa erspart, wenn auch kein Bundesglied mit Einzelfehden zur Nothwehr und Befriedung der Landstraßen verschont wurde. Solche Fehden führte Lübeck theils allein, theils im Bund mit Hamburg und benachbarten Fürsten und Herren gegen die Ansprüche der Grafen von Holstein, gegen den sachsenlauenburgischen, holsteinischen und mecklenburgischen Adel, der von seinen Raubburgen gerade die wichtigsten Handelsstraßen am unsichersten machte, Lüneburg, Braunschweig und Goslar gegen die Herzoge von Braunschweig, die mecklenburgischen Städte gegen die benachbarten Landesherren; aber alle diese und andere blieben ohne unmittelbaren Einfluß auf die Entwickelung des großen Bundes und gehören in die Geschichte der einzelnen Städte.

Von ganz anderer Bedeutung sind die Kriege, welche diese Städte theils im engeren, theils im gesammten Verein als Vertreter und Träger einer deutschen Handelspolitik im Norden Europa's gegen die nordischen Reiche und insbesondere gegen Dänemark zu führen hatten. Dänemarks Einfluß erstreckte sich unter den beiden kriegerischen und begabten Königen Waldemar I. und II. die Elbe herauf weit in das deutsche Reich herein, und sein Hauptstreben war, längs der südlichen Ostseeküste im Gleichschritte und Widerkampfe mit der vordringenden deutschen Macht seine Eroberung nach Osten möglichst weit auszudehnen. Die hohenstaufischen Kaiser Friedrich I. und II., in Italien von politischen und kriegerischen

Aufgaben festgehalten, übersahen die Gefahr, welche dem nördlichen Theile des Reiches vom wachsenden Dänemark damals schon drohte, achteten die mächtigen Dänenkönige als Freunde und Verbündete gegen die Großen des eigenen Reiches, insbesondere gegen Heinrich den Löwen, und erlaubten ihnen, nicht nur festen Fuß auf deutschem Reichsboden zu fassen, sondern gaben selbst an Dänemark das deutsche Land bis zur Elbe als Reichslehn. Mit Heinrich dem Löwen fiel die letzte Aussicht auf ein großes norddeutsches Herzogthum, und da durch Friedrichs II. italienische Kriege und die seinem Tode folgende unheilvolle Zwischenregierung, die kaiserlose, doch an Herren überreiche Zeit, des Reiches und Kaisers Ansehn auf immer hinter das der großen Landesherren zurücktreten mußte, so ging die Pflicht, das deutsche Reich nach Norden zu vertheidigen, seine Grenzen gegen die dänischen Ein- und Uebergriffe zu bewahren, seinen staatlichen Einfluß auf die deutschen Meere und über dieselben auszudehnen, auf die norddeutschen Städte über, welche unterdessen bereits begonnen hatten, dem deutschen Handels- und Gewerbfleiß die nordischen Reiche zu erobern. Diese unabweisbare Aufgabe verwickelte in Kriege mit Dänemark, Schweden und Norwegen zuerst die hervorragenden, endlich alle norddeutschen Städte und wurde die vornehmste Ursache für die Ausdehnung des Städtebundes zu einer nordeuropäischen See- und Großmacht. Daß das deutsche Reich vom 13. bis zum 16. Jahrhundert in diesem Theile Europa's einen politisch vorwiegenden Einfluß ausüben und auf die entgegenliegenden Nachbarstaaten erstrecken konnte, das verdankte das Reich fast allein der unerschrockenen Kriegs- und Seetüchtigkeit, der staatsklugen und weitsichtigen Politik der Hansa.

Doch dürfen wir uns die Macht und die inneren Zustände der drei nordischen Reiche in jenen Zeiten nicht zu glänzend vorstellen. Selbst Dänemark, so kriegsgewaltig und glücklich es aufzutreten vermochte, lag zu anderen Zeiten wieder, und mitunter wenige Jahre nach glänzendem Aufschwunge, ermattet und zerrissen am Boden, so daß es kaum einem einigen Königreiche und europäischen Culturstaate ähnlich sah. In allen drei Reichen war das Königthum noch durchaus unbefestigt. Nach jedem Sterbefalle eines Herrschers machte sich das Wahlrecht der landbesitzenden, geistlichen und weltlichen, Stände, das Interesse der im blutigsten Hasse entzweiten Parteien geltend und hob oft gerade den unbedeutendsten, weil ungefährlichsten, Königssprossen auf den Thron. Sobald der kräftige Herrscherwille, dem die Parteien sich beugen mußten, fehlte, entflammte in jedem Reich ihr Kampf, verwüstete und legte alle Kräfte nach außen völlig lahm. Die Kronprätendenten überboten sich in Zersplitterung der Reichsmacht und suchten durch Versprechungen, Vergabungen und Verpfändungen ihren Anhang in möglichster Weise zu vergrößern, der landbesitzende Adel beutete diese Verhältnisse überall und stets zu eigenem Vortheil aus, vergrößerte Machtfülle und Landbesitz auf Kosten des Reiches, erhob seinen politischen Einfluß durch artikelreiche Capitulationen weit über den des Königthums, und so war zuletzt selbst ein kräftigerer König, wenn er endlich als einiger Herrscher den Platz behauptete, von allen Seiten behindert und gefesselt und kaum im Stande, ein äußerliches königliches Ansehn aufrecht zu erhalten. Dazu hatte man in keinem Reiche im Mittelalter, am wenigsten aber in den nordischen, eine geordnete Geldwirthschaft. Geldnoth war die erbliche, unheilbare Krankheit des mittelalterlichen Fürstenthums, und um dieselbe für den Augenblick zu erleichtern, versetzten und verkauften die Könige des Nordens, was versetzbar und verkaufbar war, Freiheiten und Rechte, grade und ungrade Einkünfte, Schlösser, Städte, Landgüter und ganze Provinzen, Kronen und Reichsinsignien. So mußten sie oft selbst bei glücklichsten Erfolgen und ausgedehnten Eroberungen ein Besitzthum nach dem andern in die Hände von Günstlingen oder gegnerischen Parteigenossen übergehen sehen. Die Geldmittel fehlten stets, wenn sie am nothwendigsten waren, wenn auswärtige Kriege begannen, und damit, da man stehende, aus einheimischer Bevölkerung ausgehobene, durch den Fahneneid dem König als Kriegsherrn verpflichtete Heere nicht kannte, die Mittel, um mit ausreichender Söldnermacht jede günstige Gelegenheit benutzen zu können. Diese Verhältnisse wußten die Städte, Lübeck voran, in ebenso geschickter und berechnender Weise auszubeuten, wie ihre kriegerischen Erfolge. Die Bürgermeister und Rathsherren die die politischen Angelegenheiten leiteten, hatten meistens in jenen Reichen längeren Aufenthalt gehabt, kannten die maßgebenden Persönlichkeiten, alle Verhältnisse und Bedürfnisse der Regierenden und Regierten und gebrauchten die Geldmittel ihrer Städte, um weniger glückliche Erfolge des Krieges damit auszugleichen, und die glücklicheren zu vervollständigen, um durch ununterbrochene Einwirkung auf die Parteien der Städte Einfluß auf das ganze Reich stets lebendig zu erhalten. Diese Staatskunst der Hansa dürfen wir bei der Erklärung ihres schnellen und weitgreifenden Wachsthums nie außer Acht lassen.

Die kriegerischen Verwickelungen der hansischen Städte mit Dänemark waren die ersten und blieben auch für die Folgezeit die wichtigsten, während die Kriege mit Norwegen und Schweden erst hervortraten, als die Städte Handel und Handelspolitik schon weiter ausgedehnt hatten. Auch standen diese meistens im Zusammenhang mit den Verhältnissen der Städte zu Dänemark. Dieses Reich, das mit der offenen und günstigsten Seite seines Inselkörpers der Ostsee und der deutschen Ostseeküste zugewendet lag, machte sich zur vornehmsten Aufgabe, hierher seine erobernde Politik und Kraft zu richten und auf diesem Binnenmeere die erste und maßgebende Stellung anzustreben. In diesem Streben erkannte es alsbald die Bedeutung des Theiles der deutschen Ostseeküste, welcher, im Südwesten tief in das deutsche Reich einschneidend, durch Trave und Stecknitz mit der Elbe und dem Herzen des Reiches unmittelbar in Verbindung steht. Hier aber blühte Lübeck, bestimmt sich in ungemein raschem Aufschwunge zur Herrscherin der Travelandschaft, zur Trägerin der sich hier begegnenden Handelsströme, zum Haupte des großen norddeutschen Städte=

bundes emporzuarbeiten, hier mußte die dänische Macht und
Eroberungslust mit den deutschen Städten und deren Handelspolitik in die ersten und ernstesten Berührungen, in einen
Kampf auf Leben und Tod gerathen. Durch Waldemars II.
Siegerschwert mit den holsteinischen Landschaften, den mecklenburgischen und pommerschen Küstengebieten in dänische Abhängigkeit gezwungen, war Lübeck, damals fast das jüngste der
städtischen Gemeinwesen, sogleich bereit, die vom gefangenen
Waldemar erpreßte Befreiung gegen den befreiten Gegner mit
Aufbietung aller Kräfte auf dem Schlachtfelde zu behaupten,
und entsandte zu dem Heere der verbundenen deutschen Fürsten
ihr städtisches Aufgebot, das unter der ruhmvollen Führung
Alexanders von Soltwedel nicht wenig zu dem glücklichen Ausgange der Befreiungsschlacht bei Bornhövede im Jahre 1227
beitrug. Die Folge dieser Schlacht war die Zurückweisung des
dänischen Einflusses jenseits der Eider, die Selbstständigkeit
der holsteinischen, sachsen-lauenburgischen und mecklenburgischen
Lande und für Lübeck die Reichsfreiheit.

Wenige Jahre darauf sollte Lübeck seine junge Selbstständigkeit abermals in einem noch ungleicheren Kampfe gegen
denselben Feind, dem sich, aus Haß gegen die aufstrebende
Stadt und vergessend der von ihr erhaltenen Hülfe, auch Graf
Adolf IV. von Holstein zugesellt hatte, behaupten. Der König sperrte die Trave durch feste Thürme, versenkte Schiffe
und Ketten in der Mündung und belagerte mit dem Grafen
die Stadt zu Land und Wasser, mußte aber nach mißlunge-
nem Unternehmen mit Verlust abziehen. Diesen Kampf, im
Jahre 1234, hat die Sage zu einem glänzenden, nach tage-
langer Schlacht errungenen Seesieg umgebildet, der freilich
nicht in seinen Einzelzügen, doch in dem Erfolge, in Lübecks be-
wahrter Selbstständigkeit und Reichsfreiheit gegen Dänemark
und Holstein, feststeht.

Nach Waldemars Tode folgte in Dänemark wieder eine
Zeit der größten innern Zerrüttung. Seine Söhne Erich,
Abel und Christoph standen in blutigen Bruderkriegen gegen

einander, und von seinen nächsten vier Nachfolgern starb keiner
eines natürlichen Todes. Die deutschen Ostseeküsten und insbesondere Lübeck wurden, ohne gerade in gefährlicher Weise von
diesen schwachen Königen bedroht zu sein, doch vielfach in die
dänischen Verwickelungen hineingezogen und zur Theilnahme an
den inneren Kriegen dieses Reichs gezwungen. Erich, von der
verhaßten Pflugsteuer, die er seinem Volke aufzwang, Pflug-
pfennig genannt, bekriegte seinen Bruder Abel, der Südjütland als Erbe erhalten und sich mit Christoph den holsteinischen Grafen angeschlossen hatte. Die Lübecker ergriffen der
Letzteren Partei, da sie einsehen mußten, daß ein Sieg Erichs
den kaum befreiten nordelbischen Gebieten neue Gefahr bereiten
würde, hatten in Folge davon an ihren Schiffen und Kaufleuten
manche Gewaltthat zu erdulden, verwüsteten dafür die dänischen
Küsten und nahmen 1248 im siegreichen Seezuge die Stadt
Kopenhagen mit dem Schlosse, das sie bis auf den Grund
zerstörten. In demselben Jahre eroberten und verbrannten sie
auch die Stadt Stralsund, die damals noch dem dänischen
König unterthan war. Der König mußte Frieden schließen
und seinen Brüdern das Erbe bestätigen. Im folgenden Jahre
ward Erich auf Anstiften Abels ermordet, und zwei Jahre
später kam auch dieser, der mit Kraft und Verstand die Regierung in die Hände nahm, auf einem Kriegszuge gegen die
Friesen gewaltsam um's Leben. Ihm folgte Christoph I., Waldemars des Siegers dritter Sohn, der sein Reich durch den
dreifachen Kampf, den Krieg um das Herzogthum Schleswig,
den Kampf gegen den Erzbischof von Lund und den Bauern-
krieg, an den Rand des Abgrundes brachte. An dem ersten
Kriege, der dem Erbe des Abelschen Mannsstammes galt,
nahmen 1253 auch die Lübecker mit den Holsteinern Antheil,
und da zu gleicher Zeit eine schwedisch-norwegische Flotte die
dänischen Küsten bedrängte, mußte auch Christoph seine Ansprüche
auf den südlichen Theil der Halbinsel aufgeben. Bald darauf
starb er, wahrscheinlich durch Gift. Sein Nachfolger, Erich
Glipping, durch rücksichtslose Ausschweifungen und tückischen,

unzuverlässigen Charakter dem Adel verhaßt, endete ebenfalls gewaltsam im Jahre 1286, von siebenzig Dolchstichen seiner adeligen Widersacher durchbohrt. In den Kriegen dieses Königs gegen Erich II. von Norwegen standen Lübeck und die wendischen Städte schon zu engerem Bunde vereint auf der Seite des Dänen, um mit seiner Hülfe ihre in Norwegen bedrohten Handelsfreiheiten wiederzuerwerben. Unter Lübecks Führung bedrängte die vereinte Flotte Lübecks, Wismars, Rostocks, Stralsunds, das sich seit jener Eroberung ganz den Nachbarstädten und deren deutscher Politik angeschlossen hatte, Greifswalds, Riga's und des deutschen Wisbys die norwegischen Küsten, schnitt dieselben von jedem Handel und Zufuhr an Getreide und Brod, Bier und Wein gänzlich ab und zwang dadurch das norwegische Reich zu dem Frieden von Calmar im Jahre 1285. Erich II. mußte alle in Bergen mit Beschlag belegten deutschen Handelsschiffe zurückgeben, eine Entschädigungssumme von 6000 Mark zu zahlen versprechen und den vereinten Städten wie auch den mit ihnen befreundeten niederländischen Kampen, Stavern und Gröningen alle vorenthaltenen Handelsfreiheiten erneuern. Auch Hamburg, Bremen, Stettin, Demmin, Elbing und Reval wurden in den Frieden eingeschlossen. So erscheinen jetzt schon die bedeutendsten der norddeutschen Städte zu demselben Kriege vereinigt, — nur Bremen stand auf gegnerischer Seite — durch dieselbe Handelspolitik gegen die nordischen Reiche thatsächlich, wenn auch noch nicht in Bundesform, verbunden. Erich II. erkannte sogar drei von diesen Städten als Schiedsrichter zwischen sich und dem dänischen König an. Doch war trotz des Erfolges diese handelspolitische Einigung noch keine nachhaltige. Die Feindseligkeiten mit Norwegen brachen von Neuem aus und die beiden bedeutendsten Nordseestädte, Bremen und Hamburg, suchten wieder durch eine gegnerische Politik abgesonderte Vortheile vom nordischen König. Dennoch erreichten die vereinigten Städte am 29. Juni 1294 vom König Erich die Bestätigung des calmarischen Friedens und neue Freiheiten, während auch Hamburg im Jahre 1296 in Folge seiner neutralen Stellung besondere Rechte erwarb.

So lange die dänischen Könige, der Politik der Waldemare getreu, die Ausbreitung ihres Reiches längs der deutsch gewordenen Ostseeküste erstrebten, war die Nordseeküste einer unmittelbaren Gefahr weniger ausgesetzt, und es bedurfte erst eines entschiedenen Angriffs auf die immer mehr ineinander gehenden Handelsinteressen dieser Städte, um sie zu einem Gesammtunternehmen und Gesammtbunde zu vereinigen. Die dänischen Herrscher von Waldemars II. Tode bis zu Waldemar IV. hatten zu solchem Wagniß weder Macht noch Fähigkeit und waren zufrieden, sich in ihrem Reiche behaupten und die stets von Neuem zerstreuten Besitzungen zusammenhalten zu können. Längs der Südküste der Ostsee blieb der dänische Einfluß trotz aller inneren Zerrüttungen immer bedeutend. Ein Theil von Vorpommern und die Insel Rügen gehörten ganz zum dänischen Reiche und in Liv- und Estland waren große Landstriche dänisches Eigenthum. Die Deutschen an der Ostseeküste waren ohne Einigung, im Osten standen der livländische und der deutsche Orden gleichfalls vereinzelt, an den übrigen deutschen Küsten waren Fürsten und Städte ohne gemeinsames Band und oft in feindlicher Gegenüberstellung. Die wendischen Städte allein vermochten nicht, im Einzelkampfe ihre gesammte Existenz dem dänischen Reiche entgegenzustellen, zumal sie in ihrem wichtigsten Handelszweige, der Häringsfischerei auf der Halbinsel Schonen, ganz vom dänischen Könige abhingen. Es blieb ihnen, da Erich Menved in vorsichtiger, langsam vorgehender Weise die Politik der Waldemare wieder aufnahm, nichts übrig, als nachzugeben und zuzuwarten, umsomehr, da sie auch mit dem eigenen Landesherrn in gefährliche Verwickelungen gerathen waren. So vermochte dieser König die mecklenburgischen Lande von Neuem unter dänische Lehnsoberherrlichkeit zu bringen, den Widerstand Rostocks durch eine Burg in der Warnow zu brechen, über Stettin und Pommern seine Oberhoheit zu erstrecken und Lübeck, das er

gegen holsteinische Uebergriffe schützte, im Jahre 1307 zur
Anerkennung einer königlich dänischen Schirmvogtei und zu
einem jährlichen Schutzgelde von 750 Mark lübisch zu zwin-
gen. „Sollte der König," heißt es im Vertrage, „vom deutschen
Reiche die gänzliche Abtretung der Herrschaft über die Stadt
Lübeck erlangen, so will diese auch dagegen nichts einwenden."
Nach Ablauf der ersten zehn Jahre wurde der Vertrag auf
weitere vier Jahre erneuert. Rostock, Stralsund, Wismar
fühlten noch schwerer die Macht des dänischen Königs. Als
Erich zur Ordnung seiner mecklenburgischen und pommerschen
Angelegenheiten den Fürsten und Herren einen Tag nach
Rostock bestimmt hatte, verschloß diese Stadt, aus Furcht vor
der großen Menge der Fürsten und ihres kriegerischen Gefolges,
die Thore. Einen ähnlichen Schimpf hatte Heinrich von Mecklenburg vor Wismar erfahren, als er, um in ihren Mauern Hoch-
zeit zu halten, Einlaß begehrte, und der pommersche Herzog Wizlav
vor Stralsund. Die Erbitterung darüber hatte einen allgemeinen
Bund dieser und der ihnen verpflichteten Fürsten und Herren
zur Folge, mit keiner andern Absicht, als die drei verbundenen
Städte auf immer der fürstlichen Macht zu unterwerfen. Die
Städte, denen noch Greifswalde beitrat, begannen selbst den
Krieg, zerstörten das königliche Schloß an der Warnow und
verwüsteten die dänischen Küsten und Inseln, soweit sie dringen konnten. Da legte sich Erich im Jahre 1312 mit stärkerer
Macht vor Rostock, baute die Burg neu und fester, belagerte
die Stadt mit Hülfe Heinrichs von Mecklenburg von allen
Seiten und zwang sie im folgenden Jahre, sich dem Herzog
zu unterwerfen und 14,000 Mark Silber zu zahlen. Auch
Wismar mußte sich dem Herzog unter schweren Bedingungen
ergeben. Als Sieger zog nun im Jahre 1316 Erich Menved
mit einem glänzenden Heere von 7000 Mann und 80 großen
und vielen kleinen Schiffen, einem Heere, wie es jene Zeiten
und jene Gegenden noch nicht gesehen hatten, von den Fürsten
von Schleswig-Holstein, Sachsen-Lauenburg und Mecklenburg
unterstützt, vor Stralsund. Doch hatte sich diese Stadt mit dem

Abel des rügischen Landes, mit dem Herzog Wartislav von
Pommern und dem Markgrafen Waldemar von Brandenburg
so vorsichtig und eng verbunden, daß die Belagerung bald aufgehoben wurde, Stralsund mit neubefestigten Freiheiten in
das alte Verhältniß zu Herzog Wizlav von Pommern zurücktrat und nur auf drei Jahre den besonderen Schutz des dänischen Königs anerkannte.

So hatte Erich Menved, keineswegs ein bedeutender oder
besonders glücklicher König, sondern unstät im Handeln wie
in seinen Plänen, dennoch den dänischen Einfluß an den deutschen Küsten in Folge der Zwietracht zwischen den deutschen
Fürsten und Städten in gefahrvollster Weise erneuert. Es
wäre in der nächsten Zeit ein schwerer Krieg oder gänzliche
Unterwerfung dieser Länder unter die dänische Oberhoheit un-
ausbleiblich gewesen, wenn sich nicht nach dieses früh gealterten
Königs Tode, im Jahre 1319, sogleich wieder die Parteiungen
der Fürsten und des Adels mit vermehrter Heftigkeit erhoben
hätten. Unter den Königen Christoph II. und Waldemar III.
brachten sie das dänische Königthum auf's Neue zu gänzlicher
Machtlosigkeit herunter, zerrütteten das Reich durch innere
Fehden und Kriege gegen die nordischen Mächte und ruhten
nicht, bis aus diesen Zuständen der deutsche Einfluß siegreich
hervorgegangen war und dessen Träger, der holsteinische Graf
Gerhard der Große, der größte Feldherr und Staatsmann
seiner Zeit, Dänemark thatsächlich, wenn auch nicht mit königlichem Namen beherrschte. In Folge dieser Verhältnisse blieben
die deutschen Städte in den nächsten Jahrzehnten unbelästigt
von dänischer Eroberungslust und konnten ihre Bundes- und
Handelsverhältnisse ruhig festhalten und fortbilden, wenn sie
auch einzeln oder in größerer Anzahl an den Parteiungen und
Fehden Dänemarks in mancher Weise theilzunehmen gezwungen
wurden. Die größere Gefahr drohte ihnen jetzt von den durch
Magnus Smäk seit dem Jahre 1319 vereinigten Reichen
Norwegen und Schweden. Sogleich nach der Thronbesteigung
versuchte dieser König den deutschen Handel in seinen Reichen

und auf der neuerworbenen Halbinsel Schonen durch Verbote und Behinderungen aller Art zu erdrücken. Trotz aller Gesandtschaften und Vorstellungen der wendischen Städte verweigerte Magnus auf's Entschiedenste jede Bestätigung der deutschen Handelsfreiheiten. Aber auch hier kam die Zwietracht im feindlichen Reiche den Städten zu Hülfe. Der Gegensatz zwischen den Bewohnern Norwegens und Schwedens brach bald in blutige Kriege aus und entzweite auch den König mit seinen Söhnen, die er als Mitregenten angenommen hatte, auf's Heftigste. Dazu kamen unglückliche Kriege gegen Rußland und Dänemark, der schwarze Tod wüthete mörderisch auch in Schweden und Norwegen, und die Aussicht auf eine wirkungsvolle Einigung der skandinavischen Reiche ging auf lange zu Grunde. Die Städte benutzten diese Verhältnisse sogleich und erreichten im Jahre 1343 durch Unterstützung des bedrängten Königs die Bestätigung ihrer Freiheiten, bis die heimliche Abtretung Schwedens an Dänemark neue Verwickelungen hervorrief.

Unterdessen hatten sich aber in Dänemark die Verhältnisse in einer Weise umgestaltet, welche den deutschen Städten eine ebenso große Gefahr wie Anregung zur Vollendung ihres Bundes bringen sollte. Nach den Zeiten der schlimmsten Zerrüttung hatte Waldemar IV. Attertag (Wieder ein Tag!), so genannt, weil er nie einen Plan aufgab und, was heute mißlungen war, morgen bei besserer Gelegenheit von Neuem versuchte, den Thron bestiegen. Seine Jugendzeit hatte er unter den Parteikämpfen, die das Reich seiner Väter auf das Blutigste zerrissen, verlebt, die einzelnen Parteien und ihre Absichten und Mittel aus unmittelbarer Nähe kennen und danach seine Stellung zwischen ihnen bemessen gelernt. Frühzeitig war in ihm die überlegende, umschauende Klugheit, die zähe, stets zuwartende, nie loslassende Willenskraft zur Reife gekommen, welche ihm während seiner langen Regierung hauptsächlich die glücklichen Erfolge gewinnen sollte. Freilich besaß er dabei auch jene angeborenen Eigenschaften des dänischen Hauses Estrithson's, die den meisten frühen und gewaltsamen Untergang bereitet hatten, einen hochfahrenden, leidenschaftlichen, zu Gewaltthätigkeit stets geneigten, vor Verbrechen nie zurückschreckenden Sinn und jene kalt berechnende Rücksichtslosigkeit, welche nie prüft, ob das Mittel gerecht und gut ist, sondern nur, ob es zum Ziele führt. Diese letzteren Eigenschaften brachen in der späteren Zeit seiner Regierung in gewaltsamen Thaten hervor und sollten alle von ihm gewonnenen außerordentlichen Erfolge zum Schluß seines Lebens wieder in Nichts auflösen. Seine nächste Absicht nach der Thronbesteigung (1340) ging dahin, das durch Verpfändungen, Verleihungen und gewaltsame Entreißungen zersplitterte Reich wieder zu vereinigen, alle entfernteren und nur mit kostspieligem Kraftaufwand haltbaren Besitzungen wegzugeben und dann dem neu verdichteten und gestärkten Reiche um so ausgiebiger das alte Ansehn auf der Ostsee herzustellen. Dabei kam ihm zu Hülfe, daß sein größter und gefährlichster Gegner, Gerhard der Große, in dem Jahre der Thronbesteigung von seinen persönlichen Feinden, als er hülflos krank danieder lag, erschlagen und dadurch dem Uebergewichte Holsteins die Spitze gebrochen wurde. Mit welchen Mitteln und Wechselfällen Waldemar oft zurückgewiesen, doch stets zu dem mißlungenen Plane zurückkehrend, seine Absichten verfolgte, wie er durch Einlösung der verpfändeten Schlösser und Güter, durch Tausch, Kauf und Verkauf, worunter der Verkauf von Estland im Jahre 1347 an den deutschen Orden um 19,000 Mark Silbers der bedeutendste war, durch Kriege und Fehden bald glücklich, bald unglücklich, doch nie besiegt oder abgeschreckt, unter Verwickelungen nach allen Seiten endlich doch wieder als der mächtigste Fürst in diesem Theile Europa's bastand, gehört in die Geschichte Dänemarks. Für die Hansa wurden Waldemars Pläne erst verhängnißvoll, als er die pommerschen und mecklenburgischen Lande mit ihren Fürsten, Herren und Städten zur Anerkennung der dänischen Lehnsoberherrlichkeit gezwungen, den holsteinischen Einfluß trotz des heldenmüthigen Widerstrebens der kriegstüchtigen Söhne Gerhards, Heinrichs des Eisernen und Klaus des Einäugigen, über die

Eider zurückgewiesen hatte und nun, nachdem er das Reich der alten Waldemare aus der Zerrüttung nnd Zersplitterung neu aufgerichtet hatte, seine Absichten und Kräfte gegen den Bund der deutschen Seestädte wandte.

Die Bedeutung Gothlands und der Stadt Wisby für den Handel und die Handelspolitik dieser Städte kennen wir. Alle Fäden des weitverzweigten deutschen Ostseehandels liefen hier in einen großen Knoten zusammen. Die Hälfte der Stadt bestand aus der deutschen Gemeinde, die mit den norddeutschen Städten in enger Hansa verbunden war und deren Glieder mit den Handelshäusern dieser in viel verschlungenen Handels- und Verwandtschaftsverbindungen standen. Hier hatten Alle Waarenniederlagen und Handelsdiener theils um den hier stattfindenden Tauschhandel selbst betreiben, theils um von hier aus den vielen Gefahren ausgesetzten Verkehr nach Nowgorod und Rußland führen zu können. Nirgends außerhalb Deutschlands war damals ein so weit greifender, so eng mit dem Handelsstande des Reiches verbundener Mittelpunkt, nirgends war dieser Handelsstand des Ostsee- und Nordseegebietes so tief und empfindlich, so gleichmäßig zu verletzen, als durch einen Angriff auf diese Stadt und Insel. Dennoch und vielleicht eben deswegen richtete Waldemar seine rücksichtslose, rasch zufahrende Eroberungslust gerade hierher. „Ich will Euch in ein Land führen," sprach er zu seinen Söldnern," wo Goldes und Silbers die Fülle ist und selbst die Schweine aus silbernen Trögen fressen."

Im Juli 1361 setzte er mit seinem Heere nach Gothland über, schlug in drei Tagen drei siegreiche Schlachten, deren letzte vor den Mauern Wisbys 1800 zur Hälfte deutschen Bürgern das Leben kostete, und hielt dann durch die niedergerissenen Mauern mit seinem 11 Glieder breit aufmarschirenden Heere den Einzug. Eine vollständige Plünderung folgte und der König nahm für sich eine unermeßliche Beute von Gold, Silber, edlem Pelzwerk und anderen Waaren. Plünderung und Zerstörung waren so gründlich, daß sich die Stadt nie wieder erholte und seitdem, da bald eine Feuersbrunst das noch

Uebrige einäscherte, unter die Handelsstädte niederen Ranges auf immer zurücktrat.

Auf die schnell verbreitete Nachricht von solcher Gewaltthat belegten die Städte sogleich in der Ostsee alle dänischen Waaren und Güter mit Beschlag und beschlossen auf einem Tage zu Greifswald, daß Niemand weiter auf dänischen Gebieten Handel treiben dürfe, bei Verlust seines Lebens und Gutes. Dann schlossen sie mit den Königen Magnus von Schweden und Hakon von Norwegen, die selbst nach Greifswald kamen, ein Bündniß und verpflichteten diese, 2000 Ritter und Knechte mit den nöthigen Schiffen zum gemeinsamen Kriege gegen Dänemark zu stellen und die Halbinsel Schonen nach der Eroberung nie wieder ohne Rath und Einwilligung der Städte zu verpfänden. Lübeck versprach sechs Koggen und sechs Sniggen mit 600 Bewaffneten, Hamburg, das dem Zweck und Grund dieses Krieges ferner stand, 2 Koggen mit 200 Bewaffneten, Wismar und Rostock zusammen soviel wie Lübeck, ebensoviel Stralsund und Greifswald, dasselbe Kolberg, Stettin und Anklam. Bremen stellte eine Kogge mit 100, Kiel ein Schiff mit 30 Bewaffneten. Alle wollten für einen Mann stehen und keinen Frieden schließen, es sei denn die ganze Sache zu glücklichem Ende vollbracht. Nach der Volkssage wurde ihr Absagebrief von 77 Städten unterschrieben, worauf aber König Waldemar die spottende Antwort ertheilte:

> Seven und seventig hensen
> heft seven und seventig gensen,
> wo mi de gensen nich enbieten,
> na der hense frage ick nich en schiten.

Im Mai des nächsten Jahres 1362 zog die vereinigte städtische Flotte in einer Anzahl und Fülle, von einem Muth und einem Streben beseelt, wie bis dahin noch keine deutsche Flotte gesehen war, unter der Oberanführung des holsteinischen Grafen Heinrichs des Eisernen, die Lübecker unter der Führung ihres Bürgermeisters Wittenborg, gegen Seeland. Kopenhagen wurde genommen und geplündert, das Schloß zerstört. Da aber innere Unruhen und Geldnoth den Königen die Erfüllung ihres Versprechens unmöglich machten, wartete man vergeblich an der holsteinischen Küste auf die zugesagten 2000 Schweden und Norweger. Ungedulbig verließ das Heer die Flotte und belagerte das Schloß Helsingborg. Sogleich erschien der schlaue Waldemar mit seinen Schiffen und führte eine große Anzahl der unbewachten hansischen hinweg. Das abgeschnittene Heer mußte um freien Abzug mit dem König capituliren und auf den übriggebliebenen Schiffen schmachvoll nach Hause zurückkehren. Johann Wittenborgs Haupt fiel als Opfer für die unglückliche Schlacht auf dem Markte zu Lübeck dem Zorn seiner Mitbürger, und viele hansische Bürger saßen schwergefangen auf dem Thurm von Wordingborg, auf dessen Dachspitze der König, um seinen Spott zu vollenden, eine Gans hatte aufrichten lassen. Die ungeheuren Kriegskosten — Lübeck, Stralsund, Rostock, Wismar schlugen ihren Verlust allein auf 250,000 Mark Pfennige an — waren verloren, die mächtigste Flotte größtentheils vernichtet, von einer Entschädigung für den gothländischen Verlust war keine Rede und für die nächste Zeit Lust zu einem einigen großartigen Unternehmen der Städte vollständig versiegt. Unter Erneuerung der vor dem Kriege bestandenen Handelsfreiheiten schlossen sie bereitwillig einen Waffenstillstand und erweiterten ihn im Jahre 1364 zu einem allgemeinen Frieden, mit Verzichtleistung auf jeden Ersatz für den gothländischen Raub. Waldemar war aus diesem ersten einigen Kampf der Hansa als entschiedener Sieger hervorgegangen.

Aber sein unruhiger, sich nie begnügender Sinn ließ ihn auch jetzt nicht, trotz vielfacher anderweitiger Verwickelungen, gegen die Städte Ruhe halten. Bald hatte er die meisten der Friedensbedingungen verletzt. In kluger Berechnung verheirathete er seine Tochter Margarethe mit Hakon von Norwegen und begann nun von Neuem auf Schonen Erpressungen gegen die deutschen Kaufleute anzustellen. Die Beschwerden der Städte beantwortete er hochfahrend und höhnisch, und alle Verhandlungen führten um so weniger zu einem Ziel, da jetzt auch der König von Norwegen, der Graf Adolf von Holstein und der Herzog Erich von Sachsen-Lauenburg zu ihm standen. Die Städte, zum Aeußersten gebracht, hielten vom '11. bis 19. November 1367 die Tagfahrt zu Köln, die wichtigste für diesen ersten Zeitraum ihrer Geschichte. Sämmtliche Städte der deutschen Ostsee- und Nordseeküste beschlossen hier einmüthigen Krieg gegen die beiden Könige und ihre Verbündeten. Die wendischen mit den livländischen und den dazu gehörigen Städten hatten 10 große Koggen, jede zu 100 Mann, mit Schnigge und Schuyte stellen, die 6 preußischen 5 Koggen, die Süderseestädte Dortrecht, Amsterdam, Staveren, Harderwick und die anderen je eine Kogge mit 100 Mann, unter ihnen 20 Armbrustschützen, Kampen zwei Rheinschiffe und 150 Mann, die Städte von Seeland 2 Koggen zu stellen. „Nach Ostern des nächsten Jahres soll sich die Flotte im Oresund vereinigen und bis dahin kein Kauffahrer durch den Sund segeln; wer in den Dienst des Königs tritt oder der Feinde Land mit Handel und Zufuhr besucht, ist friedlos ewig in allen Städten." Die Kriegskosten sollten durch eine allgemeine Abgabe von Gut und Schiff nach dem Pfunde des Werthes, dem sogenannten Pfundgelde, aufgebracht werden.

Mittlerweile hatten sich auch die Verhältnisse in Dänemark und Schweden zum Nachtheil Waldemars geändert. Volk und Reichsrath erhoben sich gegen den schwedischen König Magnus, sprachen seine Entsetzung aus und wählten, mit Hülfe der wendischen Städte, den jungen Herzog Albert von Mecklenburg, des Magnus' Schwestersohn, auf den Thron. Dadurch wurde die Verbindung Schwedens mit Dänemark gelöst und jenes Reich mit den Städten gegen Waldemar verbunden. Auch in Dänemark hatten sich die Parteien gegen Waldemars Willkürherrschaft empört. Der jütische Adel hatte sich dem Herzoge Heinrich von Schleswig angeschlossen und war mit den holsteinischen Grafen Heinrich und Claus mehr als je einem Bündniß mit den Städten zugeneigt. Die Lage der Parteien war also für einen neuen Krieg den Städten äußerst günstig. Albert von Schweden und mit ihm die Herzoge von Mecklenburg, die Grafen Heinrich und Claus von Holstein, der Herzog Heinrich von Schleswig und der vereinigte jütische Adel standen mit ihnen gegen Waldemar, der sich allein auf die Hülfe Hakons von Norwegen, Erichs von Sachsen-Lauenburg und des Grafen Adolf von Holstein beschränkt sah. Im Februar 1368 einigten sich jene Fürsten mit den Städten zu einem festen Bunde, beriethen und beschlossen auf verschiedenen Tagfahrten das Nothwendige, knüpften auch Hamburg, das aus Furcht vor einem dänischen Angriff in der Elbe dem Kölner Bunde sich gern entzogen hätte, wieder fester an denselben und bereiteten Alles zu einem gewaltigen und einmüthigen Kriege vor. König Waldemar erkannte bald die Unmöglichkeit eines Widerstandes gegen solche Verbindung nnd entzog sich dem gewaltig aufziehenden Gewitter durch die Flucht, um dann hinter sich den Sturm, wie er könnte und möchte, austoben zu lassen. Nachdem er seinen Marschall Heuning Podebusk (Pudbus) zum Reichsvorsteher bestellt und ihm und dem Reichsrath die nöthigen Vollmachten zur Unterhandlung mit den Städten ausgefertigt hatte, nahm er von seinen Schätzen, soviel er fortzuführen vermochte, und suchte in Brandenburg bei den befreundeten Markgrafen eine Zufluchtsstätte. Dänemark war auf Gnade und Ungnade dem Zorn des deutschen Städtebundes hingegeben und schon vor Beginn des Krieges der vollständigste Sieg gewonnen. Im Mai erreichten das Heer und die Flotte Seeland, plünderten Kopenhagen, nahmen das Schloß, Helsingör, Nyköping, Skanör, Falsterbode, verheerten und verwüsteten überall, ohne Widerstand zu finden. König Albert besetzte dann Schonen und bestätigte hier den Städten sämmtliche Handelsfreiheiten, indessen sich die Grafen von Holstein mit Hülfe des jütischen Adels Jütlands bemächtigten und nach der Weise Gerhards des Großen dieses Land als Eigenthum behandelten. Der Winter verging mit Belagerung der königlichen Schlösser, insbesondere Helsingborgs, und für den nächsten Sommer wurde ein neuer ernstlicher Kriegszug vorbereitet. König Albert sollte tausend Ritter und Knechte stellen, ohne die Städte innerhalb zwei Jahren keinen Frieden schließen und ihnen die eroberten Schlösser im Lande zur Hälfte überlassen, bis sie vollen Ersatz aller Kriegskosten erhalten hätten. Auf Schonen wurden ihnen durch königliche Urkunde, ebenso auf Gothland alle Freiheiten und Gerechtigkeiten bestätigt, welche der gemeine Kaufmann vor der dänischen Eroberung gehabt hatte. „Wollte Gott, daß wir Kopenhagen gewönnen," hieß es im Bund, „so wollen wir das Schloß daselbst gänzlich brechen und zerstören."

Dem gebrochenen und verlassenen Dänenreiche blieb nichts übrig, als um jeden Preis schleunigst Frieden zu schließen, denn der jetzt im deutschen Reich umschweifende König konnte auch nicht die geringste thatsächliche Hülfe gewinnen. Bevor sich die städtische Flotte im Oresund wieder versammelte, eröffnete Henning Podebusk und der Reichsrath die Unterhandlungen, denen am 30. November 1370 die schlußgültige, zu Stralsund aufgestellte Friedensacte zwischen dem dänischen Reichsrath und den verbundenen deutschen Städten folgte.

Sie bestimmte, daß die Städte zum Ersatz für die mancherlei Schäden und Kriegskosten fünfzehn Jahre lang zwei Drittel aller Einnahmen und Nutzungen aus den schonischen Schlössern und Vogteien Helsingborg, Ellenbogen (Malmöe), Skanör und Falsterbode beziehen und diese Schlösser ebensolange mit ihrem gesammten Gebiete, die Kirchenlehen ausgenommen, in Händen haben sollten. „Dieser Friede soll vom König Waldemar, falls er bei seinem Reiche bleiben und keinem andern Herrn das Reich gestatten will, und von den Herren und Knechten, welche die Städte dazu ausersehen, besiegelt werden. Will König Waldemar sein Reich Dänemark bei seinem Leben einem andern Herrn übergeben, dem soll und will der Reichsrath das nur gestatten mit dem Rathe der Städte und nachdem er deren Freiheiten bestätigt hat. Ebenso soll man es halten, wenn der König stirbt. Auch soll der Reichsrath keinen Herrn empfangen, es sei mit dem Rath der Städte und nach Besiegelung ihrer Freiheiten." — So hatte der Städtebund durch diesen ruhmvollen Krieg, der ihn als die erste maßgebende Macht des Nordens hinstellte, Alles, was er bezweckte, Genugthuung und Entschädigung für den Raub auf Gothland, Bestätigung der Freiheiten auf Schonen mit einem fast ungeschmälerten Besitz dieses Landes auf fünfzehn Jahre und das unbedingte Uebergewicht in den inneren Angelegenheiten des dänischen Reiches. König Waldemar, der vom Kaiser Karl IV. nichts erreichen konnte, als ohnmächtige Befehle gegen den Städtebund, der doch nur zum Vortheile des deutschen Reiches Dänemarks gefährlichen Einfluß und Eroberungslust gebrochen hatte, mußte sich diesen Friedensbedingungen unterwerfen, und auch König Hakon von Norwegen, der nach Magnus Tode gegen Albrecht Ansprüche auf Schweden erhob, bequemte sich zu einem Waffenstillstande auf vier Jahre.

5. Die innere Entwickelung des Bundes.

Zu Ende des 13. Jahrhunderts gab es Hansen, aber keine allgemeine Hansa. Die norddeutschen Kaufleute hatten außerhalb des Reiches überall, wohin die Hauptrichtungen ihres überseeischen Verkehrs gingen, kaufmännische Einigungen, die unter einander nur locker und allgemein verbunden und zu der städtischen Einigung noch in kein rechtlich und förmlich festgestelltes Verhältniß getreten waren. Die Gesellschaft der vereinten deutschen Kaufleute auf Gothland hatte zwar über die deutsche Niederlassung in Nowgorod einen maßgebenden Einfluß gewonnen, war aber gleichfalls unabhängig von den Städten und deren Einigungen, auch mit den Hansen der Nordsee ohne feste Verbindung und entbehrte des Namens der Hansa ganz und gar. Im 14. Jahrhundert begann unter den Einzelhansen allmälig eine größere Annäherung, und die Städteeinigungen, insbesondere die wendischen Städte mit Lübeck an der Spitze, gewannen nach und nach bestimmenden Einfluß über die auswärtigen Hansen der Kaufleute.

In England, wo wir der ersten deutschen Hansa als einer Einigung von Kaufleuten begegnet sind, kennen die Urkunden aus der ersten Hälfte dieses Jahrhunderts noch keine Hansa der Städte, sondern nur der deutschen Kaufleute, die in London und England sich aufhalten und die Gildehalle besitzen; nur mit dieser Gesellschaft unterhandeln der König und die Stadt. Sie hat an der Spitze einen Aldermann, der ein Bürger Londons sein mußte, und wenn sie einen den deutschen Handel in England betreffenden Beschluß faßt, bittet sie die einzelnen deutschen Städte um Anerkennung und Aufrechthaltung. Im Jahre 1303 ersucht sie die Stadt Rostock, dafür zu sorgen, daß ihre und der benachbarten Städte Kaufleute den Markt von Lynn nicht mehr besuchen, denn dort sei sie in ihren Rechten geschädigt worden; die westphälischen Städte hätten solches schon schriftlich zugesagt.

Ebensowenig kennen die niederländischen Urkunden dieser Zeit eine deutsche Hansa der Städte. Graf Robert von Flandern und die Stadt Brügge ertheilen zu Anfang des 14. Jahrhunderts den Kaufleuten des „römischen Reichs deutscher Zunge" mit Aufzählung der einzelnen Städte Handelsrechte. Der Herzog von Lothringen, der Graf von Hennegau und Holland nennen nur die gemeinen Kaufleute einzelner Reichsgebiete oder den gemeinen Kaufmann von Alemannien, nie eine deutsche Hansa, noch Hansestädte. Auch in Brügge war eine Gesellschaft deutscher Kaufleute, die Zusammenkünfte in der Karmeliterkirche hielt und im Jahre 1347 wichtige Beschlüsse faßte, ohne sich anders, als „gemeiner Kaufmann aus dem römischen Reiche von Alemannien" zu nennen. Einer dieser Beschlüsse meldet, daß der gemeine in Brügge sich aufhaltende Kaufmann sich in drei Drittel getheilt habe, Lübeck mit den wendischen und sächsischen Städten, das Drittel der westphälischen und preußischen Städte, und das der Städte von Gothland, Livland und den Deutschen in Schweden, eine Eintheilung, die später auf den Städteverein übertragen wurde. — Auch in Nowgorod, auf Schonen und in Norwegen heißt noch um die Mitte des 14. Jahrhunderts Hansa nichts Anderes als, ein Verein von Kaufleuten einzelner Städte.

Doch gewannen schon um diese Zeit in der Ostsee die Städte mehr Einfluß auf die kaufmännischen Gesellschaften. Der Hof zu Nowgorod erscheint jetzt in größerer Abhängigkeit von Lübeck und erhält von hier aus ohne Widerspruch eine neue Ordnung, während früher die Gesellschaft der Kaufleute auf Gothland diese Niederlassung allein geleitet hatte. Jene fortdauernden, immer umfangreicheren Kriege zwischen den nordischen Reichen und den Städten der Ostsee ließen die Einigungen der wendischen Städte in ihrem engerem Verbande nie erschlaffen, und da die sichere Fahrt zu Lande und zu Wasser in diesen Gegenden nur durch ihre Kriegsmittel aufrecht erhalten werden konnte, bildete sich auch das thatsächliche Uebergewicht des kriegsmächtigen Städtebundes über eine stets des Schutzes bedürftige kaufmännische Gesellschaft von selbst aus.

Von der innern Entwickelung des Bundes und der Bundesform haben wir aus dieser Zeit nur ungenügende Nachrichten, denn die Tagfahrten dachten noch nicht daran, die gemeinsamen Beschlüsse in Protokollen niederzulegen. Zu diesen Nachrichten gehört das Schreiben, wodurch Lübeck die Stadt Osnabrück einlud, „gegen Pfingsten ihre Abgeordneten nach Lübeck zu schicken, um über die Beschwerden der Kaufleute zu Brügge zu berathen; ihr, der Stadt Lübeck, und den benachbarten wendischen Städten habe, weil sie in der Mitte der Städte liege, solche Zusammenkunft rathsam geschienen und sie wolle dieselben Einladungen auch an die Städte in Westphalen und Sachsen, im Wendenland, Mark, Polen, Gothland, Riga u. s. w. absenden. Man dürfe also nicht übel deuten, wenn die vertretenen Städte in Abwesenheit der übrigen Beschlüsse fassen würben. Osnabrück solle dieses auch den benachbarten Städten, die nach Flandern Handel treiben, mittheilen."

Worauf beruhte also die Ausbildung des Bundes? Einer deutschen Handelspolitik und deren Interessen in den deutschen Meeren hätte von Rechtswegen die kräftigste Vertretung von Seiten des Kaisers und Reiches gebührt, wurde aber von diesen, deren Einfluß kaum bis zur nördlichen Grenze des lose verbundenen Reiches sich erstreckte, nicht einmal erkannt, am allerwenigsten geübt und aufrecht erhalten. Nur zu oft verfolgten die Kaiser, und selbst die kräftigsten, für den nördlichen Theil des Reiches eine Politik, die den Aufgaben des Reiches und Kaiserthums schnurstracks entgegenlief. War doch Karl IV. bereit gewesen, dem Haupt des feindlichen dänischen Reiches auf Kosten des eigenen jeden Vorschub zu leisten! Die nordöstlichen Ostseeküsten waren zwar dem Namen nach in den Verband des Reiches aufgenommen, aber ihre Erhaltung und Germanisirung zu einer unverrückbaren Aufgabe der deutschen Reichspolitik zu machen, dessen waren Reich und Kaiser niemals fähig. Heinrich der Löwe und die hohenstaufischen Friedriche hatten, sobald sie die Nordgrenze des Reiches erreichten, den Handelsbeziehungen der Reichsunterthanen jenseits der Meere ihre Aufmerksamkeit nicht entzogen und die freundschaftlichen Verhältnisse zu den Beherrschern der Nachbarstaaten benutzt, ausgiebige Schutzverhältnisse für die Handelsleute des deutschen Reiches zu gewinnen. Solche Versuche wiederholten sich auch später, doch waren sie theils von Seiten des Reiches nur macht- und erfolglose Fürschreiben und Bitten, theils gingen sie von einzelnen weniger mächtigen Reichsfürsten aus und konnten wohl in friedlichen Zeiten freundnachbarliche Verhältnisse erhalten, doch nie gegen bösen Willen und kriegerische Gelüste gewaltthätiger Eroberer zuverlässigen Schutz gewähren. Den Trägern des deutschen Handels blieb nichts übrig, als durch Bildung von Gesellschaften oder Einzelhansen der fremden Stadt oder Regierung gegenüber selbst Recht und Vortheil zu wahren. So wurden die Einzelinteressen einer deutschen Handelspolitif, die durch Kaiser und Reich zu einem geschlossenen Ganzen hätten vereinigt sein sollen, in ihrer Vereinzelung Eigenthum und Ziel kaufmännischer Gesellschaften, die dann später, da innerhalb des Reiches ihre Heimathstädte als Träger derselben Interessen sich zu einer maßgebenden See- und Handelsmacht des Nordens herausgebildet hatten, ganz in diese zurücktraten. Folgerichtig lehnten sich die Einzelhansen, von Kaiser und Reich in der Fremde ohne Schutz gelassen, immer enger an den wachsenden Städtebund, mit dessen Einzelgliedern sie ja in untrennbarstem Zusammenhang standen, an, und ebenso folgerichtig nahm dieser jene und ihre Strebungen in sich auf, bis sich seine Politik zu einer umfassenden Handelspolitik des deutschen Reiches im Norden erweitert hatte, getragen durch eine einheitliche, wenn auch nicht vollendete Bundesverfassung, durch eine ebenso einsichtsvolle und vorsichtige wie kühne und thatkräftige Staatskunst, durch eine siegreiche, stets bereite und gerüstete Seemacht.

Im Jahr 1330 begegnen wir zum ersten Male dem Ausdruck „Hansestädte." Der Rath der Stadt Anklam ertheilte seinen Krämern eine Ordnung, welche schon zu Lübeck, Stralsund und in „andern Hansestädten" beliebt worden sei. — Doch sind damit nur die Städte bezeichnet, deren Kaufleute Mitglieder auswärtiger Hansen sind. Ebenso bestätigt und ertheilt der König Magnus von Norwegen und Schweden namentlich aufgeführten Seestädten und „allen Kaufleuten der deutschen Hansa", d. i. der in Bergen sich aufhaltenden kaufmännischen Gesellschaft Rechte. Eine weitere Ausdehnung dieses Namens finden wir im Jahr 1358. Auf einem Tage zu Lübeck hoben die Städte des sächsisch-wendischen Drittels „der Kaufleute des römischen Reichs von Alemannien von der deutschen Hansa, die zu Brügge sich aufhalten" mit dem preußischen Drittel wegen des dem „gemeinen Kaufmann von Alemannien von der deutschen Hansa" in Flandern geschehenen Unrechts jeden Verkehr mit diesem Lande auf. „Niemand von der deutschen Hansa" soll nach Flandern hin weiter, als bis

zur Maas fahren; wer aber nicht in der deutschen Hansa ist
und kommt in einen Hafen oder eine Stadt, die zur deutschen
Hansa gehört, soll dasselbe geloben, und wer von der deutschen Hansa dagegen handelt und in einer Stadt der deutschen
Hansa ergriffen und dessen überführt wird, über den soll man
daselbst richten. — Welche Stadt von der deutschen Hansa sich
dem Beschluß nicht unterwirft, die ist auf ewige Zeiten aus
der deutschen Hansa gestoßen und des deutschen Rechtes verlustig." So haben wir hier den Verein von Städten der
„deutschen Hansa", der gemeinsame Tagfahrten hält, gemeinsame Beschlüsse faßt und die verbundenen Städte unter An-
drohung des ewigen Ausschlusses sich denselben zu unterwerfen
zwingt. Lübeck und die wendischen Städte, durch ihre kriegerischen Erfolge an die Spitze getreten, durch ihre ausgedehnten
Handelsrichtungen am innigsten betheiligt, sind thatsächlich in
diesem, durch die Gleichheit der Interessen zusammengeführten
Bund die Anstifter und Leiter.

Doch erhielten jene durch Lübecks Vorgehen erzielten Beschlüsse keineswegs schon eine widerspruchslose Anerkennung.
Es widerstrebten noch die nächstverbundenen und bedeutendsten
der Nordseestädte, Hamburg und Bremen, die wohl nur un-
gern Lübeck und die wendischen Städte jetzt auch auf der Nordsee die Leitung der handelspolitischen Verhältnisse an sich nehmen sahen. Auch Köln blieb jetzt und in der Folgezeit in
vereinzelter und widersprechender Stellung zu der Politik, welche
Lübeck vertrat. So machte sich schon jetzt die Zwiespältigkeit
der Interessen auf der Nord- und Ostsee in thatsächlicher
Weise geltend, doch trat für die nächste Zeit diese mit ihren
Handels- und politischen Verhältnissen zu sehr in den Vordergrund und Lübeck und die wendischen Städte gingen in zu
thatkräftiger und wirkungsvoller Weise vor, als daß der Widerspruch einer Gegenpartei ihrem erfolgreichen Hervortreten einen
wesentlichen Abbruch hätte thun können. Bremen hatte zuerst
Gelegenheit, die Macht dieses Bundes kennen zu lernen. In
einem Schreiben vom 26. December 1358 dankte diese Stadt

den „Städten und Kaufleuten der deutschen Hansa", daß sie in den Verein und in den Genuß aller Rechte und Freiheiten wiederaufgenommen sei, und verspricht, alle Beschlüsse der jetzt zusammentretenden Tagfahrt zu Lübeck anzuerkennen, nach Aufforderung zur Vertheidigung des Bundes ein gutes Schiff mit 50 Bewaffneten und dem nöthigen Kriegszeug, zur Vertheidigung der Elbe ein Schiff mit 100 Bewaffneten oder mehr zu stellen, alle Verträge und Beschlüsse der Rathmänner dieser Städte zu halten und jeden ihrer Bürger, der dagegen handele, als für immer aus der Gemeinschaft und den Rechten der Hansa ausgeschlossen zu betrachten. Die Tagfahrten werden dann auch in der nächsten Zeit ohne Widerspruch in Lübeck gehalten und dieser Stadt Einladeschreiben von allen anerkannt. Rostock wurde aufgefordert, auch die märkischen Städte dazu einzuladen, die sächsischen und westphälischen, die preußischen und livländischen Städte, Gothland, (Wisby) und Köln hätten die Einladung schon erhalten.

Am wichtigsten für die Entwickelung des Bundes wurde die schon hervorgehobene kölnische Conföderation vom Jahre 1367. Sie bestimmte, wie viele Schiffe und Mannschaft jede Stadt von der deutschen Hansa zu dem gemeinsamen Kriege gegen Waldemar IV. zu stellen habe und wie die Kosten der Ausrüstung durch das Pfundgeld, das jedes hansische Schiff bei der Ausfahrt aus einem hansischen Hafen, im Betrag eines Groten von jedem Pfunde Groten Werthes bezahlen sollte, also durch einen allgemeinen, freiwillig übernommenen Ausfuhrzoll aufzubringen seien. Dadurch wurden auch die Landstädte, ohne Schiffe oder Mannschaft stellen zu müssen, zu den Lasten und Gefahren des Krieges herbeigezogen. Ohne Widerspruch einigten sich hier alle deutschen Handels- und Seestädte, welche an dem Handelsbetrieb über die deutschen Meere Theil nahmen, für gemeinsame Verfolgung und Aufrechthaltung einer allen nothwendigen und unentbehrlichen Handelspolitik zu der Form einer umfassenden Städtehansa. Freilich konnte dieser Bund weder in allen Einzelheiten, in

Grenze und Umfang, noch auf ewige Zeiten unabänderlich festgestellt werden, sondern mußte durchaus von der politischen Sachlage und den stets wechselnden allgemeinen Verhältnissen abhängig gelassen werden. Deshalb gab es jetzt und später neben dem Gesammtbunde immer noch Einzelbündnisse unter den sächsischen, westphälischen, preußischen Städten, je nachdem gemeinsame nächstliegende Interessen der Vertheidigung gegen die Landesfürsten und Herren dazu zwangen. Der Gesammtbund richtet von Anfang bis zu Ende sein Augenmerk und seine Absichten allein auf die Handhabung der allgemeinen handelspolitischen Verhältnisse des deutschen Reiches und der deutschen Meere zu den Nachbarreichen, während sich bei einem überwiegenden Hervortreten der Einzelinteressen stets innerhalb des Bundes die Neigung zum Widerspruch, zu einem Auseinandergehen der Theile, einer Auflösung des Ganzen geltend machte. Außer diesen handelspolitischen Absichten nach außen gegen die fremden Reiche des Nordens zur Sicherung des Handels zu Land und Meer, hatte der Bund als weiteren Zweck das Bestreben, die Streitigkeiten innerhalb des Bundes und der Bundesglieder mit den Fürsten selbst zu schlichten, den Bund dadurch von der Gerichtsbarkeit der Landesherren in allen gemeinsamen Verhältnissen frei zu machen, für alle Glieder gültige Handelsgesetze und Formen zu vereinbaren und überall in den einzelnen Städten jeder der Gesammtheit gefahrbrohenden Bewegung gemeinsam entgegenzutreten.

Die Zahl der Bundesglieder und die Rechte derselben innerhalb des Bundes waren bis zu Ende des 14. Jahrhunderts keineswegs festgestellt. Vom Jahre 1347 haben wir zuerst die Erwähnung einer zunächst die Hansa in Flandern betreffenden Eintheilung in Drittel, die später auf die Hansa der Städte überging. Diese Drittel sind das wendische, das westphälisch-preußische und das gothländische. Zum wendischen gehörten die Städte Lübeck, Wismar, Rostock, Greifswald, Stralsund, Stettin, Neustargard, Kolberg, Anklam, Demmin, später auch Hamburg und Lüneburg; dazu wahrscheinlich noch die Städte Prihwalk, Kyrih, Berlin und Köln an der Spree, Havelberg, Werben, Soltwedel, Gardelegen, Seehausen, Stendal, Pohwalk, Brandenburg, Frankfurt a. O., Ghobin, Tangermünde und Breslau, welche alle zur Zeit des großen Krieges gegen Dänemark in hansischen Briefen als befreundete Städte erwähnt werden. Von den sächsischen Städten gehörten dahin: Bremen, Stade, Burtehude, Hannover, Göttingen, Goslar, Braunschweig, Magdeburg, Hildesheim, Hameln, Halberstadt, Eimbeck, Nordhausen und Erfurt. Das westphälisch-preußische Drittel bestand aus Köln, Soest, Dortmund, Münster, Paderborn, Herworden, Höxter, Lemgo, Osnabrück, Lippe, Minden, den deutsch-niederländischen Städten Kampen, Stavern, Harderwyck, Gröningen, dann Amsterdam, Briel, Zirikfee, Enkhuizen, Dortrecht, Utrecht, Zwoll, Hasselt, Deventer, Zütphen, Elburg, Hindelop, Middelburg, Arnemünden und Vieringen, den preußischen Städten Kulm, Thorn, Danzig, Elbing, Königsberg, Braunsberg und den kleineren benachbarten. Das gothländische Drittel bildete die gothländische Gemeinde in Wisby und die livländischen Städte Riga, Reval, Dorpat, Pernau und die kleineren. Außerdem waren noch manche kleinere Städte durch Anschluß an größere am Bunde betheiligt, Ribbenih, Kammin, Wolgast, Wollin, Treptow, Greifenberg, Rügenwalde, Gravesmühlen und andere.

Alle diese Städte waren freilich nicht auf gleiche Weise beim Bunde und dessen kriegerischen Unternehmungen und Tagfahrten betheiligt. Wir müssen vor Allem unterscheiden zwischen den Seestädten, wozu auch die rheinischen Städte mit Köln gerechnet wurden, weil deren Schiffe auch das Meer befuhren, und den Landstädten. Jene nahmen bei allen Unternehmungen des Bundes den innigsten und unmittelbarsten Antheil, auf sie fiel die ganze Last des Krieges, die Mühe des Berathens und Beschließens, der Schuh der in den fremden Reichen gewonnenen Handelsfreiheiten und Niederlassungen, sie vor allen sandten die Abgeordneten, faßten Beschlüsse, stellten kriegerische Mannschaft und die Schiffe und nahmen jede handelspolitische Angelegenheit in die Hand. Feste Bestimmungen gab er auch über die Tagfahrten und die Theilnahme der einzelnen Städte an denselben noch nicht; wahrscheinlich hatten alle Städte das Recht, dieselben zu beschicken, aber nicht alle benutzten es. Nach Bedürfniß wurde die Tagfahrt festgesetzt, entweder auf einer vorhergegangenen, oder durch eine Vereinbarung der am meisten betheiligten wendischen Städte Lübeck, Wismar, Rostock, Stralsund, Greifswald, Hamburg und Lüneburg. Lübeck erließ dann die Einladungsschreiben an die größeren Städte, welche diese an die benachbarten kleineren beförderten. Die nicht erschienenen Städte erkannten nachträglich die gefaßten Beschlüsse als gemeingültig an. Dies waren die Hauptgrundzüge des Bundes bis zum Jahre 1370. Die Form war noch unfertig, die Gesetze unzureichend, die ganze Organisation nur soweit gediehen, als die dringendste Nothwendigkeit gebot. Um aber das Bundeswesen ganz kennen zu lernen, müssen wir jetzt vor Allem seine auswärtigen Handelsverhältnisse kennen lernen.

6. Die Handels-Verhältnisse des Bundes in den Niederlanden und Frankreich.

Wir sind gewohnt, den Handel dieser norddeutschen Städte in jener Zeit als einen Speditionshandel, einen zwischen den außerdeutschen Reichen nur vermittelnden Geschäftsbetrieb zu betrachten. Bildete diese Art des Handels auch in der That den wesentlichsten und gewinnreichsten Theil des hansischen Gesammtgeschäftes, so dürfen wir doch nicht annehmen, daß diese große Anzahl deutscher Städte nur wenige oder gar keine Eigenerzeugnisse in die Strömung des überseeischen deutschen Handels eingeführt hätte. Wir müssen wieder unterscheiden zwischen den Seestädten, die auf eigenen Schiffen den Seehandel betrieben, und den binnenländischen Handelsplätzen, welche mit Hülfe jener und ihrer Rhederei an diesem Handel Antheil nahmen. Für die Seestädte war allerdings der Ein- und Austausch fremdländischer Erzeugnisse das Hauptgeschäft. In Rußland und den nordischen Reichen, in Frankreich, England und in den Niederlanden, überallhin brachten sie die dort mangelnden Rohstoffe und Gewerbserzeugnisse und tauschten dagegen des Landes heimische Producte ein, um diese wieder auf andern Märkten mit Gewinn abgeben zu können. In Rußland und den nordischen Reichen erhandelten sie vornehmlich Rohstoffe und Halbrohstoffe, Pelzwerk, Häute, Leder, insbesondere das gröbere Juchtenleder, Hörner und Klauen, Fett- und Fleischwaaren, Fische, Metalle, besonders Kupfer aus Schweden, Honig und Wachs. Aus England holten sie vor Allem Wolle, rohe halbfertige Wollentücher, Zinn, aus Frankreich Wein und Salz, aus den flandrischen Städten alle Arten feinerer Gewerbserzeugnisse, die theils dort erzeugt, theils aus dem südlichen Frankreich und Italien mit den Gewürzen eingeführt wurden. Sie gaben dafür jedem einzelnen Lande, dessen es vornehmlich beburfte, den im Gewerbe noch unentwickelten, von der Natur vernachläsigten Reichen des Nordens die Gewürze, die feinern Getreide- und Gemüsearten, Weizen und Weizenmehl, Bohnen und Erbsen, Obst u. s. w., Wein aus Deutschland und Frankreich, Bier, Meth, Kleidungsstoffe und Kleidungsstücke für das gewöhnliche Bedürfniß wie für den Luxus, Waaren jeder Art aus Leder, Holz und Metall, Haus- und Hofgeräth, Werkzeuge jeder Gattung, grobe und feinere Metallarbeiten für alle Bedürfnisse und alle Stände. Die meisten dieser Gegenstände führten die Hansen auch nach England, das damals in Gewerbe und Kunst weit hinter Deutschland, den Niederlanden, den südlicheren Ländern zurückstand und fast nur Roh- und Halbrohwaaren ausführte. Dagegen erhielten die Niederlande und Flandern, das gewerbreiche innere und südliche Deutschland, Südfrankreich und Italien außer den Fett- und Fischwaaren vor Allem die nordischen Rohstoffe für ihre Gewerbe, Häute,

Leder, Pelzwaaren, Wachs, Kupfer und Zinn. So war der
Bund der norddeutschen Seestädte der große Kaufmann, der die
Bedürftigkeit des einen Theiles Europa's mit dem Reichthum
des andern ausglich. Doch waren auch die Seestädte selbst-
erzeugend. Durch einen großartigen Betrieb des Fischfanges
erzeugten sie eine Handelswaare, die ihnen einen außerordentlichen und für viele Jahrhunderte sicheren Gewinn brachte. So
lange der Häring an der schonischen Küste sich hielt, waren die
Hansestädte die hauptsächlichsten Häringsfänger und Händler.
Außerdem brauten die Meisten Bier und Meth als einen Aus-
fuhrartikel für den Norden und Nordosten. Auch die Wollenweberei war fast in allen niederdeutschen Städten verbreitet, es wurden
jedoch nur gröbere Tücher erzeugt. Schwungvoller noch wurde
die Färberei betrieben, indem die aus feinerer Wolle gewebten
englischen Tücher in England aufgekauft, dann in den deutschen Städten zubereitet und gefärbt und in die nordischen Reiche
und zu großem Theile auch nach England selbst wieder mit
großem Gewinn zurückverkauft wurden. Auch Holz- und Me-
tallgewerbe hoben sich zu nicht unbedeutender Ausfuhr, wie z. B.
Lübeck sich noch in später Zeit durch kunstreiche Gold- und
Silberarbeiten auszeichnete. Die Ostseestädte, vor Allem die
preußischen, gaben dazu alle Bedürfnisse des Schiffsbaues, dessen
Rohbedarf sie aus den russischen, litthauischen und polnischen
Hinterländern holten, zubereitetes Schiffsbauholz jeder Art,
Pech und Theer, Hanf, Werg und Schiffsthaue. Die Schiffs-
werften von Lübeck und Danzig waren im 14. und 15. Jahr-
hundert die berühmtesten und lieferten noch später bis nach Por-
tugal und Spanien manches gute Schiff. Die norddeutschen
Binnenstädte nahmen an dem Speditionshandel in geringerem
Maße Theil, brachten aber um so mehr Eigenwaaren in diese
Handelsströmung, Getreide, das ihrem Markte aus der Umgebung
zufloß, Bier und Meth, das sie selbst brauten, Honig und Wachs,
rheinische und andere deutsche Weine. Sie vermittelten auch die
Verbindung zwischen den Seestädten und den ober- oder süddeutschen Städten, von denen einige am Rhein und Main, in Schwa-

ben und Franken, Mainz, Frankfurt, Ulm, Augsburg, Nürnberg sich zu ganz besonderer Blüthe emporhoben, und es zogen belebte Handelsstraßen, die freilich erst in den folgenden Jahrhunderten ihre volle Bedeutung erreichten, von den Häfen der Nord= und Ostsee über Kassel und Frankfurt an den Oberrhein, über Erfurt, Würzburg, Bamberg, Nürnberg nach Augsburg, die Elbe hinauf wie durch Schlesien, Mähren, Böhmen bis nach Wien. Doch die früher wachte Handelseifersucht zwischen den Seestädten und den großen oberdeutschen Handelsplätzen ließ diesen Verkehr nie zu einer recht innigen und mächtigen Gegenseitigkeit kommen, zumal da die süddeutschen Städte mit gleichgemeßner Handelsbetriebsamkeit selbstthätig und selbstständig die Vermittelung zwischen dem Norden und Süden Europa's mit hauptsächlicher Benutzung der Rheinstraße übernommen hatten und die Seestädte zu einseitig bedacht waren, jene von dem Handel auf den deutschen Meeren ganz fern zu halten.

Solcher Vermittelungshandel der deutschen Seestädte wurde damals auch durch die Schifffahrtsverhältnisse im nördlichen Europa begünstigt und nothwendig gemacht. Man scheute immer noch, so vertraut auch die Deutschen mit den benachbarten Meeren geworden waren, lange Fahrten und eine zu weite Entfernung von der Küste und dem Heimathsorte, aus Furcht theils vor dem unbekannten Fahrwasser, theils vor dem Seeraub, der in jenen Zeiten an allen Küsten getrieben wurde. Dazu kam das Strandrecht, das jedes gestrandete Schiff mit allen Gütern als verfallenes Eigenthum der Küstenbewohner betrachtete und im Falle eines Schiffbruches, statt zu retten, zu plündern und zu rauben gebot. Die Städte suchten sich gegen dieses „Recht" durch Verträge mit dem Landesherrn zu schützen, allein deren Macht reichte selten aus, um alle entlegenen Küstenwinkel zu beaufsichtigen und so fehlte stets im Augenblick der Noth die sichernde Hülfe. Auch auf dem Lande galt dieses Strandrecht als „Grundruhr", indem die Landesherren auf den Landstraßen auf jeden Wagen, dessen Achse den Straßenkörper berührte, auf jedes Gut, das vom Wagen oder mit demselben fiel, Anspruch erhoben. — Solche Schwierigkeiten und Hindernisse hielten damals auch die deutsche Schifffahrt von weiteren Seefahrten ab und beschränkten dieselbe, so lebhaft sie war, zwischen der Newa, dem Kanal von Calais und Bergen in Norwegen. Am meisten fürchtete man die Gefahren der Meerengen. Die Städte der Nordsee, die englischen und flamländischen Schiffer scheuten ebensosehr durch den Sund, wie die Ostseestädte über den Kanal hinaus zu segeln, und es dauerte lange, bis sich im 14ten Jahrhundert die Fahrt bis an die westliche französische Küste und nach Spanien ausdehnte. Dadurch entstanden an den Küsten ähnliche Stapelplätze, wie sie der Handel zu Lande sich gebildet hatte, sichere, günstig gelegene Häfen, wohin von allen Seiten die Schiffe die Erzeugnisse der Hinterländer und der benachbarten Reiche zusammenführten und welche sich, bis die Schifffahrts= und Handelsverhältnisse sich wieder änderten, zu Welthandelsmärkten emporhoben. Als solchen Stapelplatz haben wir schon Wisby auf Gothland kennen gelernt, dessen Bedeutung durch Waldemars IV. Plünderung und durch das Emporkommen der geraden hansischen Fahrt auf Nowgorod vernichtet wurde. Ein ähnlicher Stapelplatz für den äußersten Norden wurde die Stadt Bergen in Norwegen, für den Nordwesten in England London, für die westlichen und südlichen Handelsrichtungen Brügge mit seinem Hafenorte Sluys und seinem Hafen t'Zwin.

Frankreich, Spanien und Portugal, sowie die italienischen Städte brachten hierher zur See und Land ihre Landesprodukte und Handelswaaren, Weine und Salz, feinere Gewerbs= und Kunstwaaren der südlichen Länder, Woll=, Seide= und Sammtwebereien, deren Hauptsitze damals in Südfrankreich, Italien und im Orient waren, feinere Metallarbeiten, italienische und griechische Weine, Südfrüchte aller Art, die morgenländischen Gewürze, die von den italienischen Handelsrepubliken über Kleinasien bezogen und durch die Straße von Gibraltar dem nördlichen Europa zugeführt wurden. Alle diese Waaren, die Natur= und Kunsterzeugnisse einer ganz andern Welt und

andern Bildung, flossen während des 14. Jahrhunderts nach
Brügge, dem Weltmarkte des westlichen Europa's, zusammen
und ersparten dadurch den deutschen Schiffern die gefahrvolle
und unbekannte Fahrt durch das atlantische Meer. Von einer
Handelsschifffahrt der Deutschen über die Westküste Frankreichs
hinaus haben wir aus diesem Zeitraum noch keine, von einer
geraden Fahrt an die Küste Frankreichs nur wenige Nachrichten.
Die Fahrt nach den damals englischen Häfen von Calais und
Rochelle war den deutschen Seestädten, nach dem Zeugnisse des
ältesten hamburgischen Seerechts, schon lange bekannt, doch haben
sie im 14. Jahrhundert in Frankreich noch keine bemerkens-
werthe Rechte erworben. Die fortdauernden heftigen Kriege
zwischen England und Frankreich, welche die Meere und die
französischen Küsten unsicher machten und Frankreichs innere
Entwickelung hemmten, drückten gleichfalls auf den unmittelbaren Verkehr mit diesem Lande. Doch erreichten hier die
Deutschen durch Philipp den Schönen (1285—1314), Mil-
derung und Feststellung der Zölle, freien Handel gegen Erlegung
gesetzlich bestimmter Abgaben, Schutz und Sicherheit für Personen
und Eigenthum. Die in den Urkunden aufgeführten dabei
betheiligten Städte sind von den Ostseestädten Lübeck, Wismar,
Rostock, Stralsund, Elbingen, die Deutschen auf Gothland,
von den Nordseestädten Kampen, Hamburg und Köln, welche
mit einander ihren Verkehr schon in das Innere des französischen Reiches erstreckt hatten und an den berühmten Cham-
pagner-Messen theilnahmen.

Bei weitem wichtiger war damals schon der Handel der
norddeutschen Städte nach den südwestlichen Niederlanden, dem
wallonischen Flandern, das in Sprache und Sitte, in Lebens-
weise und politischen Einrichtungen sich an Frankreich anschloß,
doch dieses Land noch mehr als die deutschen Niederlande in
Gewerbe und Handel überragte. Die Stadt Brügge hatte sich
hier seit dem Anfang des 13. Jahrhunderts zu einem Markte
von großartigstem Umfange ausgebildet. Obwohl in einiger
Entfernung vom Meere gelegen, war sie doch durch die Stadt

Sluys, dessen Hafen t'Zwin und einen schiffbaren Kanal mit
der Nordsee verbunden und vereinte die Vortheile eines See-
hafens mit der Sicherheit einer wohlbefestigten Landstadt.
Der gewerbliche Aufschwung des wallonischen und des deutschen
Hinterlandes, die Nähe der französischen, englischen und deutschen Küsten machten bei den damaligen Schifffahrtsverhält-
nissen diese Stadt jetzt zu dem Mittelpunkte zwischen dem
Südwesten und Nordwesten von Europa und zugleich, da hierher auch die italienischen Städte ihre Seeschiffe sandten, zu
dem hauptsächlichsten Träger der Verbindung zwischen dem
Morgenlande und dem nördlichen Abendlande, welche Verbindung durch die Herrschaft Balduins von Flandern in Konstantinopel noch vermehrt wurde. Zwischen Italien und Flandern,
Venedig, Genua, Pisa auf der einen und Brügge, Antwerpen,
Mecheln, Gent auf der andern Seite entstand mit dem 13. Jahrhundert der innigste und wirkungsvollste Wechselverkehr. Die
Fortschritte der Gewerbe und Künste, neue Erfindungen und
Einrichtungen des Waaren- und Geldhandels wurden von dort
zuerst hierher übertragen und von hier dem übrigen Europa
und insbesondere den deutschen Städten bekannt. Hier zuerst
finden wir um diese Zeit die Anfänge eines kaufmännischen
Versicherungs- und Wechselwesens, Handwerke und Kunstgewerbe
jeder Art, welche in der Vortrefflichkeit der Erzeugnisse aus
Wolle und Seide, aus Gold, Silber und unedleren Metallen
mit der Kunstvollendung der Italiener wetteiferten, und so
freisinnige, auf gleichberechtigten Verkehr aller Völker berechnete Einrichtungen und Gesetze, daß im Verhältniß zu andern
Ländern Flandern als das Freihandelsland des Mittelalters erscheint. Auch die deutschen Seestädte gründeten hier schon früh
ihre bald lebhaft und mit schnell wachsender Ausdehnung aufblühenden Niederlassungen, ohne jedoch eine Handelsherrschaft
an sich reißen zu können. Unter gleichen Bedingungen standen
sie den heimischen und fremden Mitwerbern gegenüber und erwarben mit diesen nur dieselben Freiheiten und Schutzrechte
von den Landesherren, der Stadt Brügge und den andern

Städten. Solche, nur den allgemeinen Schutz gegen Zollbedrückung und Raub verheißenden Urkunden erwarben Dortmund, Soest, Bremen, Hamburg, Lübeck und andere Städte im Jahre 1243 und 1248 vom Grafen Wilhelm von Holland, dem nachmaligen römischen König, und dem Grafen Florentius, seinem Bruder. Margarethe von Flandern dehnte diese Freiheiten auf alle Kaufleute des römischen Reiches aus, welche Gothland besuchen, gab ihnen Sicherheit und Recht für Person und Eigenthum und eine feste Ordnung in Schuldsachen. Auch der Bischof von Utrecht gestand schon im Jahre 1244 den Kaufleuten von Hamburg und Lübeck freien und sichern Handel.

Aber schon in diesem Jahrhundert trat auf der Niederlage zu Brügge ein Uebel zu Tage, das, so lange der hansische Stapel hier blieb, oft gemildert und gemindert, doch nie geheilt und gehoben werden sollte. Die reich und übermüthig gewordenen Bürger von Brügge und die unablässig thätigen und vorwärtsstrebenden norddeutschen Kaufleute vertrugen sich nicht lange; jene suchten diese zu übervortheilen und in ihrem Handelsbetriebe zu eigenem Gewinne zu stören, diese versäumten keine Gelegenheit, ihren Verkehr auszubreiten und die erworbenen Rechte zu mehren. Schon im Jahre 1280 erfolgte dadurch die Verlegung des Stapels von Brügge nach Ardenburg, wo die Hansen von dem Grafen von Flandern (denn nicht dieser, sondern die Stadt Brügge war Ursache des Auszuges) dieselben Handelsfreiheiten erhielten. Da aber diese Stadt jene Vortheile des Zusammenströmens aller Kaufleute und Waaren aus den verschiedensten Ländern nicht bieten konnte und Brügge die wichtigsten Beschwerden durch die neue Wagordnung vom Jahre 1282 abstellte, kehrten sie nach wenigen Jahren hierher zurück. Seitdem wechselt ein freundschaftliches und feindseliges Verhältniß zwischen der Stadt und den Kaufleuten in bald kürzeren, bald längeren Zeiträumen, und stets erfolgte, wenn die Bedrückungen von Seiten der Stadt zu unerträglicher Höhe gewachsen waren, eine neue Verlegung des Stapels nach Ardenburg oder Dortrecht, ein er-

neuertes Handelsverbot für die deutschen Kaufleute nach Brügge
und dessen Hafen, dann die Reue von Seiten der schwer ge-
troffenen Bürger von Brügge und endlich die Erneuerung und
Mehrung der Schutzrechte und Freiheiten in dieser Stadt. Im
Jahre 1309 wurde wegen Streitigkeiten mancherlei Art der
Stapel verlegt, 1318 ein neuer Vertrag mit Vermehrung der
Rechte, einer Wagordnung u. s. w. aufgerichtet, worauf ein
längeres freundschaftliches Einverständniß folgte, bis im Jahre
1353 die Hansa wieder nach Dortrecht, doch nur auf zwei Jahre,
zog. Dem im Jahre 1360 aufgerichteten Vertrage, der zuerst
mit einer gemeinen deutschen Hansa als einem norddeutschen
Städtebunde verhandelt, folgt wieder während mehrerer Jahrzehnte ein ruhiges und friedliches Verbleiben in Brügge.
Stets aber schlugen diese Streitigkeiten und deren Beilegung
zum Vortheil des deutschen Kaufmanns aus und bewiesen,
welche Bedeutung ihr Verkehr und ihre Niederlassung für diesen Theil der Niederlande und die Stadt Brügge hatten.

Der Inhalt der flandrischen Freibriefe und Ordnungen
giebt uns über die Verhältnisse und Einrichtungen dieser Niederlassung, oder, um einen später allgemeinen Ausdruck zu gebrauchen, dieses Comptoirs manche Aufschlüsse. Der Graf Robert bestimmte im Jahre 1307, daß die Kaufleute des römischen Reichs frei im Lande weilen und Handel treiben dürfen,
wann und wo sie wollen, doch sollen sie sich des Geldhandels
und Zinswuchers enthalten. Sie dürfen in den Städten und
Häfen der Grafschaft nach Belieben und Bedürfniß Vereine
bilden und Zusammenkünfte halten, um die eigenen Streitigkeiten zu schlichten, doch was Hals und Glied betrifft, soll dem
Landesherrn verbleiben. Dazu setzt die Urkunde von 1309
fest, daß Niemand in Brügge den deutschen Kaufleuten die
Miethe für Keller und Haus während der vertragsmäßigen
Miethezeit vertheuern und keiner von den Kaufleuten, außer
es betreffe Hals und Glied, in ein Gefängniß gesetzt werden
soll. Wegen einmal beschauter Waaren — damals hatte jeder
Markt seine beeidigten Waarenschauer — darf Niemand ver-

klagt werden; ist die Waare nicht beschaut und es entsteht Streit, so sollen die Schöffen dies bessern, doch nach der Meinung der Kaufleute. Die Waarenmäkler sollen nur in Gegenwart der Kaufleute beeidigt werden, und wer von ihnen gegen seinen Eid handelt, giebt in Gegenwart der Kaufleute Genugthuung, sonst soll er nicht wieder vom Kaufmann Mäklerlohn gewinnen. Auch für die Träger und Taglöhner, für die Schuytenfahrer und Fuhrleute wurden Ordnungen festgestellt. Macht ein Kaufmann eine Schuldforderung geltend, so soll man ihm oder seinem Diener binnen drei Tagen zu Recht verhelfen, und wird er von einem städtischen Wechsler, dem er Geld gegeben, oder von dem er Geld empfangen hat, übervortheilt, so haftet die Stadt für solchen Schaden. Der Kaufmann und sein Diener dürfen in der Stadt bewaffnet einhergehen und Wein und Lebensmittel zu eigenem Bedarf frei von Abgaben in die Stadt bringen, will er davon verkaufen, so zahlt er von diesem die städtische Accise. Wird ein Kaufmann in der Stadt erschlagen und kein Verwandter ist da, der das Gericht anrufe, so verfolgen Rath und Bürgermeister das Recht und verschaffen den Verwandten sicheres Geleit.

Die deutschen Kaufleute besaßen in Brügge nicht, wie in Bergen und Nowgorod, einen abgeschlossenen Stadttheil mit eigenen Höfen und Häusern oder wie zu London und Antwerpen ein gemeinsames Kaufhaus, sondern sie wohnten, wie die Gelegenheit eingab, bei den Bürgern, mietheten Häuser und Keller und auf gemeinsame Kosten auch besondere Gebäude zu Waarenausstellungen. Gerade diese Miethsverhältnisse führten zu mancherlei Verwickelungen mit den Bürgern. Einen zweiten Streitpunkt bildete die Stadtwage. Alle bedeutenderen Handelsplätze des Mittelalters hatte eine öffentliche oder Stadtwage, manche deren zwei, eine große und eine kleine, um die zwischen den Einheimischen und den Fremden oder Gästen abgeschlossenen Geschäfte überwachen und groben Betrug in Bezug auf Maß und Gewicht verhüten zu können. Selten hatte

damals ein Kaufmann und am wenigsten in der Fremde seine
eigenen Wagschalen und Gewichte, die das Vertrauen des Käufers hatten, da jeder Markt verlangte, daß nach seinem Gewicht
verkauft werde. Deßhalb wurde bei jedem nicht ganz unbedeutenden Verkauf jeder feilgebotene, wägbare Gegenstand auf die
öffentliche Stadtwage gebracht und durch beeidigte Wagbeamte
in Gegenwart der Betheiligten gewogen. Für kleinere Geschäfte
hatten die norddeutschen Kaufleute ihre Hand- und Schnellwage, Punder oder Besemer genannt, den wir noch jetzt in norddeutschen Bürger- und Bauerhäusern gebraucht sehen, doch durften sie auch diesen im öffentlichen Handel nur auf besondere
Erlaubniß gebrauchen. Wo die Hansa sich niederließ, strebte
sie stets nach dem Recht einer eigenen Wage, doch wollte die
Stadt Brügge von ihrer Wage und Wagordnung nicht lassen
und rief dadurch eine Menge von Streitigkeiten hervor. Nach
jeder Stapelverlegung finden wir erneute und vermehrte Wageordnungen, bis endlich die Hansa zu Ende dieses Zeitraums
auch hier das Recht der eigenen Wage und ein eigenes Waghaus erwarb. Die Wagordnung vom Jahre 1282 bestimmte,
daß der Zöllner in Brügge als der erste Wagbeamte nicht
mehr mit dem Punder, sondern mit zwei Wagschalen wägen,
für ausreichende Wagschalen und Gewichte und bei jeder für
einen beeidigten Wäger sorgen und außerdem vier beeidigte
Diener halten sollte, die in der Stadt mit jedem, der sie auffordert, gehen mußten, um zu wägen. Er soll die Schalen
nicht anfassen, kein Geschenk außer dem gesetzlich festgestellten
Lohn nehmen; der Verkäufer legt das Gut in die Schalen, der
Käufer hebt es heraus. Die Wagschalen sollen einen Fuß von
der Erde hängen und Käufer und Verkäufer dürfen die Gewichte
berechnen, bevor sie aus der Schale genommen werden; die
Stricke an den beiden Wagschalen sollen gleich lang sein, die
Gewichte das gesetzliche Zeichen haben, — um diese beaufsichtigen zu können, erhielten die Hansischen mit dem Stadtzeichen
versehene Widergewichte. — Der Wagebalken soll so hoch hän-

gen, daß ein Mann mittlerer Größe die Zunge mit dem Daumen berühren kann u. s. w.

Die hansischen Kaufleute wohnten in Brügge zerstreut in den Bürgerhäusern, hatten aber eine seit 1347 vereinbarte gemeinsame Ordnung und hielten im Refectorium des Carmeliterklosters ihre allgemeinen Zusammenkünfte. Hier entstand die Eintheilung der norddeutschen Kaufleute in die drei Drittel, das wendisch-sächsische, das westphälisch-preußische und das gothländisch-livländische. Jedes derselben wählte acht Tage nach Pfingsten zwei Altermänner und Niemand durfte bei hoher Geldstrafe die Wahl ausschlagen. Die sechs Aelterleute, welche die Zusammenkünfte zu entbieten und zu leiten hatten, wählten wieder aus jedem Drittel sechs Beistände, die jene innerhalb und außerhalb der Stadt, sobald sie es für nothwendig hielten, begleiten und unterstützen mußten. Wer die Wahl ausschlug oder die Begleitung verweigerte, zahlte die Geldstrafe. In der Versammlung durfte bei einer Strafe von 1—5 Groten Niemand plaudern, noch ohne Erlaubniß der Aelterleute hinausgehen; jeder mußte bei seinem Eid, wenn die Aelterleute es forderten, die Wahrheit bekennen. Bei 5 Schillingen Strafe durfte Niemand gegen die Freibriefe und gemeinsamen Ordnungen handeln, Niemand den Andern, außer er sei flüchtig geworden, vor fremden Gerichten belangen, noch dessen Gut mit Beschlag belegen lassen oder einem Fremden, der einen Deutschen geschädigt hatte, Geld zu verdienen geben, ebensowenig jemals mit einem Flamländer in Handelsgesellschaft treten, noch in einer flämischen Stadt als Bürger sich aufnehmen lassen. Wer des Bundes Kaufmannsrecht aus Zorn und Leidenschaft gegen die Deutschen aufgegeben hatte, sollte nie wieder in dasselbe aufgenommen werden. — Die übrigen Ordnungen dieser Niederlage, hauptsächlich durch Abgeordnete der Städte im Jahre 1356 vollendet, enthielten Festsetzungen über die Pflichten und die Stellung der Aelterleute, über den Geschäftsbetrieb mit den Fremden, über Beschaffenheit, Verpackung und Bezeichnung der

Waaren, über die Pflichten und die Stellung der Diener und Lohnarbeiter, über die Zusammenkünfte u. s. w.

Ein anderer Arm des deutschen nordwestlichen Handelsstromes ging auch in gerader Linie, doch nur von einzelnen deutschen Städten zu anderen Handelsplätzen der Niederlande. So war zu Poperingen, damals durch schwunghaft betriebene Tuchweberei ausgezeichnet, ein kaufmännischer Verein, von dessen Verhältnissen zu dem großen Verein in Brügge aber nichts bekannt ist. Auch im Brabantischen erwarben die hansischen Städte vereinzelt oder gemeinsam Handelsfreiheiten, Köln und Hamburg schon in den Jahren 1251 und 1256, in Brüssel Lübeck im Jahre 1297 und sämmtliche Kaufleute des deutschen Reiches mit den Fremden gemeinsame im Jahre 1315. Auch Antwerpen, wohin wie nach Mecheln aus der Scheldemündung über Bergen op Zoom eine bedeutende Verkehrsströmung zog, die später Brügges Handelsbedeutung ganz aufsaugen sollte, hatte damals schon besondere Wag- und Kaufordnungen für die deutschen und die fremden Kaufleute.

Geringer als in Flandern und Brabant war der Handelsverkehr der deutschen und der Fremden in den deutschen Niederlanden, deren wirthschaftliche Blüthezeit erst mit der Vernichtung der flandrischen Volkswirthschaft beginnen sollte. Doch verkehrten die weiter westlich gelegenen hansischen Städte schon vielfach in Holland, dessen Städte zum größten Theil demselben Bunde angehörten und in diesem Zeitraum auch unter denselben wirthschaftlichen und handelspolitischen Bedingungen standen. In Amsterdam und Stavern gab es deutsche Handelsniederlassungen und in Utrecht hatte der norddeutsche Kaufmann vom Bischof Freibriefe erworben, doch stand diese Handelsrichtung des Bundes zu allen Zeiten hinter dem Verkehre in Flandern und Brügge, dem wichtigsten und ausgiebigsten seiner gesammten älteren Handelsrichtungen, weit zurück.

7. Die Handelsverhältnisse des Bundes in England.

Ganz anderen Bedingungen war der deutsche Handel in England unterworfen. Standen die Deutschen in den Niederlanden einem in jeder Beziehung gleichgewachsenen, mit den trefflichsten staatlichen und städtischen Einrichtungen ausgerüsteten Volke gegenüber, so fanden sie in England staatliche Verhältnisse, die sich kaum aus dem Rohesten entwickelt hatten, eine Volkswirthschaft, die dem Welthandel nur wenige leicht zu gewinnende Rohstoffe bieten konnte, dagegen einer ungemessenen Zufuhr an allen Dingen bedürftig war, eine Bevölkerung, die ausgerüstet mit allen Gaben, wodurch Deutsche und Niederländer sich auszeichneten, berufen zu einer großen Zukunft und hervorragenden Stellung auf wirthschaftlichem Gebiete, noch aller Mittel und Fähigkeiten zu einer selbstständigen Theilnahme am Welthandel, zu einer nur den eigenen Bedürfnissen genügenden Gewerbsthätigkeit ermangelte, eine Regierung, die stets in auswärtige kostspielige Eroberungskriege verwickelt war und nur auf glänzende Eroberungen und Siege die eigenen und des Volkes beste Kräfte gerichtet hielt. Aus solchen Verhältnissen ergab sich die Stellung der deutschen Kaufleute von selbst. Sie begriffen auch dieselbe so rasch und gut und wußten sie durch ihre Ueberlegenheit an Geld und geistigen Mitteln so klug und erfolgreich aufrecht zu erhalten, daß sie mit Hülfe dieser stets hülfs- und geldbedürftigen Könige und Abligen gegen das unaufhaltsam in trotziger Kraft widerstrebende englische Bürgerthum die stets bestrittene Handelsherrschaft Jahrhunderte hindurch behaupten konnten, bis der innere Verfall des Bundes, seine veränderte Stellung im Welthandel, die mittlerweile erstarkte Bildung und Kraft des englischen Volkes und die ganz in ihr Gegentheil verwandelte Wirthschafspolitik der Regierung die fremden Fesseln auf immer abwarf, um später in diesem nördlichen Europa die englische Handelsherrschaft an die Stelle der deutschen zu erheben.

Seit dem Uebergang der Angelsachsen nach England hörte wohl eine Handelsverbindung zwischen den britischen Gebieten dieser Angelsachsen und den deutschen Küsten der Nordsee niemals auf, doch finden wir die ersten urkundlichen Spuren des deutsch-englischen Handels erst aus der Zeit des normannischen Königs Heinrich II. (1151—1189). Von diesem, wie von Richard Löwenherz, Johann ohne Land, von Heinrich III., Eduard I. und allen folgenden Königen haben wir eine Reihe von Freiheitsbriefen und Bestätigungen für die Kaufleute der deutschen Hansa, welche uns wenigstens im Allgemeinen ihre Stellung in England und in London erkennen lassen. Im 12. und 13. Jahrhundert sind es noch die westlichen Städte der Nordsee, die rheinländischen und westphälischen, welche, sich stützend auf eine althergebrachte Verbindung und befreite Stellung, in England Handelsrechte in Anspruch nehmen, nicht ohne Widerspruch gegen die östlichen Städte, die Oesterlinge, insbesondere gegen Lübecks und der wendischen Städte Eindringen. Köln steht hier im Alter der Handelsverbindungen und im politischen Ansehn den übrigen Städten bis zum 14. Jahrhundert weit voran. Heinrich II. sicherte ihren Kaufleuten auf dem Markt von London den Verkauf von französischen Weinen zu drei Pfennigen für ein damals übliches Maß und den königlichen Schutz im ganzen Reiche, forderte die königlichen Beamten und Diener auf, sie mit ihrem Eigenthum gleich den eigenen Getreuen und Unterthanen zu halten, und erstreckte dieses Schutzversprechen auch auf ihr Haus in London, Gildhalle und auf alle ihre Handelswaaren gegen Bezahlung der rechten Zölle. Dagegen schrieb derselbe König im Jahre 1176 an die Stadt Lübeck: „Er habe gehört, daß die Kaufleute von Lübeck und andern deutschen Städten sein Reich besuchen wollten, er verspreche ihnen Schutz und Gunst und alle Gewohnheiten und Freiheiten, welche sie schon zur Zeit seiner Vorfahren genossen hätten; er befreie ihre gestrandeten Schiffe

vom Strandrecht, so lange noch ein lebender Mensch sich auf
denselben befinde." Den Kölnern erließ wieder König Richard
eine Abgabe von der Gildehalle, und erlaubte ihnen, alle Märkte
seines Reiches zu besuchen. Die folgenden Könige Johann,
Heinrich III. und Eduard I. bestätigen dieses. Auf der andern
Seite gewannen auch die östlich gelegenen deutschen Städte mit
Lübeck an der Spitze dieselben Privilegien. Die Kaufleute von
Braunschweig erhielten im Jahre 1230 von Heinrich III. das
Recht des freien Handels und Wandels, unter der Bedingung,
daß sie sich durch ein schriftliches Zeugniß als die Leute des
Herzogs Otto von Braunschweig ausweisen könnten. Die
Kaufleute von Gothland erwarben im Jahre 1237 dieselbe
Gunst und eine Befreiung vom Zoll bei Ein- und Aus-
fuhr. Die von Lübeck wurden im Jahre 1257 in besonderen
königlichen Schutz genommen; ihre Güter sollten nie gegen
ihren Willen für des Königs Bedürfniß weggenommen und
Niemand von den Lübeckern wegen der Schulden Anderer in
Anspruch genommen werden, es sei denn der Lübecker Bürge
geworden oder die Stadt Lübeck habe den Unterthanen des
Königs das Recht verweigert. Dazu erwarben Lübeck und
Hamburg die Erlaubniß, gegen Zahlung der gebührenden fünf
Schillinge überall im Reiche ihre eigene Hansa gleich den
Kaufleuten von Köln zu haben.

Trotz dieser Fortschritte auch der österschen Städte sehen
wir während des 13. Jahrhunderts die niederrheinischen und
westphälischen Städte, namentlich Köln und Tiel, im älteren Besitze von Vorrechten, jenen mancherlei Hindernisse im
englischen Verkehr bereiten. Lübeck klagte deshalb im Jahre
1226 beim Kaiser Friedrich II., der sie darauf in besonderer
Urkunde für die Fahrt nach England von allen Mißbräuchen
und Handelsbeschwerungen befreit, welche Köln, Tiel und deren
Genossen gegen sie aufgebracht haben, und ihnen mit jenen
gleiche Freiheiten verheißt. Doch blieben hier die westlichen
Städte in entschieden hervorragender Stellung, auch nachdem
schon die Einzelhansen zu einer Gesammthansa „der deutschen

Kaufleute in London sich aufhaltend" umgewandelt und Hamburg, Bremen und Lübeck darin aufgenommen waren. Diese gemeinsame Hansa erscheint zuerst im Jahre 1282 in einem Streite zwischen den „Kaufleuten von der Hansa Deutschlands" (mercatores de Hansa Almannie) und der Stadt London. Die Stadt behauptete, die Kaufleute dieser deutschen Hansa seien in den Besitz gewisser Freiheiten nur gekommen unter der Bedingung, daß sie für die Erhaltung des damals sehr baufälligen Bischofsthores sorgten. Der vom König ernannte Untersuchungsrichter entschied für die Stadt, die Vorsteher der Hansa bewilligten im Namen dieser auch sogleich 240 Mark Sterling, und versprachen, das Thor in Zukunft stets in gutem Stand zu erhalten und im Falle der Noth die Bewachung zu einem Drittel der Mannschaft zu übernehmen. Dafür erhielten sie mit der Bestätigung der alten Freiheiten das Recht, einen eigenen selbstgewählten Aldermann wie früher zu haben, der aber Bürger von London und von der Obrigkeit dieser Stadt beeidigt sein müsse. Die Unterschriften dieser Urkunden enthalten neben Bürgern von Köln, Dortmund und Münster nur aus den östlichen Städten einen Hamburger. Königliche Urkunden gebrauchen erst im Jahre 1315 und 1320 die Bezeichnung „Kaufleute der deutschen Hansa, in England sich aufhaltend."

Bis zum 14. Jahrhundert hatten die deutschen Kaufleute keineswegs schon eine Ausnahmestellung vor den übrigen Fremden in England gewonnen, sondern die königlichen Freibriefe wurden allen gemeinsam gegeben, doch mit Voranstellung der „Hansa der deutschen Kaufleute". So erwarben im Jahre 1303 von Eduard I. die Kaufleute aus Deutschland, Frankreich, Spanien, Portugal, Navarra, Lombardei u. s. w. gemeinsam den wichtigen Freibrief, der ihnen Allen im englischen Reiche Schutz und sicheres Geleit zusichert, ihre Waaren von Brücken=, Mauer= und Pflastergeld befreit, einen unbehinderten Großhandel mit Eingebornen und Fremden, den Kleinhandel mit Krämerwaaren und Gewürzen, unbehinderte Ein= und Aus=

fuhr gegen Bezahlung der üblichen Zollabgaben gestattet. Sie dürfen sich im Reiche mit ihren Waaren aufhalten, wo und wie lange sie wollen, und entsteht wegen eines abgemachten Handelsgeschäfts ein Streit, so soll derselbe nach dem Rechte des Ortes entschieden werden, wo der Vertrag geschlossen wurde. Werden ihnen unter dem Vorwande eines Nothzustandes Waaren genommen, so soll der volle Werth derselben sogleich ausbezahlt werden, oder ihnen sonst zu ihrer Befriedigung Genüge geschehen, auch sollen weder der König noch seine Diener ihren Waaren den Preis setzen. Ihre Rechtssachen sollen in allen Städten und Flecken des Königs von den Beamten und Marktaufsehern binnen Tagesfrist nach dem Kaufmannsrecht, soweit dies thunlich ist, erledigt, jede Nachlässigkeit bestraft und der entstandene Schaden ersetzt werden. Bei solchen Rechtssachen, Verbrechen gegen Hals und Hand ausgenommen, soll überall, wo die hinlängliche Anzahl Kaufleute aus den genannten Ländern beisammen ist, das Gericht halb aus den Kaufleuten, halb aus unbescholtenen Männern des Ortes zusammengesetzt sein. In allen Märkten soll an einem bestimmten Orte eine öffentliche Wage aufgerichtet und dem Käufer und Verkäufer die Richtigkeit und Gleichheit der Wagschalen und des Wagbalkens gezeigt werden, der Wäger soll beim Wägen die Hand von der Wage wegthun und im ganzen Reich einerlei Gewicht und Maß sein, mit königlichem Stempel versehen, doch darf Jeder 25 Pfund und darunter mit eigener Wage abwägen, wo es nicht älteren örtlichen Freiheiten entgegen ist. In London wird ein erprobter Mann bestellt, der die Schuldklagen der Kaufleute allein zu erledigen hat, und welcher Richter sich in der Erfüllung seiner Pflichten gegen die Kaufleute säumig beweist, wird bestraft. Alle diese Freiheiten sollen von den Nachfolgern des Königs bestätigt und durch keine dawiderlaufenden beeinträchtigt werden." Dagegen mußten die Kaufleute neue Zollabgaben dem stets geldbedürftigen König bewilligen, bei der Einfuhr von jedem Faß Wein 2 Schilling, bei der Ausfuhr von jedem Sack Wolle 40 Pfennige Aufschlag, außer dem alten Zoll von ½ Mark, von jeder Last Leder oder Felle ½ Mark, von dreihundert Schaffellen 40 Pfennige, von jedem Scharlachtuch 2 Schillinge, von gröberem Tuch 12 bis 18 Pfennige, von einem Centner Wachs 12 Pfennige, von allen übrigen Waaren von jedem Pfund Silbers Werth 3 Pfennige, alles dieses neben dem alten Zoll.

Diesen Freibrief machten von jetzt an die deutschen Kaufleute zu dem Mittel- und Zielpunkte ihrer Handelspolitik in England. Zunächst hatten sie dadurch vor anderen fremden Kaufleuten nichts voraus; da aber nach und nach die Zölle erhöht und die verliehenen Freiheiten geschmälert wurden, so mußten sich die Kaufleute der andern Reiche, die ein festes Zusammenstehen nicht kannten, allen Veränderungen unterwerfen und kamen in immer nachtheiligere Handelsverhältnisse, während die mächtige deutsche Hansa auf Grundlage jenes Freibriefes die gewonnene handelspolitische Stellung mit allen Mitteln der Staats- und Finanzkunst noch lange zu erhalten wußte. Freilich wurden diese von Regierung zu Regierung gemehrten Freiheiten und deren Inhaber dem aufstrebenden englischen Bürgerthum um so verhaßter und drückender, dieses in dem Widerstand gegen die deutsche Handelsherrschaft von Jahrzehnt zu Jahrzehnt heftiger und gewaltsamer. Doch die Könige blieben der Hansa noch lange gewogen und zugleich von ihr abhängig, denn nur von den hansischen Kaufleuten konnten sie allein zu jeder Zeit Geld erhalten, und die Kaufleute waren klug genug, solches nie zu verweigern, wenn mit Bestätigung und Mehrung der Freiheiten bezahlt wurde. Eduard III. erhielt im Jahre 1369 ein Hülfsgeld von 100 Pfund Sterling, „aus freiem Willen, ungenöthigt noch gezwungen durch Recht oder Herkommen und ohne Folge für die Zukunft." Auch thatsächliche Hülfsleistungen im Kriege mit Schiffen und Zufuhren von Kriegsbedürfnissen verweigerten die Hansen nicht, nur wollten sie dergleichen nicht zur gebotenen Pflicht werden lassen. In der Könige Interesse lag es, daß die Ausfuhr und Einfuhr der Hansa möglichst bedeutend blieben, denn die daraus fließenden Abgaben bildeten ihre sicherste und reichhaltigste Einnahmequelle, während die Production und der Ausfuhrhandel der Unterthanen tief darniederlagen und noch lange nicht eine Aussicht auf ausgiebige Einnahmen versprachen. Die englischen Könige konnten noch nicht daran denken, eine Handelspolitik, welche später England zur Handelsherrschaft emporheben half, jetzt schon gegen den deutschen Handel in Anwendung zu bringen, durch Erschwerung und Absperrung der fremden Ein- und Ausfuhr die Wirthschaft des eigenen Volkes, Gewerbe, Handel und Schifffahrt der eigenen Städte und Seehäfen langsam, doch sicher emporzubringen und mit Verzichtleistung auf die Gegenwart eine für die Zukunft um so reichere Einnahmequelle auf die Wohlfahrt des eigenen Landes zu begründen. Derselbe König, der allein in jener früheren Zeit, in Folge eines Vorfalls in Sluys mit Verboten gegen die Kaufleute der deutschen Hansa vorging, derselbe Eduard III. befestigte später am meisten ihre Stellung und ließ sie aus allen Streitigkeiten sieg- und erfolgreich hervorgehen.

Im Jahre 1344 hatte ein Kölner Bürger einen Abgeordneten Eduards III. auf der Heimreise von Rom gefangen genommen. Da der König vergeblich bei der Stadt Köln Genugthuung verlangte, ließ er die Güter des Erzbischofs von Köln und aller bei diesem Friedensbruche Betheiligten mit Beschlag belegen. Als aber unter solchem Vorwande auch Güter der Stadt Dinant, welche zur Diöcese des Bischofs von Lüttich gehörte, angehalten wurden, gab der König diese sogleich frei, da die Geschädigten bewiesen, daß sie zur deutschen Hansa in England und zu denen gehörten, welche die Gildehalle in London besitzen. Zwei Jahre später wurde derselbe Ausspruch für alle Mitglieder der Hansa in England wiederholt, denn sie hatten das Recht, für die Schuld Dritter nicht in Anspruch genommen zu werden. Im Jahre 1346 wurde das Schiff eines englischen Kaufmanns von Seefahrern aus Greifswald, Stralsund und Lübeck an der englischen Küste überfallen, ausgeplündert und nach Stralsund geführt, wo man demselben

Könige Zurückgabe und Schadenersatz verweigerte. Der König befahl, alle Güter der Kaufleute dieser drei Städte bis zum Belaufe von 300 Pfund mit Beschlag zu belegen, mit Ausnahme der Güter, welche Gliedern der deutschen Hansa in London gehören. Die Beamten von Boston und Ravennes nahmen nun lübischen Kaufleuten Waaren im Belang von 380 Pfund, vorgebend, diese hätten ihre Theilnahme an der deutschen Hansa in London nicht behauptet. Die Beraubten aber wandten sich dagegen an des Königs Canzleigericht, das auch auf königliche Anordnung sogleich eine Untersuchung anstellte, die Eigenthümer als Mitglieder der Hansa von jeder Entschädigungspflicht freisprach und ihnen alle Waaren wieder zurückgeben ließ.

Denselben Vorschub fand die deutsche Hansa beim Parlament. Nach einer Parlamentsacte vom Jahre 1335 hatte sich Eduard III. darüber beschwert, daß ihm und seinen Unterthanen zu großem Schaden einige Einwohner von Städten, Flecken und Seehäfen nicht dulden wollten, daß fremde Kaufleute Güter bei ihnen einführen, die doch andern Unterthanen unentbehrlich und nützlich seien, zumal die Einheimischen dieselben theurer verkauften als die Fremden. Daraufhin wurde beschlossen, daß diese Fremden, wie die Eingebornen, Korn, Wein, Fleisch, Fische und andere Lebensmittel, Wolle, Tuch und andere Waaren, woher sie kommen mögen, in Städten, Flecken, Häfen, auf Messen und Märkten überall frei kaufen und verkaufen und die Privilegien der Städte und Märkte zum Nachtheile des Königs, der Prälaten, der Barone und Großen keine Kraft haben sollen. Dasselbe Gesetz wurde im Jahre 1350 erneuert und auf den Kleinhandel der Fremden ausgedehnt. Eine andere Parlamentsacte unter demselben König verordnet über Kauf- und Verkauf der Fremden an den Stapelplätzen, über Beschaffenheit und Verpackung der Wolle und stellt fest, daß, im Falle von Streitigkeiten, bei einem Handelsgeschäfte sechs Richter, zwei Deutsche, zwei Lombarden und zwei Engländer gewählt werden sollen; haben die fremden Kaufleute eine

Klage, so sollen sie zwei aus ihrer Mitte ernennen, welche mit
dem Mayor und den Constables dieser Stapelstädte entscheiden.
Aus diesen Acten sehen wir, wo und wie die fremden Kaufleute
Schutz gegen das Widerstreben und die Feindseligkeiten der englischen Gemeinden fanden. Die Könige verbanden sie sich durch
Geld- und Hülfsleistungen, durch Zollabgaben und die Gelder,
womit sie die Erneuerung ihrer Freiheitsbriefe auf drei oder
fünf Jahre erkauften, durch freiwillig gegebene Geldzuschüsse
und Darlehne, denn auch die Könige von England versetzten,
wie z. B. Eduard III. im Jahre 1344, gleich den Königen
von Dänemark, selbst die Königskrone den hansischen Kaufleuten. Die landbesitzende Geistlichkeit und den Adel fesselten die
Kaufleute theils durch ähnliche Geldvorschüsse, theils dadurch,
daß sie die sichersten und zahlungsfähigsten Abnehmer für die
Erzeugnisse ihrer Landgüter, für Wolle, Felle und Leder, Hörner, Fleisch- und Fettwaaren, Getreide, für das Zinn der Berg-
werksbesitzer waren, und dagegen den prachtliebenden und glanz-
begierigen Großen alle Gegenstände des Luxus und der abligen
Bedürfnisse zuzuführen vermochten, zu welchem Allen die geld-
armen und ungebildeten englischen Handels- und Gewerbsleute
damals noch ganz und gar unfähig waren. — Im 14. Jahrhundert hatten sogar die hansischen Kaufleute den Betrieb der
englischen Bergwerke im ausgedehntesten Maße in die Hand
genommen. Im Jahre 1347 bestätigte Eduard III. einen Vertrag, wodurch sein ältester Sohn, der Prinz von Wales, dem
Tideman Lymburgh die Zinnbergwerke des ganzen Herzogthums
Cornwallis auf 3¼ Jahr unwiderruflich zur Benutzung über-
gab; alles Zinn, welches im Herzogthum Cornwallis und in
der Grafschaft Devonshire gewonnen und verkauft wird, hatte
Tideman darnach das Recht, zu kaufen. Die Einkünfte des
Prinzen aus diesen Bergwerken hatte er einzunehmen und davon zu Westminster die Rechnung zu legen, dafür aber von
Johannis bis Michaelis dem Prinzen 1000 Mark, für jedes
der drei folgenden Jahre in drei Fristen, zu Ostern, Johannis
und Michaelis, zu gleichen Theilen 3500 Mark zu entrichten.

Nach diesen Verhältnissen richtete sich die Handelspolitik der englischen Regierung und des Parlaments. Dem Scheine nach war diese eine Freihandelspolitik, in der That das gerade Gegentheil, doch nur zum Vortheil der Fremden und der eigenen Finanzen. Die Freihandelspolitik sieht in der Freigebung des Verkehrs für alle nicht besondere finanzielle Zwecke für die Regierung, sondern will allein so viele Unterthanen, wie nur möglich, an diesem Verkehr und seinen Früchten theilnehmen lassen und den aus dieser Arbeitsbefreiung erblühten allgemeinen Wohlstand des Reiches als sicheren und ausgiebigen Fruchtboden einer verständigen und nachhaltigen Staatswirthschaft zu Grunde legen. Die Zollabgaben, welche die Freihandelspolitik an den Grenzen gestattet, sollen nicht einseitig die Regierung bereichern, noch aus alleiniger Rücksicht auf die Staatseinnahmen so hoch wie möglich geschraubt werden, sondern der Grundsatz allein darf leiten, daß die Zölle möglich wenig den Verkehr behindern, und die daraus erzielten Einkünfte nicht zu fremden Zwecken, sondern zur Hebung der gesammten Volkswirthschaft, des Verkehrs und der Verkehrsmittel, zur Besserung und Sicherung der Land- und Flußstraßen u. s. w. verwendet werden. Die Handelspolitik der englischen Könige aber suchte nur finanzielle Vortheile und legte den Nachdruck auf die aus einem begünstigten Freihandel am sichersten erzielten Zollabgaben. Sie dachte nicht daran, die Zolleinnahmen zu irgend etwas Anderem als zu eigenen politischen Zwecken zu verwenden, und war gänzlich unbekümmert um das Wohl und Wehe des Volkes, das auf eigenem Boden unter den ungünstigsten Bedingungen den in Handelsmitteln und Bildung weit überlegenen Fremden gegenüberstand. Statt dessen verkaufte und bestätigte sie um Geld den Hansen die jetzt immer drückender werdenden Vorrechte zum größten Nachtheil des eigenen Volkes, betrachtete nicht den Gesammtverkehr des Landes als das einzige Mittel eines sicheren Wohlstandes, sondern als die ausgiebigste Quelle für die eigenen Finanzen. Sie ging so weit, daß sie zeitweilig den eigenen Unterthauen die

Ausfuhr der Stapelwaaren Englands, Wolle und Tuch, Zinn, Leder und Felle verbot und nur den Fremden erlaubte, überhaupt alle Einrichtungen in Bezug auf diese Ausfuhr so traf, daß die Fremden jede Erleichterung, die Einheimischen nur Behinderung erfuhren. Verschiedene Hafenstädte, welche die Fremden mit ihren Schiffen leicht erreichen konnten, wurden als Stapelplätze bestimmt, wohin allein alle auszuführenden Stapelwaaren, insbesondere die Wolle, gebracht werden mußte. Als auswärtigen Wollstapel bestimmte der König statt Brügge den Markt von Calais, und nahm seinen Unterthanen einen Eid ab, daß sie nie einen andern Stapel jenseits des Meeres suchen wollten. Trotz alledem erhoben schon im 14. Jahrhundert die aufstrebenden englischen Gemeinden eine gefährliche Mitwerbung gegen die Kaufleute der deutschen Hansa und schlossen sich gleich diesen in Gesellschaften zusammen, um mit vereinter Kraft und Capital wirken zu können. Zuerst drängten sie sich in die Stapelgesellschaft der fremden Kaufleute, welche den Handel mit den englischen Stapelwaaren an sich gerissen hatten, und führten diese Waaren gegen das offene Verbot des Königs und des Parlaments selbst aus. Eduard III. erlaubte erst gegen Ende seiner Regierung den Unterthanen die Ausfuhr der Stapelwaaren unter denselben Bedingungen wie den Fremden. Damals schon begann eine nur aus Engländern bestehende Gesellschaft eine kaufmännische Wirksamkeit, die im Laufe der folgenden Jahrhunderte dem Handel der Hansa und ihrer bevorrechteten Stellung allmälig den Boden unter den Füßen wegziehen sollte. Die Gesellschaft von Thomas Becket, später die Adventurers oder die wagenden Kaufleute genannt, bildete sich damals zunächst zur Betreibung des englischen Tuchhandels, der freilich im 14. Jahrhundert nur halbfertige und ungefärbte Stoffe ausführte und bis dahin ganz in den Händen der Hansischen war. Bestimmtere Nachrichten über die Fortschritte dieser Gesellschaft haben wir erst aus dem folgenden Jahrhundert.

Ueber die inneren Verhältnisse der Hansa in England berichtet am ausführlichsten das Schreiben vom Jahre 1303, worin die deutsche Hansa in London der Stadt Rostock dankt, daß diese ihrem Versprechen gemäß den Hafen der Stadt Lynn von ihren Kauffahrern nicht mehr hat besuchen lassen, dagegen hätten Schiffe aus Stralsund, Wismar und Lübeck, trotz des Versprechens, durch Besuch jenes Hafens den gemeinsamen Beschluß der Hansa vernichtet. Diese Schiffer und Kaufleute seien deswegen auch aus der Hansa Recht und Freiheiten gestoßen worden und auch Rostock und die andern Städte sollten die Uebertreter zum warnenden Beispiel für andere und zum gebührenden Rechte für die gemeinsame Strafkasse bestrafen. Die Stadt Lynn hatte nämlich den Hansagenossen, wenn sie mit Fischen, Tüchern, Honig und anderen Waaren dorthin kamen, jeden Tausch mit den Fremden untersagt, kein Hansagenosse sollte weniger als zehn Stücke Wachs, tausend Stücke Pelzwerk, zehn Tonnen Stockfisch auf einmal verkaufen. Auch machten die Bürger von Lynn, wenn von Norwegen ein Schiff mit Häringen ankam, das Vorkaufsrecht geltend, ließen die von Deutschen eingeführten Mühlsteine nicht außerhalb der Stadt verhandeln, noch gekauftes Getreide dort niederlegen, schmälerten die ausbedungene Bezahlung oder brachten gekaufte Waaren zurück, nahmen zu willkürlich festgesetzten Preisen Waaren mit Gewalt angeblich zu des Königs Bedürfniß, erhoben doppelte Auflagen und Zölle u. s. w. — So sehen wir hier auf der einen Seite den zu Gewaltsamkeiten stets geneigten Haß der englischen Gemeinden, auf der andern Seite ein entschiedenes und kraftvolles Zusammenstehn und Handeln der Hansa als einer fest geschlossenen Gesellschaft.

Von einem Handel der Deutschen mit Schottland wissen wir aus diesem Zeitraum, obwohl die erste Nachricht schon vom Jahre 1297 ist, wenig. Die fortwährenden Kriege zwischen England und Schottland, die meistens zu Seeräubereien ausarteten, machten diesen Verkehr oft ganz unmöglich. Von einer hansischen Niederlassung in Schottland haben wir zu keiner Zeit Nachricht. Der Waarenaustausch zwischen Schotten und

Deutschen, der niemals aufhörte, fand meistens auf den flandrischen Märkten statt. Ebenso gestaltete sich das Handelsverhältniß der Deutschen zu Irland, wohin auch, doch in dieser Zeit noch in höchst unbedeutender Weise, die deutsche Schifffahrt sich erstreckte.

8. Die Handelsverhältnisse des Bundes in Norwegen, Schweden und Dänemark.

Die wohlhabenden Stände des Mittelalters liebten als Schmuck und Kleidung ganz besonders das nordische Pelzwerk, das nach den Ansichten der Zeit vornehmlich Pracht, hohe Würde und Geldreichthum darstellte. Dies führte deutsche Schiffer schon früh an die Küsten Norwegens. Zugleich aber boten hier die zusammenhängenden Gebirgswälder Erzeugnisse, die für den europäischen Zwischenhandel diesen Kaufleuten willkommene Gegenstände sein mußten und die buchtenreichen Küsten dieses Landes, wie der Strand von Island, Grönland und der Faröer-Inseln gaben für den Fischfang gute Gelegenheit und reiche Ausbeute. Dieser Verkehr reichte nach den Ueberlieferungen der nordischen Sagen bis in's 11. Jahrhundert hinauf. Engländer und Schotten nahmen daran Theil und zwar für die nächsten Jahrhunderte mit besseren Erfolgen und Freiheiten, als die Deutschen. Die Konungesaga schildert schon im 11. Jahrhundert einen lebhaften Verkehr deutscher Kaufleute zu Tunsberg, der ältesten Stadt Norwegens, in Stavanger, Tronbheim, das 997, und Bergen, das 1076 gegründet wurde. Doch die urkundlichen Nachrichten sind erst aus der Mitte des 13. Jahrhunderts, während für die englischen Kaufleute König Heinrich III. schon im Jahre 1217 einen Vertrag mit König Hakon von Norwegen abschloß. Von der Art dieses Verkehrs in den ältesten Zeiten berichtet die Sverrirsaga also: „In den Tagen des Königs Sverrir kamen dänische Kauffahrer nach Bergen, betrachteten staunend die Stadt und ihren Reichthum an Volk, an Mönchen und Nonnen, an gedörrten Fischen und jeglichem Vorrath. An der Brücke sahen sie in dichtem Gedränge die Schiffe der Isländer und Grönländer, der Engländer, Deutschen und Dänen, der Schweden und Gothländer, sahen prachtvolle stattliche Kleider, Weizen und Honig — Alles im Ueberflusse feilgeboten. Wein hatten die Südmänner (Deutsche) so reichlich hergeführt, daß er wie Bier wohlfeil war. Da sah man denn Trunkenheit über alle Maßen, blutige Schlägereien zwischen den Heimischen und den Fremden, daß Verbrechen wie Scherz erschienen und König Sverrir im Zorne sprach: Willkommen sind uns die englischen Männer, sie bringen Weizen, Honig, feines Mehl und feines Tuch, willkommen sind, die uns Leinwand, Flachs, Wachs, -Kessel und was wir bedürfen und dem Lande nützlich ist, bringen; aber die Deutschen kommen in großer Menge und mit großen Schiffen, führen Butter und Fische davon zur Veröbung des Landes und haben nur Uebles angerichtet und nichts Gutes. Deshalb sage ich Undank für ihr Kommen, und wollen sie Leben und Gut behalten, so sollen sie auf's schnellste sich fortmachen, denn ihr Treiben gereicht nur zum Unheil uns und unserem Reiche." —

In der Mitte des 13. Jahrhunderts sehen wir auch hier Lübeck unter den deutschen Städten voranstehen. König Hakon ertheilte im Jahre 1250 dieser Stadt die Erlaubniß, in Norwegen ungehindert mit den Schiffen anzulegen und Handel zu treiben, doch sollte den königlichen Unterthanen dieselbe Freiheit in Lübeck zugestanden werden. Im Jahre 1264 wurden der Stadt Hamburg ihre alten Freiheiten auf Norwegen bestätigt und im Jahre 1278 erwarben zwei lübeckische Abgeordnete vom König Magnus für alle Kaufleute der deutschen Zunge das Recht, gestrandetes Gut selbst oder mit Hülfe der Einwohner gegen einen festgesetzten Bergelohn retten zu dürfen, sowie Sicherheit gegen das Zeugniß übelberüchtigter Personen, gegen Verhaftungen bei Verbrechen, die nicht Haud und Hals betrafen, und überhaupt das Versprechen einer schnellen Rechtspflege. Die Deutschen durften sich jetzt bis auf ein Jahr im Reiche einmiethen, den Kleinhandel aber nur auf offenen Straßen, Brücken und Plätzen betreiben. Der König wollte ihre Schiffe nie zu eigenen Diensten pressen, sondern sie freundlich darum ersuchen, wenn dringende Noth es gebiete. Auch sollten seine Beamten nur drei Tage lang von der Zeit der Meldung ihrer Ankunft das Vorkaufsrecht ausüben und sie dann ungehindert ihre Waaren verkaufen lassen.

Auch die westlicheren Städte, wie z. B. Bremen, errichteten mit Norwegen dieselben Verträge, doch störte der Krieg mit Dänemark den noch wenig befestigten Handel um so mehr, da die Städte auf die Seite des Königs Erich von Dänemark traten. Zeitweilig wurden die gewonnenen Freiheiten aufgehoben oder beschränkt, bis nach einer glücklichen Fehde die wendischen Städte im Jahre 1285 durch den Vertrag zu Kalmar einen Schadenersatz von 6000 Mark Silbers, die Herausgabe aller angehaltenen Personen und Güter, die Bestätigung aller Freiheiten und das Recht erwarben, in Norwegen mit allen Fremden und Einheimischen unbehindert zu jeder Tageszeit verkehren zu dürfen. Der Handel mit Oel und Thran wurde ihnen ganz freigegeben, an der Brücke zu Bergen sollten sie von jetzt an mit ihren Schiffen anlegen dürfen, doch dem Amtmann des Königs sogleich davon Anzeige machen, bei Schlägereien und Streitigkeiten gleich des Königs Unterthanen behandelt und in allen Streitigkeiten mit den Normannen nach des Reiches und der Orte Gewohnheiten gerichtet werden. Dagegen sollen sie dem Könige von Dänemark nicht Hülfe leisten, ehe nicht zwei oder drei Personen durch Machtspruch dem König von Norwegen die Schuld zugesprochen haben, dann aber bei Fortdauer des Krieges einen vollen Monat nach Absagung freien Abzug behalten. Im Friedensvertrage vom Jahre 1294 wurde festgesetzt, daß von jetzt an die Kauffahrer der Städte in allen

Hafenorten an den Brücken, d. i. den Quais, ohne besondere
königliche Erlaubniß anlegen durften, doch sollten sie Anzeige
von ihrer Ankunft und den mitgebrachten Gütern machen.
Binnen drei Tagen sollte dann der Amtmann anzeigen, welche
Waaren der König zu seinem Bedarf zu nehmen wünsche, und
die ausgesuchten Waaren nach billigem Preise bezahlen; dann dürfen die Kaufleute ihre Waaren verkaufen, an wen sie wollen. Innerhalb der Bannmeile einer Stadt dürfen sie überall ihre Waaren verkaufen, und im Reiche ziehen, wohin sie wollen, doch
nicht ohne besondere Erlaubniß nordwärts von Bergen.

Von jedem mit Getreide beladenen Schiff geben sie ein
Schiffpfund des besten Getreides nach Auswahl des königlichen
Beamten als Zoll und werden dagegen von Waffendienst und
Nachtwache, Begleitung der Verbrecher zur Richtstätte, und von
der Abgabe für die Heeresfolge befreit, wenn sie von Weih-
nachten mit ihren Schiffen zur Abreise sich bereitet haben und
keinen Handel mehr treiben. Sie dürfen ihre Waaren überall in den Häusern niederlegen, ihre Handelsschiffe vermiethen,
ohne gezwungen zu sein, fremder Schiffe sich zu bedienen; bei
Schuldklagen dürfen sie einen Hausgenossen oder Diener als
Bürgen stellen, und zwei Landsleute, die mit eigenen Schiffen
an der Brücke liegen. Auch hier drangen die Deutschen darauf, daß eine große Wage an einem öffentlichen Orte mit beeidigten Beamten und gesetzlich geprüften Gewichten errichtet
wurde.

Dieses waren die wesentlichsten Rechte und Freiheiten,
welche die Deutschen bis zum Schluß des 13. Jahrhunderts
erworben hatten. Ihre handelspolitischen Absichten gingen in
Norwegen vor Allem dahin, überall mit Fremden und Einheimischen freien Handel und Wandel zu haben, und des Zwischenhandels und Vorkaufsrechtes der Einwohner enthoben zu werden,
Befreiung vom Strandrecht, vom Dienst für den König, von
willkürlicher Zollerhebung zu gewinnen und zugleich das Recht,
in allen Häfen unmittelbar an den Brücken, den eigentlichen
Hafenmarktplätzen, mit ihren Schiffen anzulegen. Desgleichen

strebten sie auch hier nach gesicherter Rechtspflege in Straf-
und Schuldsachen, nach gleicher Berechtigung mit den Einheimischen, nach Schutz gegen die Willkür königlicher Beamten.
Doch blieben die Verhältnisse noch lange einem steten Schwan-
ken unterworfen. Die fast ununterbrochen währenden Unruhen
in Norwegen, die von Parteien und Kriegen zerrütteten Zustände Schwedens und Dänemarks, wobei die deutschen Städte
nothgedrungen die eine Partei, am häufigsten die dänische, er-
greifen mußten, das Widerstreben der Norweger gegen die deutsche
Handelsherrschaft, das gewaltthätige und habgierige Verhalten
der königlichen Beamten ließen den deutschen Verkehr in diesen
Gegenden nie zu einer sicheren und behaglichen Stetigkeit kommen und riefen stets, sobald eine Bestätigung erworben war,
wenige Jahre darauf einen neuen Widerruf und ein neues Verfolgen der deutschen Kaufleute hervor. Im Jahre 1316 nannte
der König Hakon Magnusson im höchsten Zorn die Deutschen
Räuber und Mörder, die sich ohne königliche Erlaubniß im
Lande aufhalten, erlaubte ihnen für die Zukunft nur die Einfuhr von Bier, Marktwaaren und Gewürze und verbot jede
Ausfuhr von Fischen, Butter und Fettwaaren, wenn sie nicht
dagegen Mehl, Malz und andere schwere Waaren eingeführt hätten. Er nahm ihnen jede Zollbegünstigung, und verlangte,
daß sie ihre Angaben eidlich erhärten, oder Schiff und Gut
verlieren sollten. Nur während des Häringsfanges erhielten sie
mit allen Fremden Zollbefreiung, durften aber bei hoher Strafe
nicht im Reiche überwintern.

Ein noch entschiedener Haß gegen den Handel der Deutschen
trat in den Beschlüssen der Stadt Bergen vom Jahre 1317
hervor, welche der König sogleich bestätigte, obwohl sie im geraden Gegensatz gegen den Kalmarer Vertrag standen. „Zehn
Männer sollen in der Stadt aufgestellt werden, welche für alle
Waaren der Fremden den Preis festsetzen und darnach den Bedarf des Königs, der Geistlichkeit, der Bürger auswählen.
Binnen acht Tagen nach ihrer Ankunft sollen die Fremden alle
Waaren ausgeschifft und in die Seebuden zwischen dem Dra-

stein und dem königlichen Hofe gebracht haben; erst wenn diese Buden angefüllt sind, dürfen sie Waaren in die Stadt führen, doch mit Ausnahme von Wein, Bier, Meth, Honig, Thran, Fische, Butter. Binnen vierzehn Tagen sollen alle Fremden ihre mitgebrachten Güter und zwar im Großen verkauft haben, Tuch und Leinwand bei hundert Ellen, englische Scharlachtücher in Stücken, Wein und Honig in Fässern und Kisten, Getreide und Mehlwaaren in Fässern und Schiffpfunden, und zwar nur an die Bürger der Stadt. Kein Fremder darf länger als sechs Wochen vom Augenblick der Ankunft verweilen und nach der Zeit nichts mehr kaufen, noch verkaufen. Auch die Norweger, die gegen diese Bestimmungen handeln, über die von den königlichen Beamten festgesetzten Preise zahlen, oder länger als 14 Tage Fremde beherbergen, wurden mit einer Markbuße bestraft."

Es dauerte mehrere Jahrzehnte, bis die Städte eine Bestätigung der alten Freibriefe wieder erreichten und nur einzelnen Städten, wie Hamburg und Lübeck, gelang es, nach und nach bessere Bedingungen für ihren Verkehr zu gewinnen. Noch im Jahr 1333 erfuhren Rostock, Greifswald und Stralsund die härteste Zurückweisung ihrer Bitten. Doch konnte der König auf lange Zeit der Städte Hülfe gegen Dänemark nicht entbehren und in Folge einer solchen erhielten sie endlich im Frieden vom Jahre 1343 für alle Kaufleute der deutschen Hanse die Erneuerung der alten Rechte und Freiheiten, worauf eine neue Vereinigung der Seestädte mit Norwegen gegen die Seeräuber erfolgte. Nicht lange, so erlebten die Hansen eine neue Aufhebung ihrer Freiheiten und das Gebot, binnen drei Tagen das Land zu verlassen, dann wieder im Jahre 1357 die Bestätigung und 1367 sogar eine Erweiterung aller Rechte in Norwegen und Bergen. Wenige Jahre darauf wurde alles Gewonnene wieder vernichtet, die hansischen Kaufleute vertrieben und verfolgt, zur Strafe dafür von den Seestädten die norwegischen Küsten verwüstet und endlich im Jahre 1370 ein neuer Vertrag mit Erneuerung aller Freiheiten für die Städte auf fünf Jahre aufgerichtet. Jetzt durften die Hansen wieder überall hin nach Norwegen zu Lande und Wasser kommen und nach Belieben Handel treiben, der König war gehalten, geraubtes hansisches Gut wie sein eigenes aufzusuchen und die Räuber zu bestrafen; und jeder Norweger sollte binnen drei Tagen die erkauften Waaren um den vereinbarten Preis bezahlen. Ueberall durften die Hansen Schulden einziehen, unbehindert durch das Land handeln und gegen Erlegung der üblichen Zölle die unverkauften Güter wieder ausführen. Nach Ablauf des fünfjährigen Friedens vom Jahre 1370 erreichten die Städte den „ewigen" Frieden, der alle ihre Rechte auf ewige Zeiten bekräftigte und ihnen das Recht gab, mit fliegendem Wimpel an der höchsten Mastspitze in jeden Hafen des norwegischen Reiches einzulaufen. Mit der größten Folgerichtigkeit und Zähigkeit hatten hier die Hansen ihre handelspolitischen Zwecke verfolgt und jedes erzwungene Rückwärtsgehen war ihnen nur ein neuer Sporn zu verstärkten Anstrengungen und erweiterten Forderungen gewesen, bis sie zum Schluß dieses Zeitraumes Alles auf ewige Zeiten bestätigt und gesichert sahen, was sie bei günstigen Gelegenheiten vereinzelt gewonnen, bei ungünstigen stets im Ganzen wieder verloren hatten.

Die Stadt Bergen mit ihrem vortrefflichen Hafen war damals schon der Mittelpunkt des gesammten hansischen Verkehrs in Norwegen. Alle bedeutenderen Friedensschlüsse und Verträge hoben mit Nachdruck die hier gewonnenen Handelsfreiheiten hervor, und die alten Schiffsrechte von Hamburg und Lübeck wie die Urkunden aus dieser Zeit sprechen schon von einem Winterlager deutscher Schiffe und Kauffahrer in Bergen. Doch der für gewöhnlich nur auf kurze Zeit erlaubte Aufenthalt, (denn das Recht des Ueberwinterns ward nur zeitweilig erworben), das Verbot, eigene Häuser und Höfe zu besitzen, die Unsicherheit und Willkür in der Rechtspflege, das schnelle Aufeinanderfolgen von Krieg und Frieden, Verfolgung und Begünstigung, Handelsverboten und Befreiungen machten für diesen Zeitraum ein Heimischwerden und häusliches Einrichten von Seiten der deutschen Kaufleute noch unmöglich und ließen sie im besten Falle immer nur auf ein Bleiben während der Fahrzeit bedacht sein. Wir sparen deshalb die Schilderung des ausgebildeten Komptors von Bergen auf einen späteren Abschnitt.

Der Verkehr der Deutschen mit Schweden war, so lange die Halbinsel Schonen dänisch blieb, weniger wichtig und alt, als der in Norwegen. Die ältesten Nachrichten reichen bis zu Heinrich dem Löwen, der durch einen Gegenseitigkeitsvertrag den Deutschen der Ostseeküsten, insbesondere den Lübeckern, freien Verkehr in Schweden sicherte. Der älteste deutsche Handel ging wahrscheinlich hierher über Gothland, während er in der Folgezeit auf geradem Wege geführt wurde. Um die Mitte des 13. Jahrhunderts ertheilte Herzog Birger von Schweden den Lübeckern wichtige Freiheiten, wobei er den Vertrag des Königs Kanut von Schweden mit dem Herzog von Sachsen erwähnt, und gestattet ihnen, zoll- und abgabefrei ihre Güter nach Schweden zu führen und daselbst wohnen zu dürfen; auch sollen sie Sueni (Edelfreie) genannt und nach schwedischen Gesetzen regiert werden, von der Reinigung aber durch ein Gottesgericht und glühendes Eisen befreit sein. Diese Freiheiten wurden den Lübeckern, die hier im Handel den übrigen Städten voranstanden, im Laufe des 13. Jahrhunderts mehrmals erneuert, bis im Jahre 1312 die Herzoge Erich und Waldemar von Schweden den „Lübeckern und allen anderen Kaufleuten, woher sie auch kommen", denselben freien Handel und Wandel, die Befreiung vom Strandrechte, die Sicherung des Erbrechtes und der Rechtspflege, und alle Rechte bekräftigt, welche die Hansischen stets und überall erstrebten. Hier bildeten sich die Verkehrsverhältnisse stetiger aus als in Norwegen und wurden auch im Laufe des 14. Jahrhunderts durch eine Anzahl von Verträgen gesichert. Der bedeutendste derselben wurde im Jahre 1361 zwischen dem König Magnus und den deutschen Ostseestädten, und allen und jeden Städten der deutschen Hansa, aufgerichtet und bestätigt, wegen der Wohlthaten, welche die Städter den schwedischen Königen erwiesen hatten, alle hergebrachten und neu erworbenen Rechte in den Reichen von Schweden und Norwegen. Sie sollen gegen Zahlung der üblichen Zölle bleiben und gehen, wo sie wollen, mit ihren Waaren von der Nordsee zur Ostsee und umgekehrt, ihre gestrandeten Güter sollen, wenn die Mannschaft untergegangen ist, an öffentlichen Orten aufbewahrt und zu jeder Zeit den rechtmäßigen Erben zurückerstattet werden, die Güter dessen, der in diesen Reichen stirbt, unverfallen und dem rechtmäßigen Erben erhalten bleiben. Ueberall dürfen sie Schulden eintreiben, Salz schiffpfundweise zollfrei verkaufen, unverkaufte Waaren frei wieder hinwegführen." — Doch finden wir weder jetzt noch später Nachrichten von einem besonderen hansischen Komptor in Schweden. Sie handelten in allen Städten und Gegenden, ließen sich als Bürger nieder, wo sie wollten, besonders in Stockholm, standen dann, ohne die kaufmännischen Verbindungen mit der Heimath aufzugeben, ganz unter schwedischem Rechte, übernahmen alle Pflichten und Leistungen, aber auch alle Rechte des schwedischen Unterthans, hießen Sueni, Herren, und genossen eines besonderen königlichen Schutzes. Solche Deutsche bildeten, wie in Wisby, in Stockholm eine besondere Gemeinde mit zeitweiligem Uebergewicht über die schwedische. Auch in anderen schwedischen Städten hatten die Deutschen eine hervorragende Stellung und besetzten zur Hälfte den Rath mit ihren Mitgliedern. Die Gegenstände des deutsch-schwedischen Verkehrs waren ziemlich dieselben wie die des norwegischen. Die Ausfuhr bestand in den Erzeugnissen der Wälder, der Jagd, hauptsächlich Pelzwerk, der Fischerei und Viehzucht, des Bergbaus, insbesondere von Eisen und Kupfer. Auch hier hatten die hansischen Kaufleute wie in England den Bergbau in die eigene Hand genommen. Die Einfuhr bildeten alle Gegenstände des hansischen Zwischenhandels und Gewerbfleißes.

Der Handelsverkehr der Deutschen mit dem dänischen Reich wird durch sichere historische Nachrichten schon zu Anfang des 13. Jahrhunderts bezeugt. Unter Kanut VI. und Waldemar II. (1202—1241) besuchten die Lübecker schon mit ihren Schiffen die schonische Küste und erwarben von Letzterem das Versprechen, daß er allen Kaufleuten zu Liebe einen Leuchtthurm zu Falsterbode auf Schonen wolle errichten lassen.

Ungefähr um dieselbe Zeit ertheilte Waldemar den Lübeckern auf Schonen schon alle Freiheiten, welche für die Folgezeit hier die hauptsächlichsten Zielpunkte der hansischen Handelspolitik wurden. Zur Zeit der Wendenherrschaft in der Ostsee ging der Zug der Häringe gegen die flache und sandige pommersche Küste und lockte hierher während der Fangzeit den lebhaftesten Verkehr aller seefahrenden benachbarten Völkerstämme. Wiederholte Sturmfluthen hatten dann das Ufer zerrissen und den Fisch während der Laichzeit verstört und verjagt, so daß er sich an das südlich vorspringende, gegen Stürme geschützte Ufer der schwedischen, im Mittelalter aber dänischen Halbinsel Schonen wendete und hier bei vorgeschrittener Ausbildung der Schifffahrt und der politischen Verhältnisse des nördlichen Europa's während der Sommermonate einen ebenso mannigfaltigen wie eigenthümlich geordneten Verkehr hervorrief. Der Verbrauch der Fische und vor Allem der Häringe war im Mittelalter ungleich bedeutender als jetzt, theils wegen des ängstlichen Einhaltens der vielen Fasttage, theils wegen der unzähligen dichtbevölkerten Klöster. Deshalb wurde die Häringsfischerei für die Hansa, welche sich damals hauptsächlich in ihren und der schonischen Küste Besitz zu setzen wußte, eine außerordentliche Quelle des Reichthums, bis sich gegen das 16. Jahrhundert der Häring in die Nordsee wandte, wo alsbald die Holländer und Engländer sich seiner bemächtigten.

Zugleich wurde diese Seefischerei, die in jedem Jahre eine große Anzahl hansischer Schiffe und Seefahrer beschäftigte, das beste Mittel, eine geübte Seemannschaft heranzubilden und mit dem Meere vertraut zu erhalten. Deshalb blieb auch der Bundesstädte und insbesondere des wendischen Viertels und Lübecks unausgesetztes Bestreben, auf Schonen die unbedingte Handelsherrschaft aufrecht zu erhalten, von dem Fischfang an der Küste die fremde Mitwerbung gänzlich auszuschließen, und bei allen Kriegen und Verwickelungen mit dem dänischen Reiche die Sicherung und Erweiterung der auf Schonen erworbenen Rechte stets in den Vordergrund zu stellen. Der Handel im übrigen Dänemark galt den Städten nicht mehr, als der im schwedischen Reiche. Sie strebten auch hier nach freiem Handel und Wandel, Befreiung vom Strandrechte, gesicherter Rechtspflege und Schutz gegen die Willkür der Beamten und Zöllner. Ihre Bürger ließen sich zahlreich in den dänischen Städten und Ortschaften nieder, doch von einem gemeinsamen Komptor finden wir auch hier keine Spur.

Von ganz anderem Gesichtspunkte betrachtete die Hansa ihre Stellung auf Schonen, deren sie in allen Friedensschlüssen immer und immer gedachten. Die ältesten Niederlassungen waren zu Skanör, Falsterbode und Malmoe; auch in Lund und anderen Städten besaßen die deutschen Kaufleute Häuser und Höfe, die ihrem Handelsverkehre dienten. Die bedeutendste und eigenthümlichste von allen diesen Niederlassungen war das Vittenlager auf Schonen. Die ersten Rechte, welche Lübeck im Jahre 1225 als Grundlage der späteren handelspolitischen Stellung des Bundes erwarb, bestanden in Folgendem: „Auf den Märkten zu Skanör und Falsterbode dürfen die Lübecker unbehindert kaufen und verkaufen, sich einen Vogt nach Belieben bestellen, der unter ihnen richtet, mit Ausnahme dessen, was blau und blutig ist, der Kleinhandel ist ihnen gegen Erlegung der üblichen Zölle erlaubt und sie können diesen Zoll bezahlen, so lange nicht der erste Wagen, der die Güter in das Schiff führen soll, das Wasser berührt hat. Gegen Anschuldigungen königlicher Beamten reinigen sie sich durch einen Eid mit Hülfe ihrer Landsleute, der Verstorbenen Güter fallen den rechtmäßigen Erben zurück, gewaltsame Hinwegführung ist nur auf ertappte That erlaubt. Jedes ankommende Schiff kann am Ufer frei ausgeladen, jedes gekaufte Gut frei hinweggeführt werden. Auf der lübischen Vitte soll nur liegen, wem der lübische Vogt die Erlaubniß giebt, Bier darf nur flaschenweise verkauft werden und die Buden gehen an die Erben über, sobald die Grundrente an den König bezahlt ist." — Diese Freiheiten wurden bald auf „alle Kaufleute des römischen Reiches" ausgedehnt, wobei aber immer noch die einzelnen Städte, Hamburg, Bremen, Köln u. s. w., nach Bedürfniß ihre Einzelverträge mit dem König abschlossen. Um die Mitte des 13. Jahrhunderts scheinen sämmtliche deutsche Seestädte im Besitze von Handelsvorrechten auf Schonen gewesen zu sein und am Häringsfange Theil genommen zu haben. Die Könige Abel, Christoph, Erich Glipping und Erich Menved bestätigten und erweiterten die Freibriefe theils im Allgemeinen, theils in Sonderverträgen mit den einzelnen Städten, so oft sie in ihrer steten Geldnoth und Kriegsbedrängniß der Zuschüsse bedurften. Im Jahre 1280 erhielt auch Greifswalde ein Stück Land bei Falsterbode zur Errichtung einer Vitte mit dem Rechte, sich selbst den Vogt zu wählen, der auch über Verbrechen, die Hand und Hals betreffen, richten solle. Aehnliche Freiheiten ertheilte er anderen Städten, bald einzeln, bald den wendischen Städten, bald an sämmtliche Kaufleute des deutschen Reiches. Aber auch hier vollzog sich die Entwickelung nicht im Frieden und ununterbrochener Stetigkeit. Während der fast unaufhörlichen Kriege Dänemarks zur Unterwerfung der deutschen Ostseeküste folgte auch in Schonen auf die Bestätigung der Rechte ihre Aufhebung, auf diese wieder jene mit Erweiterung und Vermehrung, je nachdem das Kriegsglück entschied und der politische Zugwind wehte, bis im letzten Friedensschluß nach der Demüthigung des vierten Waldemar fast ganz Schonen vertragsmäßig auf fünfzehn Jahre in die hansische Gewalt kam.

Die Niederlassung auf Schonen, das Vittenlager, war auf den Fischfang als den Hauptzweck berechnet. Dem Fange, dem Räuchern, Salzen und Packen der gewonnenen Vorräthe, dem Hereinbringen einer gewinnreichen Ernte war die hauptsächlichste Thätigkeit zugewendet, während der Waarentausch, obwohl derselbe bei der hier zusammenströmenden Menschenmenge in lebhaftester Weise stattfand, als Nebensache und Folge sich entwickelte. Die unbebaute Uferstrecke zwischen dem Schlosse Skanor im Norden und dem Schlosse Falsterbode im Süden,

in einer Länge von etwa einer halben Meile und einer Breite
von höchstens einer Viertelstunde, war der Schauplatz des eigen=
thümlichsten und buntesten mittelalterlichen Fischer= und Han=
delslebens, wo sich zwischen dem Bache und den Gräben, die
lübisches und dänisches Recht schieden, Vitte an Vitte, Bude
an Bude drängten und sich innerhalb weniger Monate die man=
nigfaltigste gewinnreichste und gewinnbegierigste Thätigkeit ent=
faltete, um dann für die übrige Zeit des Jahres die vollstän=
digste Oede und Stille zurückzulassen. Die Landstrecke zwischen
den Grenzgräben und dem Bache war in eine Menge einzelner
Antheile getrennt, deren jeder, Vitte genannt, und durch einen
Graben vom nächsten geschieden, mit steinernen Gebäuden, höl=
zernen Hütten und Buden, die nach der Fangzeit abgebrochen
wurden, bedeckt war, und einer einzelnen größeren Stadt oder
einer Gruppe kleinerer Städte gehörte. Nach Norden zu, gegen
Skanor, lagen die Vitten von Kampen und Bremen, daneben
die der Rostocker, an deren Todtenhof die der Wismarer stieß;
in der Mitte lagen mit der deutschen Kirche und dem gemein=
samen Begräbnißplatze die Vitten von Lübeck und Greifswald,
nach Nordosten durch den Bach Eltebeke von dänischem Grund
und Recht geschieden. Im Süden grenzte an die Vitte der
Stralsunder die der Greifswalder, woran auch Harderwyk
Antheil hatte, die der Anklamer, der Hamburger und einiger
niederländischen Städte. Auf dem äußersten südlichen Flügel
in der Nähe des Schlosses Falsterbode hatten die preußischen
Städte ihr Vittenlager, das sich bis zu den dänischen Buden
außerhalb des Grenzgrabens erstreckte, zuerst nur 66 Ruthen
lang und 36 Ellen breit, später für 500 ungarischen Ducaten
auf 800 Ellen Länge und 280 Ellen Breite erweitert und im
15. Jahrhundert ausschließlich im Besitz der Stadt Danzig.

Jede Vitte bildete eine vollständig für sich abgeschlossene
Ortschaft, stand unter einem besonderen Vogt, welcher der be=
sitzenden Stadt angehörte und nach deren Recht und Gewohn=
heit richtete, doch waren die Klagen, welche Hals und Hand,
„blau oder blutig" betrafen, den königlichen Vögten vorbe=

halten. Das gesammte Vittenlager wurde durch das hervorragende Ansehen der Stadt Lübeck und ihres bestellten Vogtes geleitet, während die letzte Entscheidung über alle Gesammtangelegenheiten, der gesetzgeberische und handelspolitische Schutz über die Niederlassung im Ganzen, dem Bunde der Hansa und dessen gemeinsamen Tagfahrten anheimfiel, freilich wieder unter Lübecks maßgebender Leitung. Mit der fortschreitenden Entwickelung des Bundes nahm dieser um so allgemeiner und durchgreifender die gemeinsamen Angelegenheiten des Fischerlagers in die Hand, als die Behauptung desselben immer mehr nur durch die angestrengtesten Kriege und durch eine vereinigte Aufopferung aller Städte möglich wurde. Von den Tagfahrten wurden die Ordnungen erlassen, die politischen Verhandlungen und Verträge mit den dänischen Königen geleitet und abgeschlossen, die inneren Einrichtungen des Vittenlagers geregelt und festgestellt. Kein Fremder und Nichthanse sollte auf einer Vitte zugelassen, Engländer, Brabanter und andere Walen weder auf Schonen noch viel weniger im Lager geduldet werden. Als gemeinsames Tonnenmaß nahmen die Tagfahrten die Rostocker Tonne an, verordneten über die Bereitung der Fische, die Art der Netze und ihre Anwendung, die Abgaben von den Vitten, Buden und dem Fange, hielten die hansischen Vögte an, strenge darauf zu sehen, daß jeder Hanse zum Fischfang seinen vollen Harnisch und seine guten Waffen mitbringe, jedem Fischer sein bestimmter Platz zum Fang angewiesen werde und Niemand fische, als der von ihnen „gelegte", noch dieser an anderem Platze, als wo er „gelegt" sei. Dem Vogt des dänischen Königs war nur ein einziger Tag zum Fangen und Salzen für des Königs eigenen Hausbedarf zugestanden und nie ließ die hansische Tagfahrt ungerügt, wenn die dänischen Beamten sich Willkürlichkeiten in der Zollerhebung oder eine ihnen nicht gestattete Krämerei erlaubten. Nur hansische Münze sollte hier als Geld umlaufen, außer etwa Gold und englischen Groten, alle Tonnen sollten ein geprüftes Maß und nur gute Häringe enthalten, nicht, wie oft geklagt wurde, oben und unten gute, in der Mitte verdorbene; auch sollten die Fische nicht mit der Mulde hineingestürzt, sondern sorgfältig neben einander gelegt werden.' —

Mit dem Ende Julius und Anfang Augusts begann die Fangzeit und Flotte an Flotte segelte gegen den bis dahin nur von Wächtern und Hunden bewohnten, mit wenigen steinernen Gebäuden besetzten Strand. Auf allen Vitten entstanden jetzt Bretterbuden und Hütten, Läden und Marktplätze wurden eröffnet und es begann mit Waaren aller Art und aller Gegenden ein lebhafter bunter Verkehr im Großen und Kleinen. Auf Frachtwagen, die jede Vitte für sich halten durfte, wurden die Güter unter der Aufsicht bewaffneter Kaufleute ausgeschifft und eingebracht. Tücher aller Art, nordisches Pelzwerk, südländische kostbare Seidenzeuge, morgenländische Gewürze und Spezereien, südeuropäische getrocknete und eingemachte Früchte, Gold- und Silberstoffe und Arbeiten, Kleider und Rüstzeug jeder Gattung, Haus- und Hofgeräth und alle Erzeugnisse des vielgegliederten Handwerks, Lebensmittel uud Lebensbedürfnisse vollauf, französische, italienische und deutsche Weine, Meth und Bier, Alles was damals den Inhalt des nord-europäischen Handelsverkehrs bildete, floß hier während der Fangzeit zusammen, um theils verbraucht, theils über Meer und Land verführt zu werden. Auch dem Geldwechsel gab dieser Waarenmarkt Beschäftigung, denn trotz jenes angeführten Verbotes strömten die Münzen aller Herren Länder hierher, und der Handelsmann mußte natürlich nehmen, was sein Käufer hatte, und dann in den aufgeschlagenen Wechselbuden das fremdländische Geld gegen ein bekannteres umsetzen.

Der Hauptzweck während des dreimonatlichen Aufenthaltes, denn zu Ende October segelten Handelsleute und Fischer in die Heimath zurück, blieb der Häringsfang und die Häringsbereitung, und das bewegteste und großartigste Leben entfaltete sich auf der Meeresfläche längs des Strandes. An der sichersten Stelle, unmittelbar dem Strande nahe, lagen die Handelsschiffe reihenweise vor Anker; diese kamen, jene segelten ab, sobald die Häringslabung genügte, und manche Schiffe machten in einem Sommer dreimal die Fahrt. Weiter hinaus hatten sich die „Schuyten", runde, weitbauchige Barken, die auch bei unruhigem Meere wenig Bewegung zuließen, ausgelegt. Die Mannschaft holte in dunkelgefärbten Netzen die Häringe herauf und schüttete sie in den Bauch des tief sich senkenden Fahrzeugs. Bis spät in die Nacht dauerte der Fang, und er war bei Nacht fast ergiebiger, als am Tage, denn von den unzähligen Fackeln geblendet, die auf und ab die Meeresfläche von den bewegten Schuyten überschimmerten, gingen die Fische schaarenweise in's Netz. Der Fang wurde dann auf den Vitten in die Salz- und Rauchhäuser, die Hauptgebäude des Strandes, abgeliefert. Die großen und kleinen, die fetten und magern Fische wurden durch besondere Ausleser geschieden, von andern Arbeitern die Köpfe abgerissen, die guten Häringe in die Salztonnen geschlagen und die geringere Auslese nach zwölfstündiger Durchlaugung in die Rauchhäuser gebracht. Beeidigte Schauer, „Wraker", prüften, schlossen und versiegelten mit dem Siegel der Vitte die gefüllten Tonnen und jede so behandelte Tonne galt als gute schonische im Verkehr. — Einen dritten Raum neben den Fischhäusern und Handelsbuden nahmen die Hütten der Handwerker ein, denn alle Geräthschaften der Fischer und Fischbereiter wurden auf der Vitte selbst gefertigt und gebessert. Vor allen waren hier die Bötticher von Bedeutung und vollauf beschäftigt. Das Gesetz verbot auf's Strengste, daß der Handwerker einer hansischen Vitte, am allerwenigsten ein Bötticher, für Fremde und Nichthansen arbeite und verkaufe. Auch Zimmerleute und Schreiner, Schlosser, Schmiede und Seiler wohnten auf den Vitten, um Wohnung, Schiff und Geschirr stets im Stand zu erhalten. Jede Wohn- und Werkbude zahlte dem Vogte der Vitte einen Zins, aus welchem und den übrigen Abgaben und Strafgeldern alle gemeinsamen Kosten bestritten wurden. Mit dem Ausgang des Monats October endigte dieses überaus bewegungsvolle, vielseitige, im dicht- und buntgedrängten Gemisch, auf engstem

Raum sich tummelnde Geschäfts- und Seeleben fast ebenso
plötzlich, wie es entstanden war. Die Gelegenheit der Fischerei
hatte dasselbe als das treffendste Bild des energievollen Ver-
kehrslebens, der vielseitigen Gewerbsthätigkeit des deutschen
Bürgerthumes mit allen seinen fördernden und hemmenden Lebensbedingungen im Mittelalter hervorgerufen, mit dem Auf-
hören dieser Gelegenheit löste sich dieser lebensvollste aller
Märkte nach allen Richtungen auf und überließ den Schauplatz
des ausgiebigsten Gewinnes dem starren Schweigen des Winters.

9. Die Handelsverhältnisse des Bundes in Gothland, Rußland und Livland.

Der erste deutsche Handelsverkehr mit den Russen geschah
über Gothland. Als die Germanisirung der südlichen Ostseeküste kaum begonnen hatte, besaßen deutsche Handelsleute schon
in Wisby Niederlags- und Heimathsrechte. Es lassen sich in
diesem Verkehr der Deutschen auf Gothland zwei Perioden unterscheiden: Die älteste umfaßt die Zeit, da an der Ostseeküste
das deutsche Leben noch mit allen Schwierigkeiten des ersten
Beginnens rang und die deutschen westlicher gelegenen Binnenstädte Stendal, Salzwedel, Lüneburg, Soest, Hamm u. s. w.
mit Hülfe der schon deutschen Hafenplätze der Ostsee, Schleswig, Albenburg, Lübeck, die Hauptträger dieses Verkehrs und
die maßgebenden Handelsleute in Wisby waren. Mit dem
Aufblühen Lübecks, mit der Germanisirung der mecklenburgischen, pommerschen und preußischen Küstenstriche wandelten sich
allmälig die Verhältnisse auf Gothland und die deutschen Ostseestädte, vornehmlich die wendischen mit Lübeck an der Spitze,
nahmen diesen Verkehr immer selbstständiger in die Hand,
drängten die Binnenstädte in die zweite Stelle zurück und

begründeten in Gothland wie in der ganzen Ostsee ihre Handelsherrschaft. Wisby trat jetzt mit ihnen in den unmittelbarsten und ununterbrochensten Wechselverkehr, und darauf gestützt, schwang sich die deutsche Gemeinde in Wisby zeitweilig zu der im Ostseeverkehr maßgebenden Stellung empor. Der Handel mit Rußland war aber bis dahin immer noch indirect; die deutschen Kaufleute suchten die russischen Waaren und Käufer nicht im eigenen Lande, sondern erwarteten sie zum Austausch auf Gothland. Nicht nur war Rußland zu unbekannt, sondern es waren auch seine inneren Verhältnisse zu unsicher, seine Rechtszustände zu roh und unausgebildet, als daß der fremde Kaufmann auf Glück und Vertrauen seine kostbaren Waaren in das Innere dieses Reiches hätte hineinführen können.

Aber schon während der ersten Periode trat ein Ereigniß ein, daß den directen russischen Verkehr anbahnen sollte. Auch die deutschen Nordseestädte hatten mit eigenen Schiffen bereits im 12. Jahrhundert Gothland besucht. Ein Bremer Schiff wagte zuerst, von hier aus dem russischen Verkehr entgegen zu fahren und entdeckte dabei die Küste von Livland, d. h. er eröffnete jetzt die Fahrt dorthin für die deutsche Schifffahrt. Seitdem drang der gerade deutsche Verkehr immer tiefer und mächtiger in das innere Rußland, so daß während des 13. Jahrhunderts Gothland zur Seite gelassen wurde und der Insel nur die Handelsbedeutung in Rußland blieb, welche die Stadt Wisby und die deutsche Gemeinde daselbst mit eigenen Kräften und Mitteln behaupten konnten. Auch der Eigenhandel der Russen trat jetzt in den Hintergrund. Im 12. Jahrhundert besuchten russische Kaufleute mit ihren Schiffen selbst die Travemündung und in den deutsch-russischen Verträgen des 13. Jahrhunderts wird immer noch auf Gegenseitigkeit der Handelsbedingungen gedrungen, ebenso auch war auf Gothland ein russischer Eigenhandel den Deutschen unentbehrlich. Seitdem diese aber der Fahrten die Düna aufwärts nach Polotzk, Witepsk und Smolensk, über den Peipussee und die Newa hinauf nach Nowgorod kundig wurden, und in allen diesen Städten ihre Niederlagen errichteten und lateinische Kirchen erbauten, drang der deutsche Handel so mächtig und unwiderstehlich in Rußland ein, daß der selbstständige russische Ausfuhrhandel ganz niedergelegt wurde und die Russen sich begnügen mußten, ihre Erzeugnisse in jene Städte und besonders nach Nowgorod den Deutschen zuzuführen. Je mehr Wisby und Gothland in den Hintergrund traten und Lübeck und die wendischen Städte sich des geraden russischen Handels bemächtigten, um so maßgebender wurde auch das Ansehen dieser in Rußland, bis nach voller Ausbildung der hansische Bund den russischen Verkehr mit seinen Niederlagen ganz und gar in seine Handelspolitik hineingezogen hatte.

Der Vertrag des Fürsten Mistislav Davidowitsch von Smolensk mit allen Kaufleuten auf Gothland, welche die Ostsee besuchen, vom Jahre 1229, stellte zuerst hier rechtliche Verhältnisse fest, bestimmte für alle Verbrechen gegen Leib und Leben die Strafen und gestand den Kaufleuten in dem fremden Lande einen befreiten Gerichtsstand und ein unter beiden Parteien vereinbartes Verfahren. Hatte ein Fremder einem Einheimischen geborgt und dieser war zugleich anderen Einheimischen schuldig, so sollte des Fremden Forderung vorgehen, selbst wenn der Landesherr des Schuldners Eigenthum eingezogen hatte oder dieser gestorben war. Half der Schultheiß binnen acht Tagen nach der Klage dem fremden Gläubiger nicht zu seinem Guthaben, so sollte er ihm selbst die Bürgen stellen, und verweigerte man solches zu Smolensk, Riga oder einer andern Stadt, so hatten diese Orte selbst für die Zahlung zu haften. Alle Fuhrleute, welche die Güter der Kaufleute zwischen Düna und Dniepr führen, bürgen für dieselben, und eine einmal gekaufte Waare darf nicht zurückgegeben werden. Kein Fremder soll zu Kriegsdiensten verpflichtet sein. Scheitert ein Schiff, so kann der Kaufmann überall, wo diese Freiheiten gelten, frei ausladen, die untergegangenen Güter retten und sich fremder Hülfe dabei gegen einen vereinbarten Lohn bedienen. Sobald ein Lateiner seine Ankunft mit Waaren dem Schultheißen anzeigt, soll dieser die nöthigen Wagen absenden und ist für jeden Schaden, der aus Säumniß entsteht, haftbar, dagegen zahlen die ankommenden Gäste zu Smolensk der Fürstin als festgesetzte Abgabe ein Stück Tuch oder Leinen und dem Schultheißen ein Paar Fausthandschuhe. Für alle Kaufleute, Lateiner und Russen, ist die Düna frei von oben bis zum Meere auf dem Wasser und an den Ufern." — Dieser Vertrag wurde von deutschen Kaufleuten aus Gothland, Lübeck, Soest, Münster, Gröningen, Dortmund, Bremen und Riga unterzeichnet. Gothland ist also hier noch Mittelpunkt des deutsch-russischen Verkehrs und die Hauptträger desselben von den Ostseestädten nur Lübeck, außerdem deutsche Binnen- und Nordseestädte. Livland erscheint nur für die Durchfuhr wichtig, und Riga allein etwas selbstständiger, doch auch nur mit vermittelnder Thätigkeit.

Ueber den Handel auf Nowgorod vernehmen wir zuerst etwas in einer Urkunde vom Jahre 1260, der zu Folge der Großfürst Jaroslaw Jaroslawitsch im Einverständniß mit der Stadt Nowgorod einen Vertrag mit Lübeck und Gothland schloß, nach welchem allen Lateinern auf der Newa der schon früher verheißene Schutz von der Insel Kettlingen (Kronstadt) bis Nowgorod und zurück zugesagt wurde. Für die Sommergäste übernahmen der Fürst und Nowgorod jeden Schaden und auch die Wintergäste sollten unter des Königs und der Stadt Schutz und Bürgschaft dem alten Frieden gemäß ungehindert in das Land kommen. Der Gast darf in der Newa, so oft es dessen bedarf, an beiden Ufern Holz und Mastbaum fällen; bei den Wasserfällen der Wolchow sollen die „Vorschkerle" ohne Verzug die Ueberfahrt gegen den üblichen Lohn fördern, dagegen der Gast zu Gästefeld die feststehenden Abgaben entrichten. Den Lichterfahrern auf der Newa und allen Fuhrleuten wird eine Fahrtare festgesetzt, und alle Streitigkeiten zwischen ihnen und den Kaufleuten sollen vor dem Herzog und den Nowgorodern in St. Johannishof entschieden werden. Wer auf der Newa ankommt, kehrt auf der Newa, wer zu Lande kommt, kehrt zu Lande zurück. — Jeder Rechtsstreit zwischen den Gästen und den Bürgern von Nowgorod wird auf dem Johannishofe vor dem Burggrafen, dem Herzoge und den Kaufleuten entschieden, kein Gast wegen Schulden in's Gefängniß gesetzt und nur dem besonderen Boten des Herzogs erlaubt, sie wegen Verbrechen zu verhaften. Niemand haftet für das Vergehen eines Anderen, bei Klagen entscheidet die Uebereinstimmung zweier Zeugen und fehlt diese, so entscheidet das Loos. Auf den Todtschlag eines Boten, Oldermanns, Priesters und Kaufmanns, auf jede tödtliche Verletzung, auf jeden feindlichen Angriff der Russen gegen die Gäste und deren Besitzthum wurden Geldstrafen festgesetzt. Verthut ein Russe, der mit einem Deutschen in Handelsverbindung steht, dessen Gut, so soll er die Gäste zuerst, dann die übrigen Gläubiger befriedigen; hat sich eine Frau für ihren Mann verbürgt, so haftet sie für seine Schuld. Auch in Bezug auf Wage und Gewicht wurden allgemeine Bestimmungen festgestellt.

An Streitigkeiten fehlte es in diesen russischen Niederlagen nicht. Die unsicheren Rechtsverhältnisse, die rohen Bildungszustände in Rußland, das eigenthümliche Verhältniß der von errungener Selbstständigkeit zu glücklichen Eroberungskriegen übergehenden Stadt Nowgorod zu den russischen Großfürsten, gaben zu mancherlei Händeln und Kriegen Veranlassung, deren Wechselfälle auch die fremden Kaufleute durchzumachen hatten. Sie mußten bald mit dem Fürsten gegen Nowgorod, bald mit der Stadt gegen den Fürsten sich vereinigen, um einen möglichst vortheilhaften Frieden zu gewinnen, der von den Russen zwar mit öffentlicher Kreuzküssung bekräftigt, jedoch regelmäßig gebrochen wurde. Als ein Vertrag dieser Art zu Stande gekommen war, entstand ein neuer Streit in Folge des Umstandes, daß deutschen Kaufleuten auf der Landfahrt zwischen Nowgorod und Pleskow wie auch in Polozk viele Güter geraubt worden waren und es traten diesmal die Bürger von Nowgorod auf die feindliche Seite. Nach jahrelangen Verhandlungen kam mit Hülfe des Großfürsten Andrei Alexandrowitsch eine neue Kreuzküssung und die Bestätigung des alten Schutzbriefes zu Stande, doch schon im Jahre 1338 wiederholten sich jene Vorgänge. So ging es das ganze Jahrhundert unter wechselnden Kriegs- und Friedenszuständen, ohne daß die Kaufleute von Deutschland und Gothland das Ziel ihrer Handelspolitik, die Beherrschung des russischen Verkehrs von Gothland und Nowgorod, aus den Augen verloren. Deutsche und Gothen behaupteten nebeneinander in Nowgorod in wohlgeschützter und geordneter Niederlassung, trotz vielfacher Beraubung und Mißhandlung, die einmal gewonnene Handelsstellung und kamen in der Erwerbung der Handelsherrschaft, auch in dem unsicheren und unruhevollen 14. Jahrhundert, ihrem Ziele immer näher. Auch in den Verträgen mit andern nordischen Mächten gedachten sie ihres russischen Handels. Mit Dänemark, das damals noch über Estland und Kurland herrschte, schlossen sie verschiedene Verträge wegen freier Fahrt durch jene Länder bis zur Narowa und ebenso mit den Königen von Schweden, denen es in Finnland und Karelien nicht an Gelegenheit fehlte, dem deutsch-russischen Handelsverkehr lästig zu fallen.

Am wichtigsten für diese Handelsrichtungen war Livland, das mit seinem schiffbaren Strome, der Düna, die nächste und sicherste Durchfuhrstraße in die inneren und am meisten ausgebildeten Gebiete Rußlands bot. Diese günstige Lage hatte die Bremer zu dem ersten „Auffahren" der livländischen Küste veranlaßt, zur Gründung und zum raschen Aufblühen der Städte Riga, Reval, Dorpat, Pernau am meisten beigetragen und die Lübecker angeregt, für eine besondere lübische Handelscolonie in Livland im Jahre 1242 einen Freibrief zu erwerben, doch kam die Gründung derselben nie zu Stande. Dieselbe Bedeutung Livlands und seines Stromes sowohl für den über Gothland, wie für den direct nach Rußland gehenden deutschen Handel war das hauptsächste Mittel zur Förderung einer raschen und erfolgreichen Germanisirung und Colonisirung dieses Landes, woran die deutschen Städte und vor allen Lübeck den kräftigsten Antheil nahmen. So verdankt Livland den Bedürfnissen und Forderungen des deutschen Ostseehandels seine deutsche Kultur. In den preußischen Küstengebieten sehen wir die Bewohner der wendischen Städte hülfreich und thätig; bei der Gründung von Elbing, Memel, Riga, Reval waren vor allen die Lübecker betheiligt. „Das Blut eurer Väter und Brüder", schrieb der deutsche Orden im Jahre 1261 an die Stadt Lübeck, „hat das Feld des Glaubens in diesen Landen wie einen auserwählten Garten oft benetzt," und ebenso bekannten der Erzbischof von Riga wie der Bischof von Dorpat bei mannigfachen Gelegenheiten, daß durch die Opfer, die Mühen und das Blut der Kaufleute die junge Kirche in Livland und Estland zuerst zur Erkenntniß des Schöpfers geführt sei. Riga fordert zu Ende des 13. Jahrhunderts Hülfe von Lübeck gegen den deutschen Orden, denn auch „die Kaufleute hätten mit Rittern und Knappen ihr Blut um dieses Land vergossen", und ebenso erhebt die livländische Reimchronik, welche diese Eroberung des Christenthums besingt, neben den Rittern stets die kühnen Bürger und Kaufleute. Es darf daher nicht Wunder nehmen, daß diese Kaufleute hier mit den Ansprüchen unbedingter Heimathsberechtigung, mit den Absichten einer ungestörten Handelsherrschaft auftraten, und es gelang ihnen, seitdem Wisby aus der Reihe der hervorragenden Handelsstädte ausgeschieden war, Livland mit seinen Städten und Handelsstraßen in die wendischhansische Handelspolitik so hereinzuziehen, daß im Laufe der Zeit dieses Land ganz und gar in die Stellung einer abhängigen Handelscolonie herabgedrückt wurde. Zunächst gelang es den deutschen Kaufleuten, sich sowohl in den neuangelegten Städten Preußens, wie in den Städten Livlands, durch Verträge eine bevorrechtete Stellung zu sichern. Im Jahre 1253 ertheilte ihnen Erzbischof Albrecht von Livland Schutz gegen Strandrecht und Beraubungen an den Ufern der Düna und überall in Liv- und Estland, forderte alle christlichen Strandbewohner zur Hülfe bei Schiffbrüchen auf, und befreite die christlichen Seefahrer von allen Abgaben und Zöllen. Auch der Bischof Heinrich von Kurland erließ (im Jahre 1254) eine ähnliche Urkunde. Urkundliche Zusicherungen gleicher Art erwarben die

Kaufleute zu Ende dieses Jahrhunderts von dem Erzbischof und dem Heermeister in Livland, dem Bischof von Oesel.

Der wichtigste Mittelpunkt für den deutsch-russischen Handel war Nowgorod mit dem hansischen Komptorhofe. Nowgorod zeichnete sich unter den russischen Städten durch hervorragende Bildung und Energie der Bürgerschaft, durch einen verständigen und weitgreifenden Handelsgeist aus; es gelang ihr nicht nur, sich ein nicht unbedeutendes Gebiet zu erwerben, sondern sie wußte sich auch, dem Großfürsten von Rußland gegenüber, eine selbstständige Stellung zu sichern und sich ein nicht unbedeutendes Gebiet zu erwerben, während sie im Verkehr die Vermittelung des russisch-asiatischen mit dem nord-europäisch-deutschen Handel übernehmen konnte. Auch waren die Rechtszustände dieser Stadt sicherer, als an andern Orten Rußlands. Dennoch blieb die Stellung der Kaufleute immer noch gefahrbedroht genug, indem sie mit den kostbaren und vielbegehrten Erzeugnissen vorgeschrittener Bildung einem begehrungsvollen, raublustigen Volke gegenüberstanden. Dagegen bot aber das weite productenreiche russische Hinterland mit seinen handelslustigen und nach den Schätzen der west-europäischen Bildung begehrlichen Bewohnern ein höchst ergiebiges Feld für den hansischen Handelsgeist, ein ungesättigtes Absatzgebiet für die eigenen Erzeugnisse, für alle aus dem Süden und Westen herbeigeholten Waaren, eine unerschöpfliche Quelle von 'den überall begehrten Roh- und Halbrohwaaren, von dem zum Schiffsbau unentbehrlichen Mast-, Stangen- und anderem Nutzholz, von Hanf, Theer und Pottasche, den Erzeugnissen der russischen, polnischen und litthauischen Wälder, von Rindshäuten und trefflichem Juchtenleder, Hörnern und Klauen, Fleisch- und Fettwaaren, Flachs und Getreide, Wachs und Honig. In den ältesten Zeiten kamen auch morgenländische Gewürze und andere Kostbarkeiten die uralte Straße durch Rußland herauf an die Ostsee, doch versiegte dieser Waarenstrom, seit die italienischen Städte sich des Gewürzhandels bemächtigten, und in Rußland die Mongolenschwärme immer weiter vordrangen.

Am wichtigsten für das Alter und die Größe dieses Marktes zu Newgorod ist die älteste „Skra" des Hofes, welche etwa um's Jahr 1225 schriftlich aufgesetzt wurde und uns ein schon vollständig organisirtes Komptor darstellt. Ein Albermann stand der ganzen Niederlassung als Richter, als Leiter der inneren Verwaltung und als Vertreter nach außen vor, unterstützt von einem zweiten Albermann, der, nach der Kirche St. Peters genannt, die Verwaltung im Einzelnen führte und die von jenem richterlich erkannten Abgaben und Strafgefälle einzuziehen hatte. Das geringste Gewicht auf dem Hofe hatten die Landfahrer, die mit Karren und Lastwagen ihre Waaren zu Lande durch Preußen und Livland hereinführten, deshalb nur mit geringer Waarenmenge und kürzerem Aufenthalte den Handel betreiben konnten. Angesehener waren die Sommerfahrer, welche mit der Eröffnung der Fahrt in vereinter zahlreicher Flotte die Newa heraufkamen und mit großer Waarenfülle und Volksmenge den Markt belebten; aber auch sie segelten wieder vor Beendigung der Fahrzeit nach Hause. Die eigentlichen Herren des Hofes waren die Winterfahrer, die mit dem Schlusse des Herbstes flottenweise erschienen, während des Winters im Komptor sich, so gut es ging, heimisch einrichteten und unter allen den Gefahren, welche diese Handelsstellung mit sich brachte, ihre eigenen und die von den Sommerfahrern hinterlassenen Geschäfte besorgten, um dann mit Eröffnung der Fahrzeit nach Hause zurückzukehren. Jede Gruppe wählte bei der Ankunft, die Seefahrer nach dem Einlaufen in die Newa ihren besonderen Albermann. Der Albermann der Winterfahrer durfte sogleich nach seiner Ankunft auf dem Hofe nach Belieben ein Haus wählen und in dieses Haus aufnehmen, wen er wollte; dasselbe Recht hatte er in Bezug auf die Sitze in der gemeinsamen Winterstube, die als Gesellschafts- und Speisesaal allen Kaufleuten offen stand, und auf Küchen- und Kellerräume. Diese Winterstube hatte wieder eine besondere Ordnung; Niemand durfte bei Strafe von einer Mark Silbers sich zum Trinken setzen, sobald sich die Gesellschaft

vom Eßtisch erhoben hatte, Niemand auch dies Zimmer zur
Wohn= und Schlafstube benutzen. Von diesem Saale aus=
geschlossen waren die Knappen, Gesellen und Lehrlinge, die ihr
besonderes Eßzimmer und ihren besonderen Aldermann hatten
und, so lange eine Fahrt dauerte, von ihrem Miethsherrn bei
Strafe von 10 Mark Silbers nicht entlassen werden durften.

Der Grundbesitz des Hofes bestand aus einer großen An=
zahl von Wohngebäuden und Lagerräumen, mit der steinernen
Kirche St. Peters in der Mitte, und wurde mit ängstlicher Sorg=
falt bei Tag und Nacht gegen die Raublust und Gewaltthätig=
keit der Russen geschlossen gehalten und bewacht. Die Hofwarte
waren verpflichtet, zu jeder Zeit auf die äußere Ordnung im
Hofe zu achten und durften sich nicht niederlegen, bevor nicht
wenigstens drei von den Kaufherren oder Meistern, d. h. von
denen, die auf eigene Kosten im Hofe wohnten, zu Bette ge=
gangen waren. Sie hatten die Wache über die großen Hunde,
welche losgelassen wurden, sobald die Kaufherren zur Ruhe
gegangen, und waren verantwortlich für jeden durch dieselben
angerichteten Schaden.

Die neuere „Skra", zu Ende des 13. Jahrhunderts ver=
faßt, brachte zu der alten manche Erweiterungen. Sie ist schon
ein entschiedenes Zeugniß von der beginnenden Vorherrschaft der
Stadt Lübeck, denn sie stellt in allen Streitpunkten dieser
Stadt die letzte Entscheidung anheim und behandelt das lübi=
sche Recht durchaus als ihre Quelle. „Kein Kaufmann soll
von einem Russen Waaren auf Credit nehmen, bei Strafe von
10 Procent des Kaufwerthes und ebensowenig mit einem Rus=
sen, wie mit einem Fläminger oder Engländer eine Handels=
gesellschaft eingehen. Alles Gut, das auf den Hof gebracht
wird, soll von den Aldermännern und den Beigeordneten be=
schaut, kein schlechtes oder verfälschtes Wachs bei Strafe von
50 Mark Silbers von den Russen gekauft und in das Komp=
tor eingeführt und alles Wachs mit dem Siegel St. Peters
durch die Aldermänner selbst gestempelt werden." Mit großer
Mühe und großen Kosten hatte man von dem Fürsten von

Nowgorod erreicht, daß das von den Russen benutzte falsche
Wachszeichen gegen das echte und richtige wieder vertauscht
wurde; alles mit dem falschen Stempel versehene Wachs wurde
im Hofe verbrannt. Auch den Russen wurde, den Deutschen
gegenüber, Sicherung in Betreff der Güte der von diesen ein=
geführten Waaren gegeben.

Als Meister im Hofe galt, wer auf eigene Rechnung dort
wohnte; hatte er Knappen mitgebracht, so war er gehalten,
dieselben bei Strafe von 5 Mark wieder nach Hause zurückzu=
führen und abreisen mußte er, sobald er die mitgebrachten
Waaren verkauft und seine Angelegenheiten bereinigt hatte, die
Winterfahrer bis zum ersten, die Sommerfahrer bis zum letzten
offenen Wasser. Der Kleinverkehr wurde nur in einzelnen
Fällen erlaubt, Leinwand sollte nur in ganzen Stücken verkauft,
Tuch zu einzelnen Kleidungsstücken nicht verschnitten und unter
keiner Bedingung mit den Russen auf Credit gehandelt werden.
Kein deutscher Kaufmann sollte über 1000 Mark Waaren auf
den Hof zum Handel führen, der Ueberschuß verfiel an St.
Peter. — Auch hatte der Hof seinen besonderen Priester, der
im 14. Jahrhundert von Lübeck und Wisby gemeinschaftlich
auf ein Jahr gewählt wurde und zu den Winterfahrern in
engeren Verhältnissen stand als zu den Sommerfahrern. Diese
wie Jene aber mußten demselben jährlich 4 Mark Silbers zah=
len. Die Wahl des dem ganzen Hofe vorstehenden Aldermann=
nes fiel im Laufe des 14. Jahrhunderts den Abgeordneten der
Städte zu, während früher die Kaufleute unabhängig von die=
sen gewählt hatten. Die Ablehnung der Wahl zum Aldermann
wurde bei dritter Weigerung mit 50 Mark und dem Verlust
des Hofrechtes bestraft. Die Wahl selbst wurde einmal von
Lübeck, ein andermal von den Deutschen in Wisby aus=
geübt. Dem Aldermann wurden sogleich nach der Wahl von
den beiden Aelterleuten St. Peters die Schlüssel übergeben und
alle Aemter hörten auf, bis jener sie bestätigt oder zu Auftrag
übergeben hatte. Sogar das Recht über Leben und Tod, das

an allen andern Komptoren dem Landesherrn vorbehalten war, gehörte hier zu den Befugnissen des Aldermanns.

Nach der Mitte des 14. Jahrhunderts wurde wegen des großen Zuflusses von Handelsleuten die Komptor-Ordnung noch dahin erweitert, daß jeder, sobald er den Landungsplatz erreichte, wählen durfte, ob er innerhalb oder außerhalb des Hofes seine Waaren niederlegen wollte. Die Waarenhäuser auf dem Hofe, deren drei größere „Kleten" genannt werden, hatten nur beschränkten Raum, weshalb in jedem nur 24 Meistermänner und dazu auf des Dollmetschers Haus noch sechs ausstehen durften.

Jede Haushaltung des Hofes hatte wieder eine besondere Ordnung, einen selbstgewählten Vogt mit einem Meister und Knappen, als Gehülfen und Aufseher über jeden Zweig der Haushaltung. Der Vogt war für die Ordnung des Hofes verantwortlich, hatte jeden Sonnabend Gericht zu halten und durfte für alle Vergehen gegen die Ordnung Geldstrafen erkennen. Jedes Spiel, wobei über einen halben Vierding verloren werden konnte, war bei 10 Mark Strafe verboten, spielte aber Jemand in einem russischen Hofe, so zahlte er 50 Mark und verlor das Hofrecht. Wer den Andern erstach, hatte sein Leben verwirkt, wer ihn vorsätzlich verwundete, verlor die Hand, wer ihn schlug und ohne Grund schimpfte, zahlte eine Geldstrafe. Der Dieb wurde in gemeiner Versammlung gerichtet und kam an den Galgen.

Dies sind die wesentlichsten Grundzüge des hansischen Komptors zu Nowgorod.

10. Die Hansa und die Union der drei nordischen Reiche.

Die größte Bedeutung für die Hansa, den nunmehr vollendeten Bund der norddeutschen Städte, behielt das Verhältniß zu Dänemark und den nordischen Reichen. Bis zum Jahre 1370 hatte der Bund in Verbindung mit dem kriegerischen und staatsklugen Geschlechte der holsteinischen Grafen, die durch Waldemar IV. wieder erneuerte dänische Eroberungspolitik nachhaltig über den Haufen geworfen, den südlichen Theil der dänischen Halbinsel, das Herzogthum Schleswig oder Südjütland mit der Grafschaft Holstein verbunden, die Halbinsel Schonen in Besitz gebracht, die Regierung und Politik des dänischen Reiches vom eigenen Willen abhängig gemacht und den dänischen Einfluß über die deutsche Ostseeküste gänzlich gebrochen. Nach Waldemars Tode führte die Königswahl veränderte Verhältnisse und neue Verwickelungen herauf. Waldemar hinterließ von sechs ehelichen Kindern nur eine einzige Tochter, Margarethe, Gemahlin des Königs von Norwegen, Mutter des vierjährigen Prinzen Oluf. Von der älteren Tochter Ingeborg, der Gemahlin Heinrich des Hängers von Mecklenburg, war Albrecht mit wohlbegründeten Ansprüchen auf die dänische Königskrone vorhanden. Für ihn erhob sich jetzt, da sein Vater schon gestorben war, der Großvater Herzog Albrecht, warb in Dänemark eine Partei, verband sich mit den Grafen von Holstein, doch bevor er seine einleitenden Schritte beendigt hatte, war Margarethe, die norwegische Königin, selbst nach Dänemark gekommen und hatte die Wahl Olufs im März 1376 durchgesetzt. Auch von der Hansa, ohne deren Willen der Nachfolger Waldemars nicht gewählt werden sollte, gewann sie die Anerkennung, und Herzog Albrecht mußte, nachdem seine wohlgerüstete Flotte Schiffbruch gelitten hatte, einstweilen die Ansprüche seines Enkels fallen lassen.

Das dänische Reich war damals wieder in dem Zustande der größten politischen Unmacht und Verwirrung. Schleswig und Schonen waren in deutschen Händen, das übrige Reich durch Parteiung zerrissen, alle Bande des Gehorsams gelöst, die Meere ringsum durch zahllose Seeräuberbanden unsicher. Da die Hansa vor Allem den Seeräubereien, die hauptsächlich von den dänischen Küsten und Schlössern aus betrieben wurde, ein Ende gemacht wissen wollte, versuchte Margarethe eine Kriegsmacht dagegen aufzubringen, doch vermochte sie nur mit größter Mühe eine Flotte von neun kleinen Schiffen aufzustellen. Dieser Zustand währte indeß nur kurze Zeit, und bald gelang es der klugen Fürstin, Erfolge zu erringen. Zuerst erwarb sie gegen Erneuerung aller Handelsfreiheiten von der Hansa die schonischen Schlösser zurück, brachte durch Güte und Gewalt Schonen zum Gehorsam, ordnete das Verhältniß zu den holsteinischen Grafen in einer für sie vortheilhaften Weise, und richtete dann einen ewigen Frieden, ein Bündniß zur Wahrung der Ruhe zu Land und Meer auf. In öffentlicher Feier wurde die Belehnung vollzogen, und damit der Keim zu Jahrhunderte langen noch nicht beendigten Verwickelungen zwischen Dänemark und Deutschland gelegt. „Nun aber," sagt die Lübische Chronik, „ward sie mit ihrem Sohne des ganzen Reiches so mächtig binnen eines Vierteljahres, daß ihr im ganzen Reiche nichts abging."

Hiernach wandte sich die Königin zur Befriedung der Straßen und Meere und schloß zur Vertilgung der abligen Seeräuber zu Wardingborg einen Bund mit der Hansa. Da drohte der plötzlich eingetretene Tod des siebenzehnjährigen Oluf die Fürstin um die Früchte ihrer umsichtigen Thätigkeit zu bringen. Bald aber zeigte es sich, daß Margarethe in der Liebe des Volkes und in dem Vertrauen aller Parteien sich bereits in dem Maße befestigt hatte, daß ihr jetzt, der Königin von Norwegen und Schweden, auch das dänische Reich als der Herrin und dem wahren Könige huldigte. Mit Zustimmung des Reiches nahm sie im Jahre 1388 als Thronerben den sechsjährigen Schwestertochtersohn, Erich von Hinterpommern, an. Unterdessen hatte in Schweden König Albrecht, der Mecklenburger, durch Begünstigung des deutschen Elementes, die Parteien gegen sich aufgebracht, so daß der Adel jetzt der in Dänemark und Norwegen so glücklichen Margaretha die Regierung über Schweden antrug und ihr die Wahl des Nachfolgers gänzlich überließ. Albrecht sammelte sogleich ein Heer in Mecklenburg, wurde aber im Frühjahr des folgenden Jahres beim Schlosse Axelwalde, unweit Falköping, von dem Heere der Königin geschlagen und gefangen genommen. Dadurch kam Schweden bis auf Stockholm in die Hand der Königin und es entstand jetzt um den Besitz dieser Stadt und die Herausgabe des Gefangenen ein jahrelanger blutiger Krieg.

Für den Gefangenen kämpften die Stadt Stockholm, Herzog Johann von Mecklenburg und Rostock und Wismar. Ein großer Theil der Bürgerschaft von Stockholm bestand aus Deutschen, welche unter diesen Parteikämpfen die Oberhand gewannen und auf's Hartnäckigste und Erfolgreichste die Stadt gegen die belagernden Dänen und Schweden vertheidigten. Unterstützt wurden sie durch die sogenannten Vitalienbrüder, Seeräuberschaaren, welche von den mecklenburgischen Herzogen und beiden Städten Kaperbriefe erhielten und überall und gegen jeden den frechsten Seeraub begingen, den Namen aber erhielten, weil sie die belagerte Stadt mit Lebensmitteln, Vitalien, versorgten. Sie verheerten die Küsten Dänemarks und Norwegens, plünderten und verbrannten die Städte Bergen und Malmoe, behinderten nach allen Richtungen den Handel und machten Gothland mit Wisby zu ihrem Hauptsitz. Margarethe vermochte gegen sie nichts auszurichten, denn die dänische und norwegische Seemacht war so herabgekommen, daß die Königin in England drei Schiffe miethen mußte, um nur die nächsten Küsten zu schützen. Die Macht der Hansa, welche für die Sicherheit dieser Meere am meisten wachte, war ge-

lähmt, weil Rostock, Wismar und Herzog Johann mit den
Seeräubern im Einverständniß waren. Auch der Herzog unter=
nahm im Bunde mit den beiden Städten einige Kriegszüge
gegen die Königin, aber Sturm und Ungemach anderer Art
vereitelten jeden Erfolg. Nachdem der Krieg sieben Jahre lang
durch gegenseitige Seeräuberzüge und zwar zum größten Nachtheile des hansischen Handels fortgeführt worden war, erhob
sich endlich der Bund der Hansa mit Ernst zur Beilegung
desselben. Er sprach gegen Rostock und Wismar die Drohung
aus, sie mit Krieg überziehen zu wollen, wenn sie sich nicht
dem Gesammtinteresse des Bundes fügen würden, und beschloß
die Ausrüstung einer Flotte gegen die Königin Margarethe.
Sowohl dadurch, als durch nachdrückliche Vorstellungen erreichte
er es, daß ein dreijähriger Waffenstillstand zu Stande kam. Den
Bestimmungen desselben gemäß ward nicht nur die Belagerung
von Stockholm aufgehoben, sondern es erhielt auch der bis
dahin gefangen gehaltene König Albrecht, dem Gothland und
Wisby zugesprochen worden war, seine Freiheit zurück. Endlich war festgesetzt worden, daß die noch bestehenden Streitpunkte
innerhalb dieser drei Jahre beigelegt werden sollten. So war
es dem hansischen Bunde gelungen, ohne Kriegsführung den
Ausschlag zu geben.

Margarethe aber behielt die Aufgabe, die sie sich gestellt
hatte, unverrückt im Auge. Sie wollte unter dem Scepter
Erichs des Pommers die drei nordischen Reiche zu einem einzigen vereinigen, und es wurden ihre Bestrebungen in der
That mit Erfolg gekrönt.

Nachdem sie Dänemark und Schweden zu bewegen gewußt hatte, dem 14jährigen Fürsten die Nachfolge zu sichern,
gelang es ihr, die berühmte Union (13. Juli 1397) zu
Stande zu bringen, der zu Folge fortan über die drei Reiche
nur ein König herrschen sollte. Dadurch war Dänemark
mächtiger und für die Hansa und das deutsche Reich,
das sich um die nordischen Angelegenheiten nicht kümmerte, gefährlicher als je geworden. Hatte es doch unter seinen glück=

lichsten Eroberern nur über seine eigenen Kräfte geboten, während ihm jetzt die Macht der beiden andern nordischen Reiche dienstbar geworden war. Und an der Spitze dieser Gesammtmacht stand eine Fürstin, von der es zu erwarten war, daß sie eben so folgerecht, wie in der Vergangenheit, auch in der Zukunft vorgehen würde.

Dessenungeachtet verhielt sich der Bund der Hansa völlig unthätig; die Sache des Königs Albrechts ward gänzlich aufgegeben.

Jetzt richtete Margarethe auf die Ordnung der schleswigschen Verhältnisse ihr Augenmerk. Da der ebenso gefürchtete wie beliebte Graf Klaus noch an der Spitze des schleswigschen Grafenhauses stand, so trat sie zunächst nur gegen diesen mit dem Verlangen hervor, sich mit dem Herzogthume belehnen zu lassen. Es ward ihr willfahret, aber die Belehnung fand in einer Weise statt, die wegen ihrer mangelhaften Form Anlaß zu neuen Streitigkeiten gab, indem nach dem Tode des Grafen Klaus von dänischer Seite behauptet wurde, es sei nur ein persönlicher Dienst=Vertrag, kein erblicher Lehns=Vertrag aufgerichtet worden. Da unterdessen auch der junge Herzog Gerhard im Kampfe gegen die Ditmarsen gefallen war, wußte die kluge Margarethe das Vertrauen der verwittweten Herzogin Elisabeth in dem Maße zu gewinnen, daß diese ihr die unmündigen Prinzen zur Erziehung anvertraute, ein schleswigsches Schloß nach dem andern an Margarethe verpfändete und zuletzt sich und ihr Herzogthum ganz unter Margarethe's und ihres Sohnes Schutz stellte. Bald darauf jedoch kam es zwischen den beiden Fürstinnen zum Bruch, und da Margarethe sich weigerte, die verpfändeten Schlösser heraus zu geben, zu offenem Kriege, in welchem die Dänen aufs Haupt geschlagen wurden. Hiernach erfolgte ein fünfjähriger Waffenstillstand, in welchem festgesetzt wurde, daß, wenn nach Ablauf desselben keine Einigung erzielt sei, die Streitsache nach dänischem Rechte durch sechs Schiedsrichter geschlichtet werden sollte. Ein Jahr darauf starb Margarethe, und nun drängte der unruhige und unbesonnene Erich um so ungestümer zur Entscheidung.

Zunächst verfolgte der König Erich den Rechtsweg. Die dänische Reichskanzlei entschied gegen die Holsteiner und erklärte das Lehn für verwirkt. Darauf brach offener Krieg aus und Erich brachte im Jahre 1415 das ganze Herzogthum Schleswig in seine Gewalt, doch eroberten die jungen Grafen in den nächsten drei Jahren mit Hülfe ihres Oheims, des kriegerischen Bischofs Heinrich von Osnabrück, einen großen Theil des Herzogthums zurück, mußten aber die Stadt Schleswig in des Königs Erich Händen lassen. Heinrich eilte hierauf nach Hamburg, um diese Stadt und die Hansa als den natürlichen und nothwendigen Bundesgenossen gegen die dänische Eroberungspolitik in Bewegung zu bringen. Er traf hier zugleich mit der Nachricht vom Falle Schleswigs ein, sprach auf offener Brücke von seinem Wagen herab — er war vom Podagra ganz gelähmt — zu dem Rath und den Bürgern, brachte alle Noth und Kämpfe in Erinnerung, die jemals von Seiten Dänemarks über Hamburg und Holstein ergangen waren, schilderte die Gefahr, welche ihnen für die Zukunft von dem vereinigten nordischen Reiche bevorstehe, wenn nicht in Südjütland dem Vordringen des Reichserbfeindes eine Grenze gesetzt werde, und gewann die Stadt so sehr, daß sie eine freiwillige Kriegshülfe gegen Dänemark zusicherte, 600 Schützen sogleich nach dem bedrohten Gottorp sandte und Schiffe und Reisige in großer Zahl zu rüsten begann. Auch die Herzoge von Braunschweig und Lüneburg und Graf Otto von Hoya, im vollen Bewußtsein der ihnen von Norden her drohenden Gefahr, eilten zu Hülfe; doch führte der neu begonnene Krieg noch zu keiner Entscheidung und die Hoffnung, friedliche Zustände wieder zu erleben, zog sich mehr und mehr in die Länge.

Da nahm sich der Bund der Hansa — am thätigsten zeigten sich dabei die wendischen Städte, die am meisten bei der gänzlichen Niederlegung des Seehandels durch die Seeräubereien zu leiden hatten — der Sache an. Lübeck, Rostock, Wismar und Lüneburg vermittelten zunächst einen Waffenstillstand auf ein Jahr, der nach Ablauf dieser Zeit auf zwei Jahre erneuert wurde. Der Einfluß der Hansen war so entscheidend, daß ihnen der König als Pfand bis zu erfolgtem Schiedsrichterspruch die eroberte Stadt Schleswig überließ, welche sie aber, da die Feindseligkeiten nicht aufhörten, den Holsteinern zurückgaben. Um so gewaltiger rüstete (1420) der dänische König, verheerte die Insel Femarn, erlitt aber auf dem Festlande von den holsteinischen Grafen eine große Niederlage. Auf's Neue wurde durch Lübeck ein einjähriger Waffenstillstand vermittelt. Im Februar 1424 begab sich König Erich zum Kaiser Sigismund nach Krakau und unternahm von hier aus, nachdem er sich des kaiserlichen Spruches versichert zu haben glaubte, eine Pilgerfahrt nach Jerusalem. Im Juni 1424 erfolgte der kaiserliche Spruch, dahin lautend, daß ganz Südjütland, mit Schleswig, Gottorp, dem dänischen Walde, der Insel Alsen und der Provinz Friesland mit allen Rechten und Zubehör dem Könige und dem Reiche Dänemark gehört habe und gehöre und den holsteinischen Grafen kein Lehnrecht daran zustehe. Die Grafen, mit diesem Urtheil höchst unzufrieden, gingen von dem Kaiser an den Papst. Dieser mahnte zum Frieden, fand jedoch auf beiden Seiten kein Gehör. Im Frühling des Jahres 1426 stand Erich wieder mit großer Kriegsmacht vor Schleswig, doch sein dreifaches Reich war, wenn auch nicht an Mannschaft, doch an Geld- und Kriegsmitteln durch die langen erfolglosen Kriege erschöpft. Er mußte, um sein Heer zu erhalten, dem Lande unerschwingliche Steuern auflegen, verringerte den dänischen Münzfuß, der schon um die Hälfte leichter war, als der Lübische, noch um drei Viertheile und gebot bei Verlust des Vermögens jedem Unterthan, solche fast werthlose Münze zu vollem Nennwerthe anzunehmen und allein im Verkehre zu gebrauchen. Die Folge war, daß der Einfuhrhandel der Fremden und insbesondere der hansischen Städte sofort aufhörte und nur Waare gegen Waare getauscht wurde. Darüber kam es mit der Hansa und Lübeck, das im engsten Verkehr mit Dänemark stand, zu mancherlei Verhandlungen, die aber so wenig wie die wiederaufgenommenen Friedensunterhandlungen zu einem Ergebniß führten.

Auch im Felde hatte der König Unglück. Sechshundert der Seinigen fielen mit ihren Kaperschiffen von ihm ab, während er vor Schleswig lag, und raubten seine eigene Transportflotte. Seine nordische Kriegsflotte erlitt vor der Schlei empfindliche Verluste. Dazu kam, daß jetzt auch die Lübecker durch Herzog Heinrich für den Krieg gegen das gefährliche Unionsreich gewonnen wurden und, da ihre und der übrigen wendischen Städte Forderung, Südjütland an die Holsteiner als Lehn zurückzugeben, abgewiesen wurde, diese Städte mit Hamburg und Lüneburg auf dem Tage zu Rostock den Bundeskrieg gegen den König Erich beschlossen. An einem Tage trafen verabredetermaßen alle Absagebriefe beim Könige, jeder durch einen besonderen Boten, zugleich ein und alsbald warf sich auch der kriegerische Herzog Heinrich mit Ungestüm auf die dänischen Befestigungen und Heerestheile. Seine nächste Absicht ging dahin, mit der dänischen Flotte vereint Flensburg zu erobern. Doch Regen und widrige Winde hinderten für dieses Jahr — denn es war schon Spätherbst — die im Hafen von Wismar versammelte Flotte von 100 Schiffen mit 6000 Bewaffneten am Auslaufen. Im April des folgenden Jahres 1427 ging die Bundesflotte in See, plünderte die dänischen Inseln und legte sich vor Flensburg, während die Holsteiner die Stadt von der Nordseite einschlossen. Als aber Herzog Heinrich um's Leben kam, kehrte die Flotte, ohne etwas ausgerichtet, oder auch nur unternommen zu haben, trotz der flehenden Bitten des Herzogs Adolf, zurück. Die Städte waren auf's Heftigste erzürnt über eine derartige Kriegführung. Die Hamburger schlugen ihrem Rathsherrn Johannes Pletzke, dem sie den Oberbefehl anvertraut hatten, das Haupt ab.

Noch im Juli desselben Jahres ging eine neue Bundesflotte in See, wozu diesmal nur die Städte Lübeck, Stralsund, Wismar, Hamburg und Lüneburg ihre Schiffe vereinigt hatten.

Sie bestand aus 36 so großen und trefflich gerüsteten Schiffen, daß der Chronist sie neben den feindlichen dänischen mit Kirchen neben Kapellen vergleicht, war mit 4000 Bewaffneten bemannt und stand unter dem Befehl des Lübecker Bürgermeisters Tidemann Steen. Ihre Hauptbestimmung war, die hansischen Handelsflotten, welche um diese Zeit von zwei Seiten her den Sund passiren mußten, — die sogenannte preußische von Osten her mit den Erzeugnissen der preußischen und russischen Länder, die Bay- oder biscayische Flotte von Westen her mit den Waaren des südlichen Europa's — gegen die im Sunde liegende dänische Kriegsflotte zu schützen. Der Führer sollte in dem Sunde weilen, bis jene Handelsflotten denselben passirt hätten. Doch bevor die Handelsschiffe sich sehen ließen, stieß die hansische Kriegsflotte im Sunde auf die dänische, die aus 33 wohlbemannten Fahrzeugen bestand, theilte sich in zwei Theile, deren einen die Hamburger, den andern die Lübecker führten, und begannen den Kampf. Die Hamburger geriethen mit ihren größeren Schiffen in dem engen seichten Wasser auf den Grund, wurden abgeschnitten, überwältigt und mußten sich trotz der tapfersten Gegenwehr mit ihrem Bürgermeister Heinrich Hoyer ergeben. Erst nach mehreren Jahren wurden die Gefangenen aus dem Thurm zu Kopenhagen, um 1000 Mark Lübisch, gelöst. Die Lübecker kämpften zuerst glücklicher und zwei Lübecker Schiffe nahmen ein dänisches und schwedisches; als aber Tidemann Steen mit seinem Schiff vor einem angreifenden dänischen auswich, folgten auch andere Schiffe diesem Beispiele und die dadurch entstandene Verwirrung zwang den Führer, das Zeichen zum Rückzug zu geben. Wenige Stunden darauf erschien die reich befrachtete Flotte aus der Nordsee, segelte im Vertrauen auf das zugesagte Geleit in den Sund, wurde sogleich von den Dänen angegriffen und mußte nach hartnäckiger Vertheidigung 40 Schiffe, zwei Drittheile der ganzen Flotte, in feindlicher Gewalt zurücklassen.

Diese erfolglosen Anstrengungen, verbunden mit dem schweren Verlust, der den gesammten norddeutschen Handelsstand

traf, erregten die Bürgerschaften in den einzelnen Städten zu
dem heftigsten Zorn gegen ihre Räthe, die sie des verrätherischen Einverständnisses mit den Dänen beschuldigten. In Lübeck
wandte sich die Volkswuth gegen Tidemann Steen, der nur
mit Mühe durch den Bischof vor dem Schicksale Pletzke's bewahrt
wurde. In Rostock vertrieben die Bürger ihre Bürgermeister
und entsetzten ihren Rath. In Stralsund entging der Rath
nur mit Mühe und Noth der beschlossenen Ermordung. In
Wismar wurden der erste Bürgermeister und ein Rathsherr
hingerichtet. Es war die wohlbegründete Furcht, die sich hier
Luft machte, daß dieser Städte Freiheit und Handelsherrschaft,
da sie beim deutschen Reiche nicht die mindeste Stütze fanden,
dem Einflusse eines großen Dänenreiches anheimfallen müßten,
sobald sie selbst versäumten, durch Vereinigung ihrer Streitkräfte zur See und einen Bund mit den Holsteinern auf Tod
und Leben dem Unionsreiche die sichere Grenze zu setzen.

Indeß hatte der König Erich es erlangt, daß der Kaiser
einen Commissarius nach Lübeck und Holstein sandte, um abermals zu untersuchen und ein Urtheil zu sprechen. Während
Letzterer aber noch durch kaiserliche Briefe von der deutschen
Partei Gehorsam gegen ein Urtheil, dessen Entscheidung jeder
voraus wußte, forderte, erschien schon eine neue Flotte der
Städte aus 260 Schiffen mit 12,000 Bewaffneten, unter alleiniger Führung des Grafen Gerhard, in See und legte sich vor
Kopenhagen. Zugleich sollte sie das feste Schloß Helsingör
zerstören, von wo aus der dänische König die Schifffahrt durch
Sundzölle brandschatzte. Die Flotte erschien, bevor die dänische hatte auslaufen können und belagerte diese im Hafen von
Kopenhagen. Es entspann sich zwischen den Kriegführenden
ein langer und heftiger Kampf, wie das Mittelalter bis dahin
noch keinen gesehen hatte. Mehr als 200 Stücke Geschütz donnerten gegen einander. Die Hansen zimmerten aus gekappten
Masten ein großes Floß, besetzten es mit Kanonen und Wurfgeschütz, legten sich mit demselben unmittelbar vor den Hafen
und vernichteten eine Menge dänischer Schiffe, vermochten es

jedoch nicht, in den Hafen einzubringen. Da beschlossen sie, denselben durch Versenkung von Schiffen auf immer unbrauchbar zu machen und die dänische Flotte darin einzusperren. Aber auch bei diesem Vorhaber verfolgte sie Unglück oder Ungeschick. Während die Hamburger und Lübecker mit Steinen schwer beladene Schiffe zur Rechten und Linken richtig der Quere nach versenkten, ließen die Wismarer in der Mitte ihre Schiffe der Länge nach auf den Grund, so daß beim nächsten günstigen Zeitpunkte die ganze dänische Flotte auslief und die Umgebungen des Hafens so sicherte, daß die Hansischen alle weiteren Versuche gegen sie aufzugeben sich genöthigt sahen. Dafür plünderten sie nun aber die Küsten und entsandten den Bartel Voet mit einer Flotte von Vitalienschiffen nach Bergen, wo sich die Engländer während des Krieges festgesetzt und zum großen Verdrusse und Nachtheile der Hansen Fischfang und Handel trieben. Bergen wurde erobert, ausgebrannt und geplündert und im nächsten Jahre durch dieselbe Flotte das Zerstörungswerk vollendet, wodurch die Bürgerschaft von Bergen in Armuth und in vollständige Abhängigkeit von den Hansen gebracht wurde. Die hansische Flotte gewann in den Jahren 1428 und 1429 ein solches Uebergewicht, daß Erich es kaum wagen durfte, irgendwo offenen Widerstand zu versuchen; eine unermeßliche Beute jeder Art fiel in die Hände der Hansa und der Vitalier.

Das Unionsreich neigte zum Frieden, ebenso die Gesammtheit der wendischen Städte, die, trotz der letzten Erfolge, immerhin herbe Verluste zu beklagen hatten. Ihr Seehandel lag darnieder und während sie in schweren Kriegen ihre Mittel erschöpften, gewannen die Handelsstädte der Nordsee auf den unfreiwillig verlassenen Handelsmärkten die Oberhand. Da nun auch der deutsche Orden vermittelnd eintrat, so kam unter der Bedingung, daß Herzog Adolf Schleswig als erbliches Lehn behalte, im August 1432 ein fünfjähriger Waffenstillstand zu Stande, dem im Jahre 1435 der Friede mit allen drei nordischen Reichen folgte. Die vier Städte Lübeck, Hamburg,

Wismar und Lüneburg erhielten alle Freiheiten, welche sie vor
hundert Jahren besessen hatten, in den drei Reichen bestätigt
und jede Erhöhung des Sundzolles und anderer Zölle wurde
abgeschafft. Von gegenseitiger Kriegsentschädigung war keine
Rede und Erich verzichtete auf alles Recht, welches das Urtheil des Kaisers ihm geben könnte. Adolf behielt, aber nur
unter dem Namen eines Grafen, was von Schleswig in seiner
Gewalt war, dazu Femarn und Friesland als Lehn zu fried-
lichem Besitz. Zwei Jahre nach seinem Tode aber möge jeder
Theil sich von Neuem seines Rechtes bedienen.

11. Die Seeräuberkriege der Hansa.

Wir haben schon einige Mal im Lauf unserer Darstellung
der Seeräuber oder Vitalienbrüder Erwähnung gethan, welche
während der letzten Seekriege gleich Plänklern beide Parteien
begleiteten. Mit den Seekriegen jener Zeiten waren die Kaperei
und der vereinzelte Seeraub unzertrennlich verbunden. Nur
die Hansa war mit größter Anstrengung im Stande, alljährlich eine oder sogar mehrere Kriegsflotten in See erscheinen zu
lassen, bei allen andern löste sich der Seekrieg bald in Kaper-
züge auf; jede Partei suchte der anderen wo und wie nur irgend
möglich Abbruch zu thun. Die Holländer, Engländer, Fran-
zosen, Norweger, Dänen und auch die Hansen kämpften auf
diese Weise gegen einander zur See und so müssen wir allerdings einen großen Theil des in dieser Zeit als Seeraub bezeichneten Unfugs nur als eine besondere Art des Seekrieges
auffassen. Gegen Ende des 14. und in der ersten Hälfte des
15. Jahrhunderts entwickelte sich aber (während der deutsch-
dänischen Kriege) die Seeräuberei in einer ausschweifenden und
höchst eigenthümlichen Weise. Wir finden zahlreiche, fest zu

einander haltende Banden von Seeräubern, die mit gefürchteten, meist adeligen Führern an der Spitze, bald einer Partei allein, bald beiden, je nach Gelegenheit und Vortheil, angehörten, und die Jahrzehnte hindurch die Wege der Ost- und Nordsee dermaßen gefährdeten, daß ganze Flotten gegen sie ausgerüstet und mit ihnen wie mit selbstständigen Mächten Friedensverträge aufgerichtet werden mußten.

Wir haben schon früher auf die Kriegszüge aufmerksam gemacht, welche die wendischen Städte gegen den benachbarten Adel zum Schutz ihrer Land- und Handelsstraßen unternahmen. Im Lauenburgischen und Ratzeburgischen, in Mecklenburg, Pommern und der Mark Brandenburg finden wir die Raublust und Fehdesucht des Adels so unermüdlich und unvertilgbar, wie die strafenden Kriegszüge der Bürger blutig und unerbittlich. Schon im Jahre 1283 war durch den Einfluß jener Städte der Rostocker Landfriede geschlossen worden, in Folge dessen durch den kriegerischen Ernst der Lübecker eine große Menge lauenburgischer und ratzeburgischer Raubschlösser gebrochen wurden. Das Uebergewicht der vereinigten Städte gegen den vereinzelten Adel war bald so entschieden, daß die bedeutenderen Fürsten sich meistens jenen anschlossen und im engsten Bunde mit ihnen überall den räuberischen Uebergriffen des Adels kräftig entgegentraten. Albrecht II. der Große, Herzog von Mecklenburg, einer der bedeutendsten Fürsten des damaligen Nord-Deutschlands, verfolgte während einer langen, glücklichen Regierung im 14. Jahrhundert den Plan, durch den Bund mit der Hansa, durch Förderung des städtischen Wesens und Niederhaltung des fehde- und raublustigen Adels sein Haus und Land zu politischer Größe zu erheben, mit solchem Erfolge, daß er seinen Sohn Albrecht, wie wir gesehen haben, den schwedischen Thron konnte besteigen sehen. Im Januar 1338 schloß er mit den Städten den Landfrieden zu Lübeck, der, von dem Fürsten und den Städten mit gleicher Umsicht und Thatkraft aufrecht erhalten, eine Hauptbedingung zu der Entwickelung des norddeutschen Städtewesens wurde. Was aber die Städte und das herzogliche Haus an

Macht gewannen, wurde dem mit blutiger Strenge unterdrück=
ten Adel entzogen. Sogleich nach Albrechts Tode, im Jahre
1379, erhob er sich deshalb von Neuem zu erbitterten Fehden,
fand aber an Heinrich dem Hänger einen unerbittlichen Straf=
richter. Dieser knüpfte, wie die Sage erzählt, ritterliche Räu=
ber auf der Landstraße mit eigener Hand auf. Aber auch ihn
überlebten, als er im Jahre 1383 starb, Fehde und Raub in
allen Wäldern und Straßenengen, bis sich die Städte wieder
mit neuer Kraft zu unerbittlichem Rachezuge erhoben, und
es gelang ihnen, die gefährlichsten Schlösser dieser Gegend
(i. J. 1385) zu zerstören.

Diese Erfolge des Bürgerthums in einem flachen, überall
offenen Lande ließen dem Adel, der sein Fehderecht nicht auf=
geben wollte, kaum einen Fußbreit Landes zur unangefochtenen
Zuflucht und trieben ihn dahin, wo der Feind seine größten
Reichthümer gewann und seine verwundbarste Seite darbot.
Schon lange war der Adel der norddeutschen Küsten mit dem
Seeleben vertraut und theilte die Neigung und Befähigung
dazu mit dem bürgerlichen Kaufmann. Im Jahre 1187 hatte
Graf Adolf von Holstein in der Mündung der Trave einen
Thurm unter dem Vorgeben gebaut, die Seeräuber von der
Trave fern zu halten, in der That aber, um selbst Seeraub zu
üben. Hamburg und Lübeck schlossen 1239 ihren Bund zur
Sicherung der Ost= und Nordsee, und 1241 rüsteten sie ge=
meinsam eine Anzahl Schiffe aus, um Elbe und Trave gegen
den Seeraub zu schützen. Ebenso verband sich im Jahre 1280
die deutsche Gemeinde zu Wisby mit Lübeck zu gemeinsamer
Befriedung der Ostsee auf zehn Jahre. Das ganze 14. Jahr=
hundert hindurch finden wir die Stadt Hamburg in vielfachem
Kampfe mit Seeräubern in der untern Elbe, und die Kammer=
rechnungen der Stadt weisen nach, wie alljährlich der Vogt
mit seinen bewaffneten Gesellen zu Land und See ausgesendet
wurde. Häufig unterhielt der Adel auf seinen festen Schlös=
sern am Strande und an den Flußufern Lootsen und Strand=
feuer, um Kauffahrer in gefährliches Fahrwasser zu locken und

danach gegen die Schiffbrüchigen ein räuberisches Strandrecht auszuüben. So wuchs mit dem Handel und der Herrschaft der Städte zur See auch die Befehdung derselben, der Seeraub empor, der dann unter der Gunst der großen dänischen Kriege und durch Förderung der einzelnen Parteien, welche denselben als Waffe gegen den Gegner gebrauchten, sich zu solchem Umfange ausdehnte, daß die ordnungs- und heimathlosen Banden als eine politische Macht aufzutreten vermochten und ihre Bewältigung der größten Seemacht des Mittelalters, der deutschen Hansa, schwere Opfer und Anstrengungen auferlegte.

Die Königin Margarethe gebrauchte zuerst diese Art der Kriegführung im Großen gegen die überlegene Macht der Hansa, als sie für ihren Sohn Oluf die Regierung des dänischen Reiches übernommen hatte. Sie gewährte den Seeräubern seit 1381 in ihren festen Küstenschlössern unter der Bedingung sichern Schutz, daß sie mit ihren Räubereien die Städte und deren Handelsschiffe bedrängten. Von den Küsten Seelands aus durchschwärmten ihre Schaaren jetzt den ganzen Sund und verheerten hauptsächlich Schonen, den Hauptstapelplatz des hansischen Handels. An ihrer Spitze werden meistens holsteinische Adelige genannt, Henning von der Ost, Schwarzhaupt, Rambow, der zwischen Helsingborg und Seeland von den Hansischen gefangen und mit zehn Gesellen hingerichtet wurde, u. A. Margarethe mußte endlich dem Drängen der Hansa nachgeben und ihre kleine Flotte von neun Schiffen zu den hansischen zur Vertilgung der Seeräuber stoßen lassen. Statt zur Vernichtung kam es aber (1382) zu einem Friedensschlusse mit den Seeräubern; wer die Absicht hegte, den Andern feindlich zu bekriegen, der sollte gehalten sein, den Frieden vier Wochen vorher aufzukündigen. Der Rath von Lübeck sollte diese Aufkündigung von Seiten der Seeräuber, der Drost Henning von Putbus von Seiten der Städte in Empfang nehmen. Schon im folgenden Jahre war die Ostsee wieder so unsicher, daß der Hochmeister von Preußen die preußische Schifffahrt ganz einstellen ließ und die Hansen eine Tagfahrt nach der andern hielten, ohne zu einem entscheidenden Entschlusse zu kommen. Nun kam zu Stralsund zwischen dem Orden, den Städten und der Königin ein neues Bündniß gegen die Seeräuber, die Niemand mehr schonten, zu Stande, und es wurden dieselben durch eine vereinte Flotte von 14 Schiffen und 150 Wäppnern in den Jahren 1384 und 1385 mit Erfolg bekämpft.

Um aber für die Dauer auf der Ostsee Frieden zu schaffen, gaben die Städte den Krieg gegen die Seeräuber gleichsam in Accord, indem sie mit Wulveken Wulflam, dem Hauptmann eines von ihren Schlössern auf Schonen, einen Vertrag abschlossen und ihm, außer der Zusicherung eines Jahrgehaltes von 5000 Mark, ein großes Schiff mit mehreren kleinern Snycken und Schuyten nebst 100 Bewaffneten und aller Ausrüstung und Geschütz gaben, damit er die Fahrt von Ostern bis Martini gegen Seeräuber schütze. Lübeck, Wismar, Rostock und Stralsund übernahmen die Schiffe und ihre Ausrüstung mit sechs Kanonen und sechs Tonnen Pulver und wurden von der Hansa ermächtigt, die Kosten durch Erhebung eines Pfundzolles zu decken. Wulflam vollzog seinen Auftrag so gut, daß der Vertrag im nächsten Jahre erneuert wurde. Dennoch erzwangen die Seeräuber, die jetzt bei den Grafen von Holstein Schutz fanden, daß auf der Tagfahrt zu Wordingborg 1386 mit ihnen von Seiten Dänemarks, Norwegens und der Hansa ein neuer förmlicher Frieden mit vierwöchentlicher Aufkündigung geschlossen wurde, ihre Hauptleute, Schinkel, Knut, Ranzow, van Osten erhielten eine vierjährige Waffenruhe, mußten aber dänische Edelleute als Bürgen stellen.

Unterdessen wurde der König Albrecht auf Lindholm gefangen gesetzt und Margarethe anerkannte Herrin von Schweden, nur Stockholm und eine Anzahl schwedischer Schlösser blieben in der Gewalt der Deutschen. Albrechts Partei in Mecklenburg, der Herzog Johann und die Städte Rostock und Wismar unternahmen gegen Margarethe den schon geschilderten Krieg und griffen jetzt zu demselben Mittel, das früher die Königin gegen die Hansa gebraucht hatte, das ihnen selbst aber

und der ganzen Hansa zum größten Schaden gereichen sollte.
Die beiden Städte ertheilten "Stehlbriefe", Kaperbriefe, durch
welche sie Alle, die auf eigene Gefahr, Kosten und Gewinn
gegen Dänemark und Norwegen kriegen und zugleich das belagerte Stockholm mit Bedürfnissen versehen wollten, aufforderten, sich in Rostock und Wismar bewaffnet einzufinden, und
ihnen freie Aus- und Einfahrt, Bergung und Verkauf ihres
Raubes zusicherten. Zu demselben Zwecke öffnete Herzog Johann seine Häfen Ribnitz und Golwitz. "Es lief zusammen,"
sagt Reimer Kock in seiner Chronik, "ein herrenlos Volk aus
allen Gegenden: Hofleute, Bürger aus vielen Städten, Amtsknechte, Bauern; sie sprachen, sie wollten ziehn auf die Königin
von Dänemark zu Hülfe dem Könige von Schweden und Niemand zu nehmen noch zu rauben; sie bedrohten aber leider die
ganze See und alle Kaufleute und raubten beide auf Freund
und Feind, daß die schonische Fahrt niedergelegt ward wohl
drei Jahr." — Der ausgesprochene Zweck, Stockholm mit Victualien und Kriegsbedürfnissen zu versorgen, gab ihnen den
berüchtigt gewordenen Namen Victualien- oder Vitalienbrüder, Vitalier, die Räubersitte, die gewonnene Beute unter einander gleich zu vertheilen, den Namen Likendeler,
Gleichtheiler. Die Schutzherren verboten ihnen zwar ausdrücklich, einen Kauffahrer zu schädigen, und erließen zugleich an
die Mitglieder der Hansa Briefe, die vor jeder Unterstützung
der Dänen warnten, da man sonst für Feindseligkeiten von
Seiten der Vitalier nicht einstehen könne. Was half aber der
Hansa die Plünderung dänischer Küstenplätze, wenn sie stets
für die eigenen Handelsschiffe Raub fürchten und erfahren und
mit schweren Kosten bewaffnete Schiffe in See halten mußte?
Außerdem hatte sie für den König Albrecht jede Parteinahme
aufgegeben und Aussicht, von Margarethe denselben Schutz für
die alten Handelsfreiheiten zu erhalten. Sie wollte nur eine
unbehinderte neutrale Stellung zwischen den Parteien und
ungestörten Seehandel, verlangte deshalb die unbedingte Achtung vor jeder neutralen Flagge, nach dem Grundsatz: "frei

Schiff, frei Gut," — doch vergeblich, denn die beiden Städte
waren bald selbst der losgelassenen Banden nicht mehr mächtig.

Die Führer der in diesem Kriege raubenden Banden waren
fast alle aus angesehenen mecklenburgischen Geschlechtern.
Am häufigsten wird als ihr Hauptmann genannt Marquard
Preen, aus dem Geschlechte der Preen auf Davermoor. Im
Jahre 1357 verpflichtete sich Hennecke Preen mit seinen drei
Söhnen Johann, Heinrich und Gottschalk durch Urkunde, mit
ihrem ganzen Geschlechte dem Herzog Albrecht gegen alle seine
Feinde zu jeder Zeit zu Diensten bereit zu sein, und so lange
der Krieg um Albrechts Befreiung dauerte, finden wir Marquard
als einen der thätigsten und kühnsten Seeräuber gegen
die Dänen, wobei er freilich auch seinem Hasse gegen das
Bürgerthum, dem sein Geschlecht vor Güstrow erlegen war,
hinlänglich Luft verschaffte. Ein zweiter Führer war Bosse
von Kaland, urkundlich als Ritter bezeichnet, Glied eines
längst ausgestorbenen alten Geschlechtes; ein dritter Arnd
Stük oder Stuck, gleichfalls aus rittermäßigem Geschlecht,
desgleichen Heinrich Lüchow, Henning Manteuffel und
Moltke. Alle diese adeligen Führer verschwanden vom Schauplatz
des Seekrieges mit der Befreiung Albrechts, um dann
anderen, weit mehr gefürchteten Männern Platz zu machen, die
jetzt aus dem Seeraub gegen Jedermann ein Gewerbe machten und
sich dabei von den politischen Parteien, doch ohne alle andere
Absicht, als Beute zu machen, in Sold nehmen ließen. Diese
zweite gefährlichere Periode der Seeräuberkriege beginnt nach
Albrechts Befreiung 1395 und dauert bis zur Unterwerfung
Ostfrieslands unter das Haus Cirksena 1434. In der ersten
Periode ist der Raub an hansischen Handelsschiffen Nebensache,
Folge des Privathasses der adeligen Führer, das Hauptziel ist
Albrechts und Stockholms Befreiung und Krieg gegen Margarethe,
also eine politische Aufgabe; in der zweiten Periode
nach 1395 ist der Raub der einzige Zweck der Piraten.

Aus den Seeräuberkriegen der ersten Periode sind uns
Einzelzüge bewahrt, die ebensosehr für die Schifffahrts- und

Kriegskunde der Piraten, wie für die ernstlich gemeinte Bekämpfung derselben von Seiten des erzürnten Bürgerthums Zeugniß ablegen. Im Jahre 1391 griff eine Vitalierbande ein großes Stralsunder Kauffahrteischiff auf offener See an, wurde aber von der tüchtigen Bemannung desselben überwältigt und, wer nicht im Kampfe blieb, gefangen genommen. Die Stralsunder wußten, um hundert so gefährliche Gäste auf einem Schiffe in Verwahrsam zu halten, kein besseres Mittel, als daß sie dieselben in leere Fässer so verpackten, daß nur der Kopf mit dem Halse herausragte; in Stralsund wurden sie dann ohne weitere Umstände hingerichtet. Im folgenden Jahre beherrschten die Vitalier von Gothland und Wisby aus, welche mit ihren alten Mauern, Schlössern, Thürmen und Häfen die sichersten und günstigsten Zufluchtsorte boten, die ganze Ostsee. Die Hansa mußte den Befehl erlassen, daß nie weniger als zehn Handelsschiffe zusammen durch den Sund segeln sollten, und wer dawider handle, erhalte in fünf Jahren in keinem hansischen Hafen Ladung. Lübecks überseeischer Verkehr lag ganz danieder, das Vittenlager auf Schonen war drei Jahre lang verlassen. Bald gab es auf der See nichts mehr zu rauben und die Seeräuber mußten die Küsten plündern, wenn sie Beute erlangen wollten. Sie verbrannten Malmöe und verheerten, 2000 Mann stark, die Küsten Livlands und Estlands und auf's Grausamste die Umgegend von Reval. Bei Stockholm überfielen Marquard Preen, Arnold Stück u. A. den Bischof Tordo von Strängnäs, führten ihn und sein Gesinde gefesselt zu Herzog Johann von Mecklenburg und entließen ihn nur gegen schweres Lösegeld. Des Papstes Bann, der über sie erging, verlachten sie und erklärten, lieber unter dem Banne bleiben, als gegen Zahlung der geforderten Spenden sich lösen zu wollen.

Daneben vollbrachten sie auch manche tüchtige That zur Lösung ihrer politischen Aufgabe. Im Winter 1393—1394 herrschte in dem lange umlagerten Stockholm Hungersnoth. Rostock und Wismar rüsteten acht große Schiffe mit allen Le=

bensbedürfnissen und entsandten sie unter Begleitung der Vitalier nach Stockholm. Die schwedische Küste war aber ganz mit Eis umzogen, so daß sämmtliche Schiffe unfern derselben einfroren und in die äußerste Gefahr kamen, von den nahen Dänen überfallen zu werden. Da fällten die Vitalier in den benachbarten Wäldern hohe Bäume in großer Anzahl, bauten um die eingefrorenen Schiffe einen Wall, den sie mit dem Gezweige der Bäume durchflochten und mit Wasser dermaßen begossen, daß er bald eine unübersteigliche Eismauer bildete. Dann zerschlugen sie in der Nacht um diese Festung das Eis, so daß die Dänen, als sie sich am andern Morgen zum Sturme heranwagten, mit ihren Sturmmaschinen durchbrachen und viel Zeug und Leute verloren. |Als Thauwetter eintrat, brachten die Vitalier die reichlichen Vorräthe glücklich in die hungernde Stadt. Die unerwartete Rettung aus dem gefahrvollen Abenteuer erweckte auch die abgehärteten Seeräuber, die kaum erst des Papstes Bann verspottet hatten, zur Frömmigkeit. Ihre Führer, Rambo Sanewitz, Bosse Kaland, „Ritter," Arnold Stück, Nikolaus Mylges, Marquard Preen u. A., „Knappen" stifteten zur Erinnerung an die Rettung im Elise „auf der Börde von Dalerne" in einer Kirche Stockholms „mit guter Leute Hülfe," d. i. ihrer Raubgesellen, eine ewige Messe, Gott zu Lobe, zu Ehren der heil. Magd, des heil. Kreuzes und Blutes und aller Heiligen Gottes, „darumme dat uns de benedygete god met syner gotliken gnade wol beschermede unde bewarede vore unse syngende" — und bestellten den Priester Johann Ostenburg, daß er Gott bitte „vore unsen lyren Heren den koninge, vor de synen, vor uns altomalen."

Der Klagen der Hansa gegen so verwegene Seeräuber war kein Ende. Auf der Tagfahrt im Februar 1393 verlangte sie von Rostock und Wismar, da sie solches Unwesen über die deutschen Meere heraufbeschworen hätten, demselben jetzt auch ein schnelles Ende zu machen. Diese aber entschuldigten sich, sie seien dieser Leute nicht mehr Herr. Es blieb bei dem Gebet, nur in Flotten durch den Sund zu segeln und endlich mußte man die Fahrt durch den Sund bis auf Weiteres ganz einstellen. Da beschloß die Hansa die Ausrüstung einer ganzen Kriegsflotte gegen die Seeräuber. Lübeck übernahm fünf große Kriegsschiffe "Koggen", jede mit hundert Wäppnern, und zwei kleinere, die preußischen Städte zehn Koggen mit tausend Wäppnern, Stralsund vier Koggen, selbst die Rhein- und Süderseestädte versprachen eine Anzahl Schiffe zu stellen; welche Stadt die versprochene Hülfe nicht leistete, sollte auf immer vom Bunde ausgeschlossen bleiben. Dennoch trennten sich die preußischen Städte in einseitigem Interesse bald von den übrigen, Lübeck aber erzwang mit den treugebliebenen Bundesgenossen für diesen Sommer wenigstens Sicherheit auf der Ostsee.

Im folgenden Jahre, 1395, kam es mit Hülfe des preußischen Hochmeisters Konrad von Jungingen zu dem fünfjährigen Waffenstillstand mit Dänemark, der dem gefangenen König und der Stadt Stockholm die Freiheit zurückgab. Die Seeräuber verloren jetzt jeden Schutz und Schein der Gesetzlichkeit und behielten keine Wahl, als Kampf auf Leben und Tod oder Verzichtleistung auf ihr gefährliches Handwerk. Die namhaftesten Hauptleute wählten das Letztere und verschwinden fortan aus der Geschichte, andere liefen mit Geleite aus den Häfen von Rostock und Wismar, um sich dann der Insel Gothland zu bemächtigen, wurden aber von Stralsunder Wehrschiffen überwältigt und 200 Gesellen starben im Gefängniß oder auf dem Richtplatz.

Jetzt beginnt die zweite Periode dieser Seeräuberkriege, deren Namen sich den Mitlebenden noch furchtbarer gemacht und der dichterischen Sage unvergeßlich eingeprägt haben. Vor Allen sind es die beiden Nikolaus Stortebeker und Godeke Michael, beide nach der Sage aus Verden.

Die Tagfahrt zu Lübeck beschloß im Herbst 1395, Niemand solle den Vitaliern, bei Strafe des Verlustes der hansischen Gemeinschaft, Vorschub leisten. — Dennoch fanden sie nach der Plünderung Bergens in Rostock und Wismar für ihre Beute den Markt; „den Krämer kümmerte es wenig, ob das feilgebotene Gut mit Recht oder mit Unrecht gewonnen sei." Endlich auch von hier fortgewiesen, theilten sie sich in drei Haufen. Der eine, vierhundert Mann stark, wandte sich in die Newa und erlebte, in der Irre umherschweifend, die abenteuerlichsten Dinge, welche die Sage weiter ausschmückte; durch Hunger, Krankheit, Kampf gegen die Menschen und Elemente um die Hälfte vermindert, kam er nach einem Jahre zurück. Eine zweite Schaar plünderte die spanischen Küsten. Die dritte und größte, unter Nikolaus Stortebeker, Godeke Michael, Wigmann und Wigbold, fand Zuflucht in Ostfriesland und gewann für die Geschichte der Nordsee politische Bedeutung.

In Friesland, ostwärts der Ems, waren damals die Verhältnisse für die Räuberschaaren äußerst günstig. Kein eingeborener Fürst hatte hier herrschende Gewalt erlangen können und das deutsche Reich nie bis hier einen maßgebenden Einfluß ausgeübt. Eine Anzahl Häuptlingsfamilien standen nebeneinander, wenig unterschieden an Macht, alle gleich in unermüdeter Fehdelust und Haß gegen einander. Gegen Keno ten Broke, den gefürchteten kriegerischen Häuptling des Brockmerlandes, hatte sich damals fast der ganze übrige Adel Ostfrieslands unter Hisko, dem Propste von Emden, erhoben, um das drohende Uebergewicht dieses Geschlechts auf immer zu brechen. Aber auch die anderen Adelsgeschlechter waren unter einander in blutigem Kampf; so viele Häuptlinge das kleine Land zählte, so viele Fehden durchstürmten dasselbe. Da erschienen, in der Ostsee von ihren Schutzherren preisgegeben, von der Hansa auf den Tod verfolgt, die Vitalier in diesem Lande der Zerrüttung. Wigold ten Broke nahm sogleich 600 von ihnen in Sold, und die Schlösser des Brockmerlandes wurden ganz von ihnen erfüllt. Zu Marienhave, dessen jetzt verschlemmter Hafen noch Stortebekers Tief heißt, schlossen sie die Einfahrt des Hafens mit einer hohen Mauer und gewölbten Pforten und brachten von hier aus auf kleinen Schiffen ihre Beute in die stets geöffneten Märkte.

Damit war auch die Ostsee keineswegs von den Seeräubern befreit. Arnold Stück und andere Führer, die an der schwedischen Küste und auf Gothland eine Zuflucht gefunden hatten, raubten hier nach allen Richtungen. Die hansische Wehrflotte war unter Lübecks Leitung glücklich im Verfolgen der einzelnen Seeräuberschiffe, doch blieb ein Angriff auf Gothland wegen Zwiespältigkeit des Oberbefehls und der Interessen ohne Erfolg. Die Insel mit dem immer noch festen Wisby und ihrer großen Anzahl Schlösser und Häfen wurde jetzt ein um so sicherer und gefährlicherer Stützpunkt der Seeräuberei, da auch Herzog Erich, Königs Albrecht Sohn, von hier seine Ansprüche auf den schwedischen Thron mit Hülfe der Vitalier geltend zu machen suchte. Auch die Engländer, die manche herben Verluste durch die deutschen Seeräuber erlitten, machten die Hansa mit den Städten Rostock und Wismar dafür verantwortlich, kaperten auf offener See und belegten in den englischen Häfen jedes deutsche Schiff mit Beschlag. Dennoch kam es, so sehr Hamburg und Lübeck drängten, im Jahre 1397 zu keinem kräftigen Beschlusse. Die Räuber wurden so keck, daß sie im Angesicht der Stadt Danzig auf der Rhede die Handelsschiffe wegnahmen und im benachbarten Pommern freien Markt und sichere Winterquartiere fanden.

Da machte Konrad von Jungingen, der Meister des deutschen Ordens, nachdem er den Frieden mit Margarethe vermittelt hatte, in entscheidender Weise den preußischen Einfluß auf der Ostsee geltend. Unterstützt von den preußischen Städten, rüstete er eine Flotte von achtzig großen Schiffen und 5000 Kriegsleuten, die auf Gothland im Hafen Garn, unfern Landskron, dem Hauptschlosse der Vitalier, landeten. Drei Hauptschlösser wurden rasch niedergelegt und Wisby mit dem Hauptmanne Erichs, Sven Sture, dem gefährlichsten Schützer der Seeräuber, genommen, die gefangenen Seeräuber — Sven entfloh — hingerichtet und der Herzog von Mecklenburg gezwungen, die ganze Insel auf ewige Zeiten dem Orden zu übergeben. Die Raubschlösser wurden niedergebrannt, die In-

sel von allen Seeräubern gesäubert und mit Ordensmannschaft
besetzt, alle Seeräuberschiffe von der Ostsee vertrieben, und auch
die Herzöge von Pommern mußten schwören, nie wieder einen
Seeräuber in Schutz zu nehmen. Den ganzen nächsten Sommer kreuzte, wobei wiederum Rostock und Wismar fehlten, so
„härtlich sie auch ermahnt und zur Verantwortung gezogen"
wurden, die hansische Wehrflotte in der Ostsee; jeder gefangene Seeräuber wurde aufgeknüpft und das „vermaledeyte heil-
lose Volk, die Teufelskinder" von der Ostsee ganz vertilgt.
Die letzten Reste retteten sich durch den Sund, um, mit den
voraufgegangenen Schaaren vereinigt, aus den Häfen Ostfrieslands die Mündungen des Rheins, der Elbe, Weser und Ems
zu sperren.

Auf Rhein, Weser und Elbe bezog damals das innere
Deutschland seinen Bedarf an englischen, französischen und niederländischen Erzeugnissen, die Waaren des europäischen Sü-
dens und des Orients, welche alle in Brügge und Antwerpen
zum Austausch mit den nordeuropäischen Waaren zusammentrafen. Keine andere Handelsströmung war damals so lebhaft
und mächtig, so erfüllt mit den kostbarsten Waaren der gewerb-
reichsten und fruchtbarsten Länder der Welt, als die Handelslinien, welche von allen Gegenden in den Städten Flanderns
und der Niederlande zusammenliefen. Mitten hinein legten sich
die Seeräuber. Geschützt durch die festen Schlösser und Häfen des ostfriesischen Adels, der voll Haß war gegen das reiche,
mächtig aufstrebende Bürgerthum, griffen sie ohne Rücksicht
auf Politik und Nationalität Alles an, was ihnen gute Beute
verhieß, und lähmten durch die verwegenste Plünderung und die
ausgesuchteste Grausamkeit den hier zusammenströmenden Handel nach allen Seiten. Voll Trotz erwiderten sie den Drohungen
Lübecks: „sie, Gottes Freunde und aller Welt Feinde, würden
fortan keines hansischen Kauffahrers mehr schonen, und nur
Hamburg und Bremen hätten nichts zu fürchten, denn dort
dürften sie aus- und einfahren, wie sie wollten." Vom gemeinen Kaufmann zu Brügge forderten sie freies Geleit, um

auch dort sicheren Markt halten zu können, „sie würden sonst den Kaufmann schon müde machen."

Alle Städte der Nordsee fühlten die schlimmen Wirkungen auf ihren Wohlstand, die reichsten Schiffe wurden unmittelbar vor dem Hafen genommen, die größten Kaufmannshäuser mit einem Schlage in die hülfloseste Lage gebracht. Die Lust am gewinnreichen Seeraub wurde so ansteckend und unwiderstehlich, daß selbst der Herzog von Vorpommern auf Raub in die Nordsee segelte, dafür aber von einer hansischen Wehrflotte mit Verlust seiner ganzen Mannschaft heimgeschickt wurde.

Endlich landete unter Lübecks Leitung eine hansische Flotte auf Ostfriesland, zwang Edo Wimcken, den Häuptling der Rüstringer, die Abenteurer von sich zu thun, konnte aber gegen die übrigen festen und wohlbemannten Schlösser wenig ausrichten. Im August 1398 wurde zu Kopenhagen von der Königin Margarethe und der Hansa, von den beiden größten Seemächten des Nordens, ein gemeinsamer Kriegszug gegen die Seeräuber beschlossen, doch kam es gegen Friesland wieder nur zu Drohungen. Keno von Broke, den Zorn der Städte fürchtend, wies die Vitalier von sich, als eine neue hansische Wehrflotte, wozu auch Rostock und Wismar ihre Schiffe gestellt hatten, in der Nordsee erschien; doch Edo Wimcken, Hisko von Emden und der Graf von Oldenburg nahmen die Vertriebenen in ihre Häfen. Da legte sich die hansische Flotte, nachdem sie eine Seeräuberschaar vernichtet hatte, unter Führung des Lübecker Rathsherrn Johann Krispin und der Hamburger Albert Schreie und Johann Manne vor Emden, zwangen Hisko zur Uebergabe seiner Schlösser, zerstörten eine Anzahl derselben, tödteten 200 Vitalier und errichteten mit 28 Häuptlingen zu Hamburg einen Vertrag, nach welchem diese nie mehr Vitalier dulden und den hansischen Kauffahrern jeden Schutz und Vorschub leisten sollten. Der Erfolg war gut, aber er hatte den Städten und namentlich Lübeck schwere Opfer gekostet, und kaum waren die Schiffe heimgekehrt, so begannen Raub und Plünberung von Neuem und um so erbitterter. Die Vitalier um=

schwärmten die holländischen, französischen, englischen, norwegischen und deutschen Küsten, und die Hamburgischen Kammerrechnungen berichten aus diesen Jahren, die dem Handelsstand noch als „ruhige" erschienen, eine Menge Hinrichtungen von Seeräubern, die in der Elbmündung gefangen wurden.

Im Jahre 1402 hatten sich die vier berüchtigtsten Seeräuberhäuptlinge, Nikolaus Stortebeker, Godeke Michael, Wichmann und Wigbold, genannt magister liberarum artium, mit zahlreichen Schiffen in den Schlupfwinkeln Helgolands gesammelt, beherrschten von hier aus die Mündung der Elbe und legten Hamburgs Handel gänzlich nieder. So keck und mächtig, in so starker Einigung, unter so trefflicher, verwegener Führung waren sie noch nie aufgetreten. Hamburg pflog förmliche Verhandlungen mit diesen Banden und empfing ihre Abgeordneten feierlich in der Stadt und im Rath. Endlich aber rüstete die Stadt mit Ernst und errang durch zwei entscheidende Siege gegen diese gefährlichsten aller Feinde glänzenden Kriegsruhm zur See und den Beinamen der „Piratenbezwingerin." Unter den Rathsherrn Nikolaus Schocke und Simon Utrecht, einem vielberühmten, seekundigen Kriegshelden, lief die Hamburgische Wehrflotte gegen Helgoland aus und begegnete zuerst den Schiffen Stortebekers und Wichmanns. Diese letzteren griffen sogleich an, denn sie hielten die Wehrschiffe, welche ihr Geschütz maskirt hatten, für Lastschiffe, wurden aber nach verzweiflungsvoller Gegenwehr geentert und ihre Mannschaft theils niedergemacht, theils gefangen. Dann erreichte die Flotte die zweite Schaar unter Godeke und Wigbold, und 150 Seeräuber, ihnen voran die vier gefürchteten Hauptleute, wurden auf dem Grasbrook bei Hamburg enthauptet, daß „der Scharfrichter mit seinen geschnürten Schuhen tief im Blute stand."

Dieser ruhm- und erfolgreiche Kampf lebt noch in erhaltenen Liedern und Sagen, welche vor allen den furchtbaren und jovialen Stortebeker und seinen wackern Gegner Simon von Utrecht mit seinem Admiralschiff, der „brausenden Kuh aus Flandern", das nach den Kammerrechnungen im Jahre 1401 in Hamburg erbaut wurde, verherrlichen. Jener, dem jedoch Godeke Michael nach den Berichten an See- und Kriegstüchtigkeit voranstand, besaß alle die Eigenschaften, die einen „freien Kriegsgesellen" trotz der Furcht, die er einflößt, zum Lieblingshelden des Volkes und seiner Sagen machen. Er war so muskelstark, daß er Ketten mit den Händen zerriß, klug und umsichtig, verwegen und rasch wie kein Anderer, ein unverwüstlicher Trinker voll übermüthigster Laune und unermeßlich reich. Der Mast seines Schiffes, meldet die Sage, war mit reinstem Golde gefüllt, für seine Loslassung bot er dem Senate eine goldene Kette, die den Dom oder gar ganz Hamburg umfassen sollte. Nach der Sage war er der Schwiegersohn des mächtigen Keno von Broke. In seiner Kajüte fand man einen großen silbernen Humpen, bis zum Brande 1842 Eigenthum der Hamburger Schiffergesellschaft, den außer ihm nur ein Junker von Gröningen auf einen Zug hatte leeren können, und der die Inschrift hatte:

„Jt Jonker Sissinga . . .
„Van Groninga
„Dronk dees heusa (trank dies Gefäß)
„In een sleusa (in einem Zug)
„Door myn kraga (durch meinen Kragen)
„In myn maga (in meinen Magen)."

Auch zeigte man in Hamburg noch des Seeräubers silberne Halskette mit der Befehlshaberpfeife, seine neunzehn Fuß lange Feldschlange und das Schwert, mit dem er gerichtet wurde. Im Jahre 1828 wurde bei Oldenburg eine alte Burg abgetragen, deren unterirdische Gänge nach der Sage unter dem Seearm, der früher Holstein von Oldenburg trennte, hinwegführten und Stortebekers Zufluchtsstätte gewesen sein sollen. Auch an andern Küstenstellen der Nord- und Ostsee, selbst mitten in Holstein in der Ufergegend der Eider, bezeichnet das Volk jetzt noch mächtige Wälle und Thurmüberreste als Stortebekers Burgen. „Stortebeker kommt!" war der Ruf, mit dem man auf Rügen die Kinder zum Schweigen brachte, und in den Kreidefelsen der Stubbenkammer zeigt man eine tiefe, trichter-

förmige Höhle als des Räubers Schatzkammer, von einem
schwarzen, riesigen Hunde bewacht, der Jedem, der sich hinab-
läßt, das Seil zernagt. Auch seinen Gegner Simon von Utrecht
und dessen „brausende Kuh" verherrlicht die Volkspoesie und
läßt ihn Nachts vor der Seeschlacht Stortebekers Steuerruder
durch Eingießen von geschmolzenem Blei unbrauchbar machen und
sein Schiff am andern Tage in den Grund bohren. Aus Holland nach Hamburg eingewandert, ward er hier um das Jahr
1400 Bürger, erwarb als Kauf- und Schiffsherr großes Ver-
mögen, als Kriegsheld zur See großen Ruhm, wurde im
Jahre 1434 Bürgermeister der Stadt und erhielt als ihr tüch-
tigster Führer in Krieg und Rath in der Nikolaikirche einen
(noch erhaltenen) Denkstein.

Aber auch diese gefeierten Siege machten dem Seeräuber-
Unwesen kein Ende, denn die Quelle desselben, die Fehden der
friesischen Abligen, war damit nicht verstopft und weder die
Hansen, noch die Dänen, noch die norddeutschen Fürsten ließen
von der Sitte, Seeräuber und Kaper in Dienst zu nehmen.
Doch durchschwärmten jetzt nicht mehr so zahlreiche und selbstständige Banden die Meere, vereinzelt und zerstreut geriethen
sie immer mehr in Abhängigkeit von den politischen Parteien.
Die Städte konnten sich nicht entschließen, Jahr aus Jahr ein
eine kostspielige Wehrflotte in See zu halten, und so finden
wir in der nächsten Zeit die Seeräuber von Friesland aus
wieder in voller räuberischer Thätigkeit. Die Engländer, voll
Zorn über die deutschen Seeräuber, halfen dazu und übten gegen alle deutschen Handelsschiffe ohne Unterschied Repressalien.
Im Jahre 1407 wußten die Vitalier den Krieg zwischen den
Holländern und Friesen so gut zu benutzen, daß der Handel
in der Nordsee wieder ganz darnieder lag. Hamburg, Lübeck
und Bremen schickten eine neue Flotte gegen Friesland, zerstörten eine Menge der gefährlichsten Raubschlösser, doch entkamen
die Räuberschaaren und fanden bei friesischen Häuptlingen und
beim Grafen von Oldenburg neuen Schutz. Noch in demselben
Jahre kamen sie aus ihren Schlupfwinkeln plötzlich wieder her-

vor und nahmen mit einem Schlage 13 hansische Schiffe mit Wachs.

Im Jahre 1410 und 1411 erhoben sich in Friesland neue Parteikämpfe zwischen den Schieringern und Vetkopern, und Keno von Broke, der bis dahin zu den Städten gehalten hatte, nahm Vitalierschaaren in Sold, die sogleich über hansische Schiffe herfielen. Ganz Friesland war voll von den verwegensten Seeräubern, und die Städte suchten nur durch Friedekoggen und bewaffnete Geleitsschiffe so gut wie möglich die Mündungen ihrer Ströme zu schützen. Auch der langjährige Krieg zwischen dem holsteinischen Grafenhause und Dänemark um das Herzogthum Schleswig vermehrte das Uebel. Die Holsteiner erließen den Aufruf, daß alles lose und ledige Volk zu Abenteuer auf die drei Reiche in ihren Häfen freie Aus- und Einfahrt fände. „Nach dieser Einladung," sagt die Chronik, „lief den Fürsten soviel Volk zu, daß durch dieses nicht allein die drei Reiche, sondern auch alle Kaufleute, welche die See besuchten, sehr beschädigt wurden." Die Städte Flanderns klagten, daß überall, und namentlich in Hamburg, Münster, Osnabrück, Gröningen, die angesehensten Kaufleute, trotz aller Verbote, von den Land- und Seeräubern jeden Raub ohne Scheu kauften und ohne Strafe behielten. Stralsund sandte um diese Zeit ein Schiff aus, auf die Seeräuber zu kreuzen; der Hauptmann aber, Linstow, und die gesammte Mannschaft waren so einig in der Raublust, daß sie selbst über die ersten Kauffahrteischiffe, die ihnen begegneten, herfielen. Sie wurden aber von den Stralsundern ereilt und enthauptet, der Hauptmann auf's Rad geflochten und dann gehängt. Die Städte wandten sich in ihrer Rathlosigkeit, doch vergeblich, an den Kaiser, der ihnen mit dem Reiche noch niemals Hülfe und Abwehr geschafft hatte.

Im Jahre 1418 plünderten die Seeräuber sogar innerhalb der Weserufer, wurden aber von den erzürnten Bremern blutig hinausgewiesen. In demselben Jahre nahmen sie die Schiffe der Bischöfe von Lund und Roschild, die, mit sämmtlichem Hofstaat und Kostbarkeiten beladen, zu den königlichen Festen geschickt waren, und die Bischöfe sahen von ihren Reichthümern nie etwas wieder. Im Jahre 1420 nahmen sie in der Elbe, fast im Angesicht des gefürchteten Hamburgs, Hamburgische Lastschiffe. Im Jahre 1422 sandten Hamburg und Lübeck wieder eine gemeinsame Wehrflotte mit 1000 Wäppnern nach Westfriesland, erstürmten ein mit Wällen, Gräben und Thürmen stark und kunstgerecht befestigtes Lager der Seeräuber bei Esumersyl, zwangen Dokkum zur Uebergabe, rissen hier alle Häuser nieder, wo sie Räuber und Raubgut fanden, machten alle verdächtigen Bürger zu Gefangenen und kehrten, nach Aufrichtung neuer Verträge, nach Hause zurück. Und noch in demselben Jahre geschahen wieder die großartigsten Seeräubereien auf der Ostsee. Fünfhundert Vitalier nahmen dem König von Dänemark 16 schwer befrachtete Schiffe und fanden dann gegen den Zorn desselben Zuflucht bei den Holländern, doch zwang die Hansa diese durch die Drohung der ewigen Ausschließung, die Seeräuber fortzuschaffen und mit Krieg zu verfolgen. Aber auch die Hansa nahm die schweifenden Banden der „freien Kriegsgesellen" gegen König Erich in Arbeit. Sie eroberten Femarn, plünderten und zerstörten Bergen unter Bartel Voet, der dabei mit 17 Schiffen einen glänzenden Sieg über die weit zahlreichere norwegische Flotte errang. Die Vitalier erwarben in diesem Kriege unter Bartel Voet, Heine von Schouwen, Hans Klockener und Swens wieder großen Kriegsruhm und bildeten zu den größeren hansischen Flotten die Plänkler, das leichte Geschwader, konnte aber dabei vom Seeraub an allen Parteien nicht lassen. Vor Allem erwarb sich der Hauptmann Swens einen gefürchteten Namen, bis er von den Wehrschiffen der Lübecker mit 240 Gesellen aufgebracht wurde. In langen Zügen wanderte ihm das Volk von Lübeck entgegen und ließ ihn bald darauf gegen Lösegeld wieder los. Der Friede mit Erich machte dem Seeräuberunwesen auf der Ostsee ein Ende.

Auch in Friesland rüstete man sich endlich ernstlich, die

Quelle dieses Unheils zu zerstören. Unter Edzard Cirksena von Gretsyl verband sich der bessere Theil des friesischen Adels als „Bundesgenossen der Freiheit" und schloß mit Hamburg ein Bündniß, um die endlosen Häuptlingsfehden beizulegen. Die Hamburger bemächtigten sich der Stadt Emden, hielten den Propst derselben, Smelo, den vornehmsten Schützer der Seeräuber, vier Jahre gefangen, rüsteten mit Bremen und Oldenburg unter Simon von Utrecht eine große Flotte, bezwangen den mächtigen Häuptling Sibeth Papinga 1433 in der Schlacht bei Bargerbur, zerbrachen seine Burgen, vertrieben seine Anhänger und brachten Edzard und den Bund der Freiheit zur Herrschaft. Der im Jahre 1434 aufgerichtete Friede wurde von der Hansa als das entscheidende Ende der Seeräuberkriege erachtet. Das Geschlecht Cirksena, mit Hamburgs Einfluß in Ostfriesland herrschend, brachte andere Zeiten und Sitten über das zerrüttete Land.

12. Die Verhältnisse der Hansa in den Niederlanden, Frankreich und England im 15. Jahrhundert.

Im Anfang des 15. Jahrhunderts stand die Hansa auf dem Gipfelpunkte ihrer Blüthe. Die drei nordischen Reiche, die bis dahin immer nur jedes für sich ihre Kraft gegen den Städtebund gerichtet hatten, waren trotz ihrer Vereinigung von dem Bund der deutschen Ostseestädte, Hamburgs, des preußischen Ordens und des holsteinischen Fürstenhauses überwunden und das dänische Reich in seiner Politik gegen Deutschland von Neuem geschlagen worden. Schleswig war bei Holstein ge-

blieben, und die Hansa hatte durch ihr siegreiches Auftreten zur
See die Bestätigung aller ihrer Rechte in den drei Reichen
wiedergewonnen. Wieder war der Beweis geliefert, daß die
deutschen Seestädte in ihrer Vereinigung in den nordeuropäischen Angelegenheiten den Ausschlag zu geben und eine Seemacht zu erhalten vermochten, die wohl geschlagen, aber aus
der Herrschaft über diese Meere nicht verdrängt werden konnte.
Zu gleicher Zeit hatten sich jedoch auch alle Uebel im Bunde
offenbart, welche später hauptsächlich seine Auflösung herbeifüh-
ren sollten. Die zu große Anzahl gleichberechtigter Glieder,
die ohne ein einiges Haupt in den entscheidendsten Augen-
blicken stets eine Zwiespaltigkeit des Oberbefehls zur Folge
hatte, die Getheiltheit, das Auseinanderstreben der Interessen
der Bundesgruppen, der überwiegende Handelsgeist und die
Friedensliebe des Bundes, welche für gewöhnlich der Berechnung und Rücksicht auf die nächstliegenden Vortheile, also dem
engherzigen und ängstlichen Eigennutz, über eine großherzige,
weitblickende Politik das Uebergewicht verschafften. Das 15.
Jahrhundert, das uns in seiner ersten Hälfte Macht und
Handel des Bundes am weitesten und einflußreichsten entfaltet
zeigt, entwickelt auch diese Uebelstände schon in immer schlim-
merer Weise und läßt sie am Schluß um so voller und verderblicher wirken, da unterdessen die von der Hansa im Handel beherrschten Völker unaufgehalten vorschreiten und, begünstigt
durch eine veränderte Strömung des Welthandels, zum Widerkampfe immer befähigter werden.

Die Verhältnisse in den flandrischen Niederlanden und auf
dessen Weltmarkt Brügge haben wir zu Ende des 14. Jahrhunderts als durchaus günstig für die Hansa kennen gelernt.
Zwar fehlte es nie an Streitigkeiten und Stapelverlegungen,
doch wurden diese stets zu Gunsten der Hansa und mit Vermehrung der Handelsvorrechte geschlichtet. Die Hansa hatte
zwar keine Handelsherrschaft, hatte aber eine durch Privilegien
gesicherte Stellung gewonnen, welche für ihren Waarenaustausch
nicht günstiger sein konnte und trotz der auch in Flandern kaum

unterbrochenen politischen Unruhen und Umwälzungen den gewinnreichsten Markt sicherte.

Aus den zerrüttenden Parteikämpfen Flanderns war im Laufe des 15. Jahrhunderts das burgundische Haus mit geistreichen, großgesinnten Fürsten als Sieger und Herrscher hervorgegangen. Philipp der Gute vereinte, nachdem er den Aufstand der Holländer niedergeschlagen hatte, die Länder Burgund, Flandern, Brabant und Limburg, Artois, Mecheln, Antwerpen, Namür, Holland, Seeland, Hennegau und Luxemburg zu einem Reich, das er während seiner langen Regierung (1419—1467) zu dem glücklichsten und reichsten, wie dem gebildetsten und gewerbefleißigsten von Europa machte. Karl der Kühne, Philipps Sohn, erwarb dazu Geldern und Zütphen, verlor dann aber in seinem Kriegsungestüm gegen die Schweizer Kriegsruhm und Leben, und das kaum erblühte glückliche Reich Burgund ward auf immer zerstört. Ein Theil fiel an Frankreich, die übrigen Provinzen durch die Heirath Maximilians mit der burgundischen Erbtochter Maria an Oesterreich.

Die Verhältnisse der Hansa in den Niederlanden mußten den Wechselfällen der politischen Zustände folgen. Der blutige Bürgerkrieg, welcher der burgundischen Herrschaft im 14. Jahrhundert voraufging, brachte auch der Hansa bittere Verluste und schweren Streit mit den flandrischen Städten. Weder ihrer Güter noch ihrer Handelsleute schonte man in diesem Kriege, und jede Forderung um Schadenersatz und Schutz blieb ohne Folge. Nach vielen fruchtlosen Verhandlungen zu Lübeck und in Flandern verboten die Hansen im Jahre 1388 allen ihren Genossen jeden Verkehr mit Flandern, Mecheln und Antwerpen, sowie mit Frankreich, das mit Burgund im Bunde stand, und verlegten ihren Stapel nach Dortrecht. Die flandrischen Städte spürten alsbald den empfindlichen Nachtheil, den das Ausbleiben der hansischen Kaufleute und Waaren ihren Märkten brachte, und sandten freiwillig, zugleich mit dem burgundischen Herzog, im Jahre 1389 zum Hansetag nach Lübeck ihre Abgeordneten. Im Jahre 1391 kam die Versöhnung zu Stande. Die Flanbrer versprachen 11,000 Pfd. Groten Schadenersatz und öffentliche Abbitte und erweiterten alle Privilegien der Hansa. Unter Führung der Lübeckischen und Hamburgischen Rathsherren wurden die Hansen, im feierlichen und prächtigen Einzuge mit 100 Pferden, in Brügge von den Bürgern empfangen. Im Jahre 1431 brach die Eifersucht gegen die Hansa zu offnen Gewaltthätigkeiten aus, wobei Manche im Auflauf erschlagen wurden, doch erzwang sie Genugthuung und erreichte im Jahre 1449 vom Herzog Philipp dem Guten Sicherung und Mehrung ihrer Privilegien. Im Jahre 1451 finden wir wieder den Stapel nach Antwerpen, dann nach Utrecht und Middelburg verlegt, aber auch diesmal nur auf kurze Zeit; 1456 kehren die Hansen mit Mehrung ihrer Privilegien nach Brügge zurück.

Was die Hansa stets wieder nach Brügge führte, war der Weltmarkt, der sich hier entwickelt hatte. Funfzehn Nationen, Portugiesen, Genueser, Luccefer, Florentiner, Arragonier, Navarreser, Gascogner, Provençalen und die aus dem nordwestlichen und nordöstlichen Europa hatten hier Komptor und Stapel mit selbstgewählten Consuln an der Spitze und führten alle Waaren Europa's zu möglichst freiem Umtausch zusammen. Doch hatte zu Mitte dieses Jahrhunderts der Markt zu Brügge schon merklich gelitten, und die gewaltsamen Kriege Karls des Kühnen und die nach seinem Tode eintretenden politischen Veränderungen störten den Gesammtverkehr in Flandern in dem Maße, daß die Hansa schon im Jahre 1470 daran verzweifelte, ihr Komptor in Brügge schützen zu können. Durch die Empörung gegen Maximilian brachten die flandrischen Städte einen schweren, blutigen Krieg über das blühende Land. Während langer Kriegszeit verschlammte der Hafen von Brügge, t'Zwin, der Weltverkehr zog sich von hier auf Antwerpen und machte diese Stadt zu einem neuen, lebensvollen Mittelpunkt des gesammten nordeuropäischen Handels. Dennoch dauerte es lange, bis die Hansa sich entschloß, der neuen Handelsrichtung nachzugeben und das Komptor auf die Dauer nach Antwerpen zu verlegen.

Noch ein anderer Umstand machte die Erhaltung des hansischen Stapels zu Brügge unmöglich. Das alte Stapelrecht der Hansa verlangte, daß der nach Westen berechnete Waarenumtausch in Brügge, und nirgend anderswo, stattfinden sollte. Hier mußten die hansischen Schiffe einlaufen, die nordischen Waaren und die eigenen Erzeugnisse verkaufen und die west- und südeuropäischen dagegen eintauschen. So lange die Schifffahrt in der älteren mangelhaften Entwickelung verharrte und die längere Fahrt über Flandern hinaus so gefährlich wie die Fahrt durch den Sund erschien, wurde das Stapelrecht zu Brügge gern und zu eigenem Vortheil eingehalten. Doch im Laufe des 15. Jahrhunderts bildete sich ein unmittelbarer Verkehr zwischen dem Nordosten und Südwesten immer mehr aus, und das Stapelrecht in Brügge begann um so mehr zu einem schädlichen Stapelzwange auszuarten, da das Haupt der Hansa, Lübeck, und die wendischen Bundesstädte von den ältesten Einrichtungen durchaus nicht lassen wollten. Die Städte der Nordsee, vor allen Köln, stets im Widerspruch gegen das wendische Viertel, widersetzten sich auf das Entschiedenste diesem Zwange und den damit verbundenen Abgaben. Die Hansa mußte auf dem neuen Komptor in Antwerpen nachgeben und den Kölnern gegen eine jährliche Zahlung von 100 Fl. Schoß und Stapel erlassen. Dieselben Forderungen stellten aber jetzt auch Danzig und die östlichen Städte, so daß immer mehr Ausnahmen vom Stapelzwang und Stapelschoß gemacht werden mußten und der Hansa ein bedeutender Theil ihrer Einnahmen und Bundeseinrichtungen verloren ging. Der niederländische Stapel wurde vernachlässigt und der unmittelbare Handel zwischen dem westlichen und östlichen Flügel des Bundes, den Städten der Niederlande und der Rheingegenden mit den preußischen und livländischen, zu großem Nachtheil der wendischen Städte, welche bis dahin diesen Verkehr vermittelt hatten, immer allgemeiner. In Preußen und Livland, das nach dem Falle Nowgorods selbstständiger im russischen Handel hervortrat, waren die westdeutschen Kaufleute um so willkom-

mener, als auch sie immer mehr nach Befreiung von Lübecks
Vorherrschaft strebten. So erhob sich innerhalb des Bundes
von den Holländern und Seeländern eine gefährliche Mitwer=
bung gegen den Mittelpunkt des Bundes, die um so folgenschwe=
rer wurde, je mehr sich jene im 15. und 16. Jahrhundert vom
deutschen Reiche und deutscher Politik entfernten.

Die Städte der deutschen Niederlande waren in ihrer Ent=
wickelung hinter den flandrischen zurückgeblieben. Kunst und
Gewerbe blühten hier später, das Capital sammelte sich lang=
samer, die Verbindungen und Unternehmungen blieben be=
schränkter; dagegen waren sie überlegen an unternehmendem, auf=
strebendem Handelsgeist, an einfachen nüchternen Sitten, an
Ernst und Willensfähigkeit. Die dem Mittelpunkte des Reiches
näher gelegenen Städte Frieslands, Gelderns und Oberyssels
hielten fest zu der Hansa und machten weniger widerstrebende
Sonderabsichten geltend, während Dortrecht, Delft, Amsterdam,
Leiden, Mecheln und die übrigen holländischen Städte schon
unter Karl V. ebensosehr dem deutschen Reiche fremd, wie der
wendisch=hansischen Handelspolitik entgegen waren. Sie erstreb=
ten entschieden die Aufhebung jedes Stapelzwanges und einen
freien, unmittelbaren Handel überall, vor Allem nach Livland
und Rußland. Die Hansa aber verlangte, daß die holländi=
schen Schiffe ihre Ladung nach Hamburg bringen sollten, da=
mit sie von hier durch die Vermittelung der wendischen Städte
nach dem Osten gelangen könnte. In den großen Kriegen
gegen Waldemar IV. schlossen sich die holländischen Städte der
Hansa an, in der darauf folgenden Friedenszeit versuchten sie
vergebens, eine freie Fahrt in die Ostsee zu erreichen, und suchten
darum in allen späteren Verwickelungen der Hansa mit Däne=
mark und den nordischen Reichen durch Sonderpolitik ihre
Sondervortheile. Auch in Bergen sollten nach dem Willen der
Hansa die Holländer nur mit zwei Schiffen an der Brücke an=
legen, Livland gar nicht besuchen und am Häringsfang auf
Schonen nur unter sehr beschränkenden Bedingungen Theil
nehmen. Die Holländer suchten auf jede Weise diese Zwangs=

regeln zu umgehen, segelten heimlich in die verbotenen Häfen — Klipphäfen — besonders nach Femarn, und verbanden sich zuletzt offen mit dem Unionskönig Erich gegen die Hansa. Dadurch entstand innerhalb des Bundes ein fünfzigjähriger verderblicher Krieg, der mit Kaperei und Seeraub beide Meere unsicher machte. Die Ostseehansen waren in diesem Kriege durchaus im Nachtheil; ihre reichsten Handelsflotten konnten die Küsten Hollands nicht umgehen und wurden hier rücksichtslos gekapert. So wurden im Jahre 1427 dreißig, 1435 dreiundzwanzig reich beladene preußische, nach Spanien segelnde Handelsschiffe genommen, dagegen kaperten die Bremer elf holländische Schiffe, und auch die Danziger thaten durch ihre trefflichen Kriegsschiffe den Holländern manchen Abbruch. Die Hansa verbot jede Einfuhr holländischer Waaren und jede Ausfuhr dorthin, der holländische und seeländische Adel rüstete darauf 70 Kaperschiffe und legte im Jahre 1440 und 1441 den Handel auf Hamburg ganz nieder. Dieser dem Bunde höchst verderbliche Krieg dauerte bis zum Jahre 1480, aber auch der jetzt geschlossene 24jährige Friede wurde nicht gehalten. Die Hansa wollte die freie Mitwerbung der Holländer auf der Ostsee unter keiner Bedingung zulassen, und diese erstrebten solche als eine Lebensfrage mit allen Mitteln. Unter gegenseitigen Räubereien und Handelsverboten, die den holländischen Städten durch Abschneiden der Zufuhr von deutschen Gewerbserzeugnissen großen Schaden brachten, unter unaufhörlichen Klagen über ungerechten Stapelzwang, ungebührliche Zollplackereien und Erhebungen, welche besonders den Holländern zum Vorwurf gemacht wurden, dauerte dies Verhältniß zum Nachtheil des gesammten Bundes das ganze Jahrhundert, ohne daß von der Hansa ein immer mächtigeres Einströmen des holländischen Handels in der Ostsee verhindert werden konnte.

In Frankreich blieben die Handelsverhältnisse der Hansa im 15. Jahrhundert ziemlich stetig, erreichten aber wegen der ununterbrochenen Kriegszustände dieses Reiches keine hohe Bedeutung. Die Hansa stand mit den französischen Königen stets in freundschaftlichem Verhältniß und erwarb ohne Widerspruch die Erneuerung ihrer erworbenen Handelsgerechtsame. Von Karl VI. erhielt sie im Jahre 1392 einen allgemeinen Schutzbrief und von Ludwig XI. mehrere auf den Handel in den einzelnen französischen Häfen berechnete Privilegien, welche Karl VIII. am Schlusse des Jahrhunderts bestätigte und vermehrte. Die hauptsächlichsten Gegenstände der Ausfuhr aus Frankreich waren neben Tüchern, Waid und Salz die Weine, welche die Hansen in den ältesten Zeiten aus Rochelle, dem von ihnen am meisten besuchten französischen Hafen, später auch aus Bordeaux holten. In der Bretagne war Nantes der Mittelpunkt ihres Verkehrs, in der Normandie Dieppe, Honfleur und Harfleur. In Nantes ließen sich schon früh hansische Kaufleute häuslich nieder, erwarben bürgerliche Rechte und eine hervorragende Handelsstellung.

Der Handel mit Spanien und Portugal war zum Schluß des 14. und in der ersten Hälfte des 15. Jahrhunderts manchen Schwierigkeiten und Störungen unterworfen. König Johann II. von Castilien schloß im Jahre 1383 den Hansen seine Häfen und nahm ihnen 84 Schiffe. Auch die Seekriege mit den Holländern störten, indem diese z. B. im Jahre 1438 eine ganze nach Spanien segelnde preußische Handelsflotte wegnahmen. In der zweiten Hälfte des Jahrhunderts wurde der Verkehr mit Spanien und noch mehr mit Portugal lebhafter, seitdem dieses auf dem Wege der Entdeckungen die außerordentlichsten Fortschritte machte und dadurch eine neue Periode des Welthandels vorbereitete. In Lissabon, das damals sich zu einem der ersten Welthandelsplätze emporschwang, gründete die Hansa schon 1452 eine bevorrechtete Niederlassung, die noch im 16. Jahrhundert bestand und an welche besonders Danzig großen Antheil nahm. Von hier aus hauptsächlich wurde auch der Handel mit dem südlichen Spanien geführt, wo Sevilla eine hervorragende Stelle einnahm, während an der Nordküste Spaniens Bilbao und Bayonne auf gradem Wege von den Hansen besucht wurden.

Von einem directen Handel mit Italien haben wir auch im 15. Jahrhundert keine Nachrichten. Die Handelsgegenstände der italienischen Städte wurden meist in Brügge und Antwerpen, später in Lissabon eingetauscht, oder sie kamen durch Vermittelung der süddeutschen Handelsplätze auf den deutschen Landstraßen in die hansischen Städte.

In England hatte die Hansa bis zum Schluß des 14. Jahrhunderts sich die entschiedenste Vorherrschaft im Handel erworben. Die Grundlage derselben war die charta mercatoria Eduards I. vom Jahre 1303, welche ursprünglich allen fremden Nationen ertheilt, später durch die Hansa zu ausschließlichen und drückenden Vorrechten umgewandelt wurde. Zu Ende des 14. Jahrhunderts lebte deswegen die Hansa in stetem Kampfe mit den englischen Gemeinden, der sich durch das ganze 15. Jahrhundert fortspann und um so heftiger wurde, je selbstständiger und wirkungsvoller diese im Welthandel mitzuwerben vermochten. — Der Mittelpunkt des deutsch-englischen Handels war das hansische Komptor in London, dessen ältesten Kern die „Gildhalle" bildete. Sie lag am rechten Ufer der Themse in der Straße kovegard ward, und hatte gegen die Themse zum Löschen der Ladungen eingerichtete Quais. Zu diesem Gebäude erwarb die Hansa unter Richard II. ein zweites großes Gebäude, das durch die Windgoose Alley mit dem ersten verbunden war; ein drittes Gebäude Steelhouse oder Steelgard, so genannt von dem Stahlstempel, mit dem hier die Tücher gestempelt wurden, schloß das Ganze und gab ihm den Namen des Stahlhofes. Die gesammten Komptorgebäude waren mit Mauern und Thoren gegen unerwartete Ueberfälle von Seiten des feindlich gesinnten Volkes geschützt und nur von unverehelichten Kaufleuten und ihren Dienern, den Meistern, Gesellen und Knechten, auch von deutschen Handwerkern, insbesondere von Goldschmieden, unter strenger Zucht und Ordnung bewohnt. Frauen durften den Hof nie betreten, kein Factor die Nacht außerhalb desselben zubringen, und wer eine Eingeborene heirathete, verlor das Komptor- und Hansarecht. Der das Ganze beaufsichtigende Kaufmannsrath bestand aus dem Oldermann, seinen zwei Beisitzern und neun Rathmännern, die alle gemeinsamen Angelegenheiten in allgemeinen wöchentlichen Versammlungen erledigten. Gewählt wurde dieser Kaufmannsrath am Neujahrstage durch einen jährlich von der Gesammtheit ernannten Ausschuß von zwölf Männern, wobei Niemand eine Wahl ausschlagen durfte. Außerdem übten vier Schoßmeister die Verwaltung, denn das Komptor hatte bedeutende Einnahmen und Schätze, so daß dasselbe schon an Eduard IV. aus den Vorräthen 1000 Pfund leihen konnte. Alljährlich mußten, 14 Tage nach der Wahl des Rathes, in öffentlicher Versammlung die Ordnungen des Hofes vorgelesen werden, die im Wesentlichen dieselben waren, wie auf den anderen Komptoren. Seit 1414 hatte das Komptor sein eigenes Siegel, das nur der Aldermann führte. Auch Nichthansen, wenn sie Deutsche waren, wurden auf dem Hofe zugelassen, durften aber erst nach sieben Dienstjahren und nach Erlangung des Bürgerrechts auf eigene Rechnung Handel treiben. Andere hansische Niederlassungen, die aber sämmtlich mit dem Stahlhofe in Verbindung standen, waren zu Bristol, Lynn, York, Hull, Boston, Rochester u. s. w. Die oberste Aufsicht über alle und über den Stahlhof hatte die Hansa und deren Haupt Lübeck.

Die hauptsächlichsten Ursachen des Streites der Hansa mit dem Gewerbe und dem Handelsstand in England waren die Zollbefreiungen der Deutschen bei Ein- und Ausfuhr, die Vorrechte der Hansen beim Einkauf der englischen Stapelwaaren, vor allen der Wolle und der ungeschorenen und ungefärbten Tücher, ihr freier Handel Gast mit Gast ohne Vermittelung des Eingeborenen, ihr unbeschränkter Kleinhandel mit allen Gegenständen der Einfuhr und ihre unbehinderte Ausfuhr der englischen Rohprodukte, welches Alles eine selbstständige und gewinnbringende englische Rhederei unmöglich machte. Gegen diese Vorrechte der Hansa kämpften die englischen Gemeinden seit dem 14. Jahrhundert mit jedem Mittel, das sich ihnen bot, und verschmähten selbst den gewaltsamsten Seeraub nicht, wenn nur den Gegnern dadurch Abbruch geschah. Sie kämpften um ihre Existenz, um alle Bedingungen, welche allein für sie die Grundlagen einer wirthschaftlichen Selbstständigkeit werden konnten, gegen Feinde, die bis dahin noch alle Bedingungen und Mittel zu einer vollständigen Handelsherrschaft in Händen hatten, und ruhten nicht, bis sie die bevorrechtete und vorherrschende Stellung der Hansa in England gänzlich gebrochen hatten.

Schon gegen das Ende des 14. Jahrhunderts begann von Seiten der englischen Regierung ein zeitweiliges Vorgehen gegen die Hansa. Richard II. erließ, gezwungen durch die ungestümen Beschwerden des englischen Kaufmannsstandes, im Jahre 1381 eine Schifffahrtsacte, welche den königlichen Unterthanen verbot, in anderen Schiffen, als in englischen, Waaren aus- oder einzuführen; auch sollte der größte Theil der Bemannung aus Engländern bestehen, bei Verlust des Schiffes und der Waaren. Eine gleichzeitige Parlamentsatte verbot die Ausfuhr von gemünztem und ungemünztem Metall und befahl, die Fremden nur mit Waaren und Wechseln zu bezahlen. Eine andere vom Jahre 1403 setzte fest, daß die Fremden alle eingeführten Waaren binnen drei Monaten nach der Ankunft absetzen, nicht mit Fremden handeln und in den Städten nur bei den ihnen bezeichneten Wirthen wohnen sollten. Doch erreichte die Hansa durch Geldspenden und Handelsverbote den Widerruf der nachtheiligen Gesetze oft schon im nächsten Jahre, um sie aber bald darauf wieder von der englischen Kaufmannschaft hartnäckiger und ungünstiger zur Geltung gebracht zu sehen. Das ganze 15. Jahrhundert ist erfüllt von diesem ununterbrochenen Kampf zwischen der hansischen Handelsherrschaft und dem aufstrebenden englischen Handelsgeiste, mit stets und rasch wechselndem Erfolge, mit Sieg und Gegensieg, ohne jede Aussicht auf dauernde Versöhnung. Auf beiden Seiten handelte es sich um Lebensfragen und Lebensbedingungen, und kein anderer Zielpunkt des Kampfes war denkbar, als die gänzliche Niederlage der einen Partei.

Im Jahre 1422 finden wir die englische Stapelgesellschaft an den deutschen Küsten der Ostsee, trotz Lübecks und der wendischen Städte eifrigem Widerstreben, schon fest eingenistet, denn auch hier machten die preußischen Städte den Sondervortheil eines unmittelbaren Handels mit den westlichen Handelsvölkern Europa's geltend. In Danzig hatten die Engländer zuerst ein Kaufhaus und Komptor nach deutschem Muster, das aber in Folge der Streitigkeiten vom Danziger Rath geschlossen wurde. Sie sollten fortan nur in Bürgerhäusern wohnen, eine Kopfsteuer zahlen und während des Winters keinen Handel treiben. Diese feindselige Maßregel der Hansa beantwortete man in London mit einer Erhöhung der Zölle auf Salz, Wachs und alle Tonnengüter und es machte sich zugleich die gegenseitige Eifersucht in gewaltsamen Seeräubereien Luft. Erst um das Jahr 1435 kam durch Vermittelung des preußischen Ordensmeisters Paul von Rußdorf eine Aussöhnung zu Stande, wodurch der Hansa alle seit hundert Jahren erworbenen Freiheiten bestätigt wurden. Einige Jahre darauf folgte wieder die Erneuerung der Parlamentsacte, welche den freien Handel der Fremden unter einander verbot und jedem fremden Handelsmann in seinem Hauswirthe einen Aufseher gab, der dessen Ein- und Verkauf zu verzeichnen hatte. Innerhalb eines Jahres hatte die Hansa die Aufhebung dieser Acte wieder durchgesetzt, während die Kapereien von Seiten des englischen Adels und Handelsstandes ununterbrochen fortdauerten. Im Jahre 1458 nahmen sie 16 Lübische nach Spanien bestimmte Kauffahrer auf einmal. Die Zerstörung Bergens und die Vertreibung der Engländer von dort durch Bartel Voet gehört ganz und gar mit ihren Beweggründen und Absichten in diesen Kampf. Auch die Hansen, und insbesondere Lübeck und Danzig, versäumten nicht, auf offener See gewaltsam zuzugreifen, und insbesondere erwarb ein Danziger Seeheld, Paul Beneke, in diesem Kaperkriege bei den Engländern einen gefürchteten und bei der Hansa einen gefeierten Namen. Heinrich VI. versuchte dieselbe Politik, wodurch die dänischen Könige die Hansa in zwei Hälften zu spalten gewußt hatten. Er nahm der gesammten Hansa den Stahlhof und alle Freiheiten und ließ sie nur den Kölnischen Kaufleuten, doch blieb diese Stadt in ihrer Freundschaft zu den Engländern allein, alle anderen Städte dagegen blieben der wendisch-hansischen Politik treu.

Im Jahre 1472 wurde der Kaperkrieg heftiger, als je. Die Engländer raubten an der holländischen, die Danziger an der englischen Küste, und die Hamburger und Bremer landeten mit einer Kriegsflotte in England, verheerten die Küsten tief in's Land hinein, hängten jeden Engländer auf, der in ihre Hände fiel, und kehrten mit reicher Beute zurück. Endlich erfolgte durch Karls des Kühnen Vermittelung ein längerer Friede im Jahre 1473 zu Utrecht. Den Hansen wurden die Privilegien erneuert, als Schadenersatz der Stahlhof in London und die Komptorgebäude zu Boston und Lynn als Eigenthum zurückgegeben und außerdem 10,484 Lvs. als Schadenersatz versprochen; alle Beschwerdepunkte und insbesondere die Zollplackereien sollten abgestellt werden. Die Stadt London versprach, die hansischen Freiheiten anzuerkennen, auch wenn sie den städtischen widersprechen würden. Dagegen mußte jetzt die Hansa den Engländern den freien Ostseehandel einräumen. Dieser Vertrag blieb zwar im Wesentlichen bis zu Elisabeths Regierungszeit bestehen, mit ihm blieben aber auch alle Streitpunkte, und der Kampf dauerte, wenn auch weniger heftig und gewaltthätig, doch ununterbrochen fort, bis er endlich durch Elisabeth in der gänzlichen Niederlage der Hansa ein Ende fand.

13. Die Verhältnisse der Hansa in den nordischen Reichen und in der Ostsee während des 15. Jahrhunderts.

In Norwegen erwarb und bewahrte sich die Hansa in diesem Jahrhundert eine vollständige Handelsherrschaft. Bergen war, theils in Folge damaliger Schifffahrts- und Handelsverhältnisse, theils durch Gesetze und Einrichtungen von Seiten des Königs, der Stapelplatz und Mittelpunkt des gesammten norwegischen Ein- und Ausfuhrhandels und deshalb das Hauptziel der hansischen Handelspolitik geworden. Nachdem durch die Raubzüge des Bartel Voet die Engländer vertrieben und die verarmten Einwohner der zweimal geplünderten Stadt vom hansischen Capital ganz und gar abhängig geworden waren, erwarb hier die Hansa den für den Seehandel günstigsten Stadttheil, die „Garpenbrücke" oder „Brücke", als volles Eigenthum und errichtete in demselben das großartigste und eigenthümlichste von allen ihren Komptoren, während der ungünstiger gelegene Stadttheil, der „Overstrand", von den an die Hansen tiefverschuldeten Bürgern bewohnt blieb. Die Uebermacht der Hansen beweist folgendes Ereigniß. Als der königliche Statthalter Oluf Nielsen durch willkürliche Zollerhöhungen und Begünstigung einiger Kaperschiffe die Deutschen erzürnt hatte, erregten diese im Jahre 1455 zu Bergen den heftigsten Aufruhr, schlossen den flüchtigen Statthalter im Munkelef-Kloster ein und verbrannten dasselbe trotz aller Bitten des Bischofs mit dem Statthalter, den Domherren und mehr als sechszig Menschen. Der König Christian I. wagte keine andere Genugthuung zu fordern, als die Wiederherstellung der zerstörten Gebäude, und bestätigte dagegen zu derselben Zeit alle hansischen Privilegien, verbot allen Außerhansen den Kleinhandel und zugleich mit mehr als zwei Schiffen jährlich nach Bergen zu kommen oder an andern Orten Norwegens Handel zu treiben, und erlaubte auch den Holländern nur, in zwei Gewölben zu Bergen auszustehen. Die Hansen erhielten mit neuen Befreiungen von Zoll und Steuer das Vorrecht, ganz allein das Land mit Lebensmitteln aller Art, Leinwand und dergleichen nothwendigsten Waaren zu versorgen.

Bergen ist in Bogenform um den Meerbusen Wang gebaut. Die eine Wasserseite, äußerst günstig für das Anlanden der Schiffe, „die Brücke", war jetzt ausschließlich im Besitz der Hansa, die andere, der „Overstrand", blieb zwar von den Bürgern von Bergen bewohnt, doch ging auch hier ein Haus nach dem andern in die Hände der Deutschen als Pfandschaft für Geld- und Waarenvorschüsse über. Den zwischen beiden gelegenen Stadttheil bewohnten Handwerker, die entweder Deutsche von Geburt, oder doch von den Deutschen abhängig waren. Dieser Stadttheil hieß von der überwiegenden Anzahl der Schuster die Schustergasse, war in fünf Aemter mit besonderen Ordnungen und Statuten getheilt, stand ursprünglich unter den königlichen Rentämtern, — denn die norwegischen Könige hatten selbst im 13. Jahrhundert diese Colonie deutscher Handwerker herbeigerufen — löste sich später immer mehr von der königlichen Gerichtsbarkeit und schloß sich ganz als eine zu Allem bereite und ergebene Dienerschaft an die Hansa.

Die „Brücke" brannte im Jahre 1467 ab und wurde nach damaligem nordisch-deutschem Geschmack auf's Prachtvollste von den Hansen neu und gleichmäßig aufgebaut. Sie war in 21 große und selbstständige Höfe getheilt, die zwei Gemeinden, die Marien- und Martinsgemeinde, bildeten. Jeder Hof hatte seinen besonderen Namen und Zeichen, Bremerhof, Mantel, Dornbusch, Lilie u. s. w. Die beiden Kirchen dieser Gemeinden wurden gleichfalls Eigenthum der Hansen und erhielten nach der Reformation besondere Geistliche, so daß hier eine ganz für sich abgeschlossene, vollständig organisirte Stadtgemeinde gebildet war. Jeder Einzelhof war von den übrigen durch feste Zäune oder Mauern geschieden, hatte an der Wasserseite eine große, auf das Meer hinausgelegte Brücke, an welcher die größten Schiffe anlegen und löschen konnten, und war ringsum von langen hölzernen Gebäuden umgeben, die im untern Stock Kaufbuden und Lagerräume, im zweiten Wohnstuben und Schlafkammern mit der Küche enthielten. Im hintern Theil des Hofes waren die festen Keller oder Waarengewölbe, über ihnen der große „Schütting", der gemeinsame Eß- und Wohnsaal, hinter denselben die Küchengärten. Etwa 15 oder mehr Familien bewohnten den Hof, jede bestand aus dem Hauswirth, „Husbonden", der die Aufsicht über Hof und Familie führte, aus Handelsgesellen, Lehrlingen, Bootsknechten, und bildete wieder ein kleines Komptor für sich. Der Husbonde war für die Zucht und den leiblichen Unterhalt seiner Familie verantwortlich und hatte über die Jüngeren fast unumschränkte Strafgewalt. Die zuerkannten Strafen bestanden für die Lehrlinge in Ruthenhieben, für Aeltere in Geldbußen und Gefängniß. Im Winter wohnten alle Familien zusammen im großen Schütting, einem weiten steinernen Saal, der durch eine einzige Oeffnung in der Decke, deren Klappe mit einer langen Stange geöffnet und geschlossen ward, Licht und Luft erhielt. Zum Schlafe kehrte jede Familie in die ihr in den Nebengebäuden angewiesenen Kammern zurück.

Die ganze Bevölkerung der Komptors, ohne die Handwerker gewöhnlich gegen 3000, alle männlichen Geschlechts, lebten ehelos. Wer sich in Bergen verheirathete oder Bürgerrecht nahm, verlor des Komptors Recht und Gemeinschaft. Mit Anbruch der Nacht mußte Jeder auf dem Hofe sein und bis zu Tagesanbruch dort bleiben. Bewaffnete und ungeheure Hunde, die Nachts losgelassen wurden, schützten gegen jeden Einbruch. Erst nach zehnjähriger Dienstzeit durften die Komptoristen nach Hause zurückkehren und wurden dann aus der Zahl der Lehrlinge, diese aus der Jugend der Städte ersetzt. Jeder begann mit dem Dienste der Stubenjungen, ward Bootsknecht, Geselle, Hauswirth, und trat, wenn er noch nicht heimkehren wollte, als Achtzehner und Altermann in den Kaufmannsrath. Diese Behörde, die höchste des Komptors, entschied alle Streitigkeiten und nur in den wichtigsten Angelegenheiten ging der Rechtszug nach Lübeck, von da an den Hansetag. Der Hof zum Mantel enthielt das Gefängniß, den Weinkeller und über diesem den Kaufmannssaal, dem zur Seite die Stuben für den Schreiber und die streitenden Parteien lagen. Hier wurden, unter Leitung des Kaufmannsrathes, der für die Aufrechthaltung der gemeinschaftlichen Satzungen, für den Schutz des Handels, die Erhebung der Zinsen und Zölle, für die gesammte Ordnung des Komptors, doch stets mit Vorbehalt der Genehmigung des Lübecker Senats und des Hansetages, zu sorgen hatte, die allgemeinen Versammlungen gehalten. Die Machtvollkommenheit dieses Rathes, der Achtzehner, wurde mit der Zeit so groß, daß es dem Hansetage oft schwer hielt, Gehorsam zu erzwingen. Nach dem Lüneburger Briefe vom Jahre 1412 hatte er unter Anderm die Befugniß, Jeden, der die festgesetzte Abgabe verweigerte, zu doppeltem Schoß und einer Strafe von 100 Schillingen zu verurtheilen. Diese Abgaben und die Strafgelder, Zins und Miethe für Stuben, Gewölbe u. s. w. bildeten die hauptsächlichsten Einnahmequellen des Komptors.

Nur die Achtzehner und Hauswirthe durften auf eigene Rechnung Handel treiben, im Uebrigen handelte jede Familie bei Verkauf und Einkauf nur im Auftrag der in den Hansestädten wohnenden, hierher handelnden Kaufleute. Diese bildeten in den Städten die Gesellschaft der Bergenfahrer, mietheten oder kauften auf gemeinsame Kosten einzelne Stuben oder einen ganzen Hof — denn Niemand durfte hier Geschäfte betreiben, der nicht wenigstens eine Stube gemiethet hatte, — stellten die nothwendigsten Diener auf und betrieben, Jeder auf eigene Rechnung und Gefahr, ihren Handel. Auch wenn mehrere Kaufleute mit einander ein Schiff befrachteten, blieb jeder unabhängig vom andern, doch gab es über die Art der Reise, der Ladung, der Landung ꝛc. feste Gesetze, denen jeder sich fügen mußte. Die Vorsteher dieser Gesellschaft waren dafür verantwortlich, daß die hansischen Schiffe nicht auf alle Orte Norwegens fahren und Shetland, die Faröer und Island nur von Bergen aus besuchen durften. Jede Stadt hatte zwar das Recht, nach Bergen zu handeln, doch nur etwa die Hälfte der Seestädte unterhielt hier Feuer und Heerd, Mannschaft und Wache und eine selbstständige Theilnahme an diesem Verkehr. Lübeck und die wendischen Städte erwarben das entschiedenste Uebergewicht. Die Aelterleute der Bergenfahrergesellschaft in Lübeck hatten das Recht, gewisse Vorschriften im Namen Aller zu erlassen, und der Hansetag entschied erst über die Angelegenheiten des Komptors, wenn der Senat von Lübeck und die Städte des wendischen Viertels sich darüber nicht hatten einigen können.

Höchst bedeutsam waren für die innere Ordnung des Komptors und das Leben dieser Tausende von unverehelichten Männern, die alle im rüstigsten Alter standen und unter strengen Gesetzen, harter Arbeit und kaum jemals unterbrochener Gefahr im unfreundlich gesinnten Volke aufgewachsen waren, die Prüfungen, denen sich die Lehrlinge unterwerfen mußten. Das „Hänseln", ein Spiel, das seinen Namen wohl von den „Spielen" der Hansen erhalten hatte, war im Mittelalter allgemein bekannt. Hier entschädigte das „Hänseln", das in verschiedenen Arten und Formen auftrat, für die Einförmigkeit der klösterlichen Zucht während des langen, harten Winters, wobei es — was bei einer so großen Zahl ungebildeter und in Folge der fast täglich vorkommenden blutigen Reibereien mit den Eingebornen den edlern Empfindungen entfremdeter Männer nicht Wunder nehmen kann — in der Regel zu argen Mißhandlungen kam, ja man kann sagen, daß Mißhandlungen der grausamsten Art als nothwendige Bestandtheile der „Spiele" angesehen wurden. Das Komptor hatte dreizehn Spiele, die fünf Aemter ihre besonderen. Unter jenen waren die beliebtesten das Rauch-, das Staupen- und das Wasserspiel, die wir mit kurzen Zügen schildern wollen.

Die älteren Bewohner des Komptors zogen beim erstern in langer Reihe unter lärmendem Zuruf der bergischen Bürger in die Schustergasse und füllten hier mitgebrachte Gefäße mit Haaren, Abschnitzeln von altem Leder und Abfall jeder Art, der in und hinter den Handwerkerbuden aufzutreiben war. Bauern und Bauernweiber, Narren und Masken sprangen rechts und links vom Zuge, neckten und pritschten die Zuschauer, warfen mit Koth und ließen sich bewerfen. War der Zug auf das Komptor zurückgekehrt, so wurden die Lehrlinge einzeln zu der Fensteröffnung in der Decke emporgezogen und mußten dort, während der angezündete Unrath unter ihnen langsam verkohlte, im ekelhaften, dichten Qualm zwischen Ersticken und Erbrechen aushalten, bis sie die von den lachenden Quälern vorgelegten wunderlichen Fragen beantwortet hatten. Man ließ sie in der Regel hängen, bis sie ohnmächtig waren. Waren sie endlich heruntergelassen, so wurden sie mit einem Ueberguß aus sechs Tonnen Wasser wieder in's Leben gerufen. — Beim Wasserspiel, das um Pfingsten folgte, wurden die Lehrlinge zuerst auf Kosten des Komptors bewirthet, dann entkleidet vom Schiffe ins Wasser getaucht, in den noch eisig kalten Wellen hin- und her-, auch wohl unter dem Schiff durch-, endlich halb erstarrt heraufgezogen und von Jedem, der sie erreichen konnte, mit Ruthen gepeitscht, bis sie ihrer Kleider habhaft geworden waren. Durch dieses Spiel wollte man entdecken, ob nicht heimlich ein Weib sich in das Komptor eingeschlichen habe.

Das Staupenspiel folgte bald nach dem Wasserspiel und war des Komptors Frühlingsfeier. Es wurde mit Gepränge und großer Zurüstung und etwas mehr menschlicher Sitte, als die anderen, gehalten und gab auch für die Bürgerschaft von Bergen auf mehrere Tage ein bewegtes und unentbehrliches Fest. Am ersten Tage wurden die Lehrlinge auf einem geschmückten Schiffe in den nahen Wald geführt und mußten dort Maibüsche brechen. Unterdessen wurde von den Wirthen und Gesellen das „Paradies" im großen Schütting erbaut, d. h. eine Ecke desselben mit Teppichen, Vorhängen

und buntfarbigen hansischen Wappenschildern geschmückt. In
den Höfen wurden Bäume mit Maien und buntem Zierrath errichtet. Am anderen Tage versammelte man sich zu feierlichem
Auszuge nach einem außerhalb der Niederlassnng gelegenen
Garten, die zwei jüngsten Hauswirthe, für die Dauer des Zu-
ges die Rechenmeister genannt, führten mit schwarzen Mänteln
und langen Degen den Zug, paarweise folgten die Uebrigen,
rechts und links sprangen Narren und Masken, die unentbehrlichen Lustigmacher aller mittelalterlichen Feste. In bar-
barischem Geschmack, mit Ochsen- und Kuhschwänzen, Kalbs-
fellen und dergl. aufgeputzt, sprachen sie in Reimen das Unge-
reimteste zu dem neugierigen Volke, neckten Diese, besprützten
Jene mit Wasser und hieben dort mit Peitschen und lautschal-
lenden Pritschen in eine auseinanderstäubende Schaar. Nach
ähnlicher Belustigung im Garten kehrten Alle auf die Brücke
zurück; jeder trug einen grünen Maienzweig und empfing beim
Weinkeller auf Kosten des Komptors ein Glas Wein. Fami-
lienweise begab man sich dann auf den festlich geschmückten
großen Schütting. Der älteste Hauswirth hielt eine feierliche
Anrede an die Lehrlinge, ermahnte zur Ordnung, zum Fleiße,
zur Treue und Gehorsam und warnte vor Trunkenheit und
Schlägerei; wer sich nicht getraue, das Spiel bis zu Ende auszuhalten, habe Freiheit, zurückzutreten. Auf solches Zurücktreten
folgte aber eine allgemeine Verhöhnung, darum versprachen die
Lehrlinge Alles und baten um „gnädige Bauern". Am Mit-
tag folgte auf des Komptors Kosten der Schmaus, die Lehrlinge warteten auf, die Narren belustigten mit Possen, Reimen
und Liedern. Ein Possenspiel, wie es uns auch anderswo im
Mittelalter begegnet, beschloß den Schmaus. Ein Herr und
sein Diener treten auf, gerathen unter mancherlei Possen und
derben Albernheiten in Zwist, ein Narr drängt sich versöhnend
ein, bringt aber durch seine Späße Alles noch mehr in Verwirrung, wird dann schließlich als angebliche Ursache des Zwistes
in das Paradies geschleppt und als der Erste mit starken, neuen
Ruthen gegeißelt. Unterdessen werden die Lehrlinge bei reich-

lichem Mahle berauscht, von den Narren einzeln in das Paradies geführt, über eine Bank gezogen und von den „Bauern" auf's Grausamste gepeitscht. Ein Narr daneben schlägt die Becken, ein zweiter rührt draußen die Trommel, um das Geschrei der Gepeinigten zu übertönen. Nach der Geißelung bittet einer der Narren das ganze Komptor, das edle Fest nie untergehen zu lassen. Beim Abendschmause, der das Fest beschließt, warteten die Lehrlinge wieder auf, und wer sich vor Ermattung setzte, wurde am andern Tage zur Nachfeier in's Meer getaucht. — —

In Dänemark wurden die Verhältnisse der Hansa nach der Besiegung des Königs Erich etwas stetiger. Sie behielt, wenn auch nicht ohne Widerspruch und Störung, ihre in Dänemark und auf Schonen erworbenen Handelsrechte und begann sogar einer dänenfreundlichen Politik sich zuzuneigen. König Christoph der Bayer, des abgesetzten Erichs Nachfolger, erschreckte zwar Lübeck wieder mit heimlichen Anschlägen, aber die Wachsamkeit der Stadt und sein früher Tod vereitelten solche Pläne. Ganz anders gestaltete sich hier das Verhältniß, als Christiern I., aus dem Hause der Oldenburger Grafen, die alte Union erneuerte, nach dem Aussterben des holsteinischen Grafenhauses mit Adolf VIII. beide Herzogthümer mit Dänemark vereinte und mit diesem vergrößerten Reich unmittelbar auf Hamburg und Lübeck, die Häupter der Hansa, drückte. Diese vermochten es nicht mehr, den Bund noch einmal zu einem gemeinsamen Unternehmen gegen den gefährlichen Nachbar zu einen. Voll Sorge für die Zukunft verstärkten sie nach Kräften ihre Wälle und Mauern und machten in zornigen Worten über den Wankelmuth der Holsten, die jetzt die dänische Knechtschaft der alten Freiheit vorzögen, ihrem Unmuthe Luft. Zunächst hatte Christiern I. mit inneren Unruhen genug zu thun und mußte das Reich Schweden nach der blutigen Schlacht auf dem Brunkeberge an Karl Kunbson verloren geben. Doch ward er auf andere Weise dem hansischen Handel um so gefährlicher. Er richtete nicht, wie seine Vorgänger, die alleinige Aufmerksamkeit auf auswärtige Eroberungen, sondern zugleich auf die Besserung der inneren Zustände und bemühte sich, Dänemark zu einem selbstständigen Handelsstaate umzubilden. Zu dem Zwecke gründete er eine dänische Handelsgesellschaft und suchte in jeder Weise die Entwickelung der Städte zu fördern. Er verbot den Hansen 1475, im dänischen Lande zu überwintern, und ließ ihnen nur auf den Jahrmärkten den freien Handel. Die dänischen Landleute, auch der Adel und die Geistlichkeit, sollten nicht an die Hansen, sondern an die dänischen Städte verkaufen, jedoch Getreide und Vieh nicht auf eigenen Schiffen ausführen, sondern letzteres nur bis Ripen, Assens und Horsens treiben und hier an die Hansen verkaufen. So blieb die Stellung der Hansa zwar immer noch bevorrechtet, aber eine vom König gehobene Mitwerbung der Dänen hatte damit begonnen. Der heißblütige König Hans (1480—1513) brachte ein glänzend ausgerüstetes, vortrefflich geordnetes Heer von etwa 14,000 Mann zusammen, unter dem die große Garde, vom Junker Slentz geführt, sich einen besonders gefürchteten Namen erwarb. Mit diesem Heer zog der König gegen das Bauernvolk der Marsch, wurde aber (bei Hennigstedt am 17. Februar 1500) vollständig geschlagen; sein Heer war so gut wie vernichtet, er selbst entkam nur mit großer Noth und mehrfach verwundet. Diesem Unglück folgte der Verlust Schwedens. Die hansischen Städte, vor allen Hamburg und Lübeck, hatten nicht den Muth gehabt, sich des Königs Plänen zu widersetzen, ja sie waren sogar in die Nothwendigkeit gedrängt worden, seinem Unternehmen Vorschub zu leisten. Als er nun aber neue Pläne gegen die Bauern ersann, kam er darüber in Zwist mit Lübeck und seinem Bruder, dem Herzog Friedrich von Holstein. Im October 1509 legte er sich mit einer großen Flotte vor Travemünde, sperrte die Trave, verheerte die lübeckischen Dörfer, mußte aber, da sein Bruder auf's Entschiedenste verweigerte, gegen die Stadt Partei zu nehmen, ohne einen Erfolg errungen zu haben, abziehen. Im folgenden Jahre verheerte die Flotte der Lübecker die dänischen

Inseln, während der König die Vorstädte von Wismar in unvermuthetem Ueberfalle niederbrannte. Die Lübecker blieben in mehreren Seegefechten Sieger, mußten sich aber, da sie allein dem weit überlegenen Königreiche gegenüberstanden, am 2. Januar 1512 zu dem ihnen ungünstigen Frieden von Malmöe bequemen.

Die Hansa erhielt die neue Bestätigung ihrer Handelsrechte im dänischen Reiche, Lübeck noch eine Ermäßigung des Zolles. Doch mußten sie das Bündniß mit Schweden aufgeben und eine Zahlung von 30,000 Fl. in 12 Terminen versprechen. Das Ergebniß des 15. Jahrhunderts war also, daß die Hansa ihre alte und großartige Politik gegen das dänische Reich aufzugeben sich genöthigt sah, was zur Folge hatte, daß Dänemark durch die Vereinigung mit Schleswig und Holstein tief in das deutsche Reich eindrang und sich mitten hinein zwischen die Häupter der Hansa, Hamburg und Lübeck, lagerte.

Weit ungünstiger noch gestalteten sich im Laufe des 15. Jahrhunderts die Verhältnisse in Rußland. In der ersten Hälfte dieses Jahrhunderts gelang es den Häuptern der Hansa noch, die Handelsherrschaft vermittelst des Komptors zu Nowgorod und der Niederlagen zu Pskow, Pleskow, Smolensk und in den livländischen Städten trotz mancherlei Störungen in alter Form aufrecht zu erhalten. Zwar hatten sie unaufhörlich mit dem vordringenden Handel der Holländer und Engländer zu kämpfen, die in Danzig und in den preußischen und livländischen Städten immer von Neuem Unterstützung fanden, doch behauptete das wendische Viertel der Hansa hier noch ein entschiedenes, wenn auch stets bekämpftes Uebergewicht. Die hansischen Verbote, daß kein Schiff in diesen Gegenden an Außerhansen verkauft werden, kein Hanse einen Flamländer, Holländer oder Engländer die russische Sprache lehren, letztere nur in den größeren Städten unter erschwerenden Bedingungen Handel treiben sollten, wurden oft von Lübeck erneuert, aber ebenso oft von den Livländern und Preußen umgangen. Die Engländer gründeten in Danzig und Elbing bleibende Niederlagen, wurden zwar durch den Einfluß der Hansa wieder vertrieben, konnten aber doch von der Mitwerbung in den Ostseegebieten nicht mehr gänzlich ausgeschlossen werden. Vom größten Nachtheile für die Hansa waren die politischen Umgestaltungen Rußlands durch Iwan Wassiljewitsch, der Rußland von der Herrschaft der Mongolen zu befreien und zu einem europäischen Culturstaate umzubilden strebte. Er bedurfte dazu der Herrschaft über den westlichen, gebildetsten Theil Rußlands, wo vor Allem Nowgorod mit selbstständiger Herrschaft und großen Reichthümern entgegenstand. Als Nowgorod den König Kasimir den Großen von Polen zum Schutzherrn erwählte, überzog Iwan sie (1471) mit großer Macht, schlug das städtische Heer, das die reiche und kühne Bürgerin Marfa führte, in zwei Schlachten und zwang den Freistaat zur Unterwerfung. Im Jahre 1477 erhob sich Nowgorod von Neuem, wurde gänzlich unterworfen, geplündert und seine vornehmsten und reichsten Kaufleute in das innere Rußland als Gefangene geführt. Das hansische Komptor wurde zwar nach einiger Zeit wieder eröffnet, doch im Jahre 1494 nahm Iwan in Folge neuer Streitigkeiten die noch auf dem Hofe befindlichen deutschen Kaufleute gefangen und bemächtigte sich des gesammten deutschen Besitzthums. Die gerade Handelsverbindung mit Rußland war damit einstweilen vernichtet, und den Hansen blieb nur noch der Handelsweg über Livland, der aber durch den gefährlich wachsenden Einfluß des Reiches Polen, durch die Eifersucht der livländischen Städte, durch die Mitwerbung der Holländer und Engländer immer mehr beeinträchtigt wurde und im nächsten Jahrhundert auch durch die russische Macht die schlimmsten Störungen erlitt.

Die preußischen Städte und der deutsche Orden hatten in der ersten Hälfte dieses Jahrhunderts, insbesondere in den Seeräuberkriegen, treu zum Bunde der Hansa gehalten und die großen Ordensmeister Paul von Rußdorf und Konrad von Jungingen stets mit ihrer Vermittelung der Hansa gegen die nordischen Reiche und England die dankenswerthesten Dienste geleistet. Später änderte sich auch dies Verhältniß, der Orden unterlag mehr und mehr dem Uebergewichte des Polenreiches, das durch Kasimir den Großen zu der ersten Macht im Nordosten sich ausbildete, und kam zugleich in die heftigsten inneren Fehden mit dem preußischen Landadel und den Städten, wodurch diese um so schneller dem Einflusse Polens zugetrieben wurden. Zugleich drängten diese Störungen in nächster Nähe die alten preußischen Handelsstädte Kulm, Thorn, Braunsberg und Elbing aus ihrer früheren Handelsstellung, so daß Danzig den größten Theil ihres Verkehrs an sich ziehen und sich während der zweiten Hälfte des 15ten und der ersten des 16. Jahrhunderts zu einer Weltstellung, als die erste Handelsstadt des Nordostens emporzuschwingen vermochte. Wir haben schon gesehen, wie weit diese Seestadt ihre selbstständigen Handels- und Schifffahrtslinien gegen Westen durch den Sund ausdehnte und dadurch veranlaßt wurde, zum Nachtheil des wendischen Viertels die unmittelbare Verbindung mit den Holländern und Engländern, trotz aller kräftig geführten Seekriege gegen diese, immer von Neuem zu erstreben. Auch auf Schonen kam bald der ganze preußische Antheil des Vittenlagers in die Hände der Danziger, welche hier nie, so lange der Häringsfang einigermaßen gewinnreich blieb, eine lebhafte Theilnahme daran aufgaben. Auch die Handelsrichtungen Danzigs nach dem Süden zu erhoben sich in dem Maße, daß die Stadt, dem Könige von Polen gegenüber, eine andere Politik einzuhalten für geeignet fand, als der Orden. Mittelst der Weichsel und des Bugs zog zum Schluß des 15. Jahrhunderts der Danziger Handel seine Linien durch Polen, Galizien und Lodomirien südöstlich bis in das Gebiet des Dniesters und nach Ungarn, wo sie sich mit denen der Sachsen in Siebenbürgen berührten, südwestlich über Breslau in das Obergebiet, über Krakau durch Mähren bis zur Donau. Diese außerordentliche Handelsstellung gab der Stadt ein hervorragendes Gewicht in der Hansa, und veranlaßte sie, gegen die wendisch-hansische Politik Sonderinteressen geltend zu machen.

Danzig hatte für die Handelsrichtung nach Süden ein besonderes Komptor, die Niederlassung zu Kauen oder Kowno in Litthauen, die ursprünglich dem Landhandel aller preußischen Städte diente, allmälig aber ganz in die Hände der Danziger gekommen war. Seit dem Friedensschlusse zwischen der Hansa und dem christlich gewordenen litthauischen Großfürsten Witowd (1398) hatte der Handel mit Litthauen großen Aufschwung genommen. Die wichtigsten Gegenstände waren Salz, das hin-, und Holz, das zurückgeschafft wurde. Außerdem tauschten die Dentschen für Gewerbs- und Speditionswaaren aller Art die Wald- und Feldproducte der oberen Weichselländer, Asche, Theer, Honig und Wachs, Getreide, Flachs, Juchten u. s. w. ein, welche auf den Flüssen Memel, Pregel und Deime nach Danzig gingen. Kauen, in einer Niederung der Weichsel liegend und von steilen Ufern, Stromschnellen und Wasserfällen umgeben, war nur mit flachen Kähnen zu erreichen, während wenig unterhalb der Stadt Schiffe von 170 Fuß Länge und drei Fuß Tiefegang flottenweise ihre regelmäßigen Fahrten hin- und zurückmachen konnten. Durch die dadurch gebotene Waarenumladung ward Kauen der natürliche Stapelplatz für diese Handelsrichtungen. Durch Witowd waren deutsche Ansiedler hierher gerufen und eine Gemeinde nach Magdeburger Recht eingerichtet worden, welche die Stütze des Danziger Komptors bildete. Alle hier weilenden Handelsgäste wohnten in abgesonderten Häusern und Höfen mit besonderen Haushaltungen, Lager- und Ladenräumen, theils zu Miethe, theils im Eigenthum. Der Kaufmann, der nicht selbst anwesend seine Geschäfte betreiben wollte, hatte seine „Lieger" oder Factoren, die in seinem Lohn und Auftrag kauften und verkauften und Waaren und Geld nach Danzig sandten. Die einheimischen Waarenlieferer, die Christen sowohl, als die hier in großer Zahl sich aufhaltenden Juden, arbeiteten insgesammt mit dem Gelde der Danziger und lieferten die Waaren, Holz, Asche, Wachs 2c. meistens gegen Vorschuß und gerichtlichen Contract. Manche Kaufleute besorgten auch selbst oder durch ihre Factoren den Einkauf, bereisten die litthauischen Wälder und beaufsichtigten die Fertigung der bestellten Vorräthe. Der Kleinhandel war allein dem Bürger von Kauen, der aber seinen Bedarf dazu von dem Danziger Großhändler entnahm, erlaubt. Die gemeinsame Verwaltung des Komptors wurde durch das von jedem ankommenden Schiffe erhobene Pfundgeld bestritten und von einem erwählten Kaufmannsrath, an dessen Spitze zwei Danziger standen und von dem nur die Appellation an den Rath von Danzig galt, gehandhabt.

14. Der Verfall der Hansa im 16. Jahrhundert.

Zu Ende des 15. Jahrhunderts sehen wir die Hansa fast überall in mißlicher und gefährlicher Lage. In Deutschland ist sie aus ihrer bisherigen Handelsstellung verdrängt, Schweden und Dänemark machen eine selbstständige und gegnerische Handelspolitik geltend und drohen, die politische und Handelsherrschaft der norddeutschen Städte in ihr Gegentheil umzuwandeln, in England und Holland behauptet zwar noch der Bund die althergebrachten Privilegien, doch unter wachsenden Schwierigkeiten, unter immer wirkungsvollerem Widerspruche beider kräftig aufstrebenden Nationen, und im Innern des Bundes treten die widerstreitenden Einzelinteressen immer offener und schroffer, nicht selten zu leidenschaftsvollem Kampfe gesteigert, einander gegenüber. Da vollzog sich zu Ende des Jahrhunderts ein Weltereigniß, das die Verhältnisse des gesammten europäischen Handels gänzlich umgestalten und den Bund der deutschen Städte aus der ersten Stelle in eine weit zurückliegende drängen sollte. Die Spanier und noch mehr die Portugiesen begannen im 15. Jahrhundert in dem Maße seetüchtig zu werden, wie es bis dahin noch kein Volk der Erde gewesen war, und sie ruhten nicht, bis sie in ununterbrochenen Entdeckungsfahrten Seewege nach Indien und dem neuen Welttheil Amerika gefunden hatten. Bis dahin war Asien, die eine Hauptquelle des Welthandels, mit Europa durch das Mittelmeer verbunden gewesen. Der mächtige Strom morgenländischer kostbarer Natur- und Arbeitsproducte hatte über Kleinasien das Mittel- und das schwarze Meer erreicht, war von hier durch die italienischen Handelsstädte an die europäischen Südküsten, durch die Verbindung mit den süddeutschen Städten in das Herz Europa's, oder durch Italiener und Spanier zur See nach Brügge getragen worden, wo die Hansa mit selbstständiger Schifffahrt den Strom als eine Hauptnährquelle des eigenen Handels aufnahm und weiterführte. Jetzt versiegte der Handelsstrom des Mittelmeeres. In ununterbrochener Seefahrt traf die mächtigste aller Waarenströmungen die portugiesische Küste und bildete sich in Lissabon einen Stapelplatz und Mittelpunkt. Auf die Küsten der Nordsee fiel der Schwerpunkt des europäischen Welthandels und brachte die holländischen Seestädte, als den westlichsten Flügel der Hansa, in die günstigere und vorwiegende Stellung gegen die zurückgedrängten Ostseestädte. Um so besser und wirkungsvoller konnten sie solche Vortheile benutzen, da auch sie in Schifffahrt und Handel mächtig aufblühten und durch die politischen Verhältnisse in nächste Verbindung mit Spanien und Portugal, den neuen Pforten der überseeischen Welt, getreten waren. So traten sie jetzt in den Vordergrund des europäischen Verkehrlebens und wurden die nächsten Erben der See- und Handelsherrschaft, welche die Hansa nicht mehr zu behaupten vermochte. Aber auch England, zu großer volkswirthschaftlichen Zukunft berufen, lagerte zwischen dem aus Asien ziehenden Handelsstrom und den deutschen Seestädten und zeigte bald die Wirkung der glücklichen Lage und Verhältnisse in einem selbstständigen wirthschaftlichen Abschluß und in der gänzlichen Abschüttelung der letzten Reste deutscher Handelsvorrechte.

Dänemark, Schweden und Norwegen bewährten ebenso-

halb die Folgen einer veränderten Weltstellung in einem wirkungsvolleren Vorgehen gegen die sonst so gefürchteten deutschen Seestädte. Unter diesen selbst mußten auch die Nordseestädte einen Theil des Gewinnes aus der neuen Welthandelsströmung an sich ziehen, aber was ihnen Vortheil war, wurde dem Bunde schlimmer Nachtheil. Mehr und mehr traten sie jetzt in eine gegnerische Stellung zu den Städten der Ostsee, deren Haupt, Lübeck, ihre Jahrhunderte alte Handelspolitik mit allen Kräften festhielt, und folgerichtig in eine immer mehr annähernde an Holland und England, die natürlichen Feinde und Verderber der Hansa. Der Bund, auf ganz andere Handelsbedingungen begründet und berechnet, mußte diesen großartigen und allgemeinen Handelsveränderungen gegenüber aus der früheren Stellung weichen und Schritt um Schritt bis zu seiner auch durch innere Gründe und Verhältnisse beschleunigten Auflösung rückwärts gehen.

In den Niederlanden blieb Brügge in der ersten Hälfte des 16. Jahrhunderts der Stapelplatz der Hansa, obwohl der große Welthandelsstrom lange schon an dem veröbeten und verschlammten Hafen vorbei in gerader Linie von Lissabon auf Antwerpen zog. Lübeck und, mit Ausnahme Hamburgs, das ganze wendische Viertel, verdankten die Größe ihres Handels und ihrer Seemacht einer jetzt zu Grabe gehenden Zeit und mußten fühlen, daß mit den Einrichtungen derselben auch sie selbst bei Seite geschoben würden. Ihnen blieb nichts übrig, als ein Widerkämpfen auf Leben und Tod, aber je hartnäckiger sie der Strömung der Zeit entgegentraten, um so gefährlicher und vernichtender wandte sich diese gegen sie. Das Komptor in Brügge veröbete, die hansischen Schiffe selbst wandten sich nach Antwerpen, das den ganzen nord-europäischen Seeverkehr mit unwiderstehlicher Gewalt an sich zog und wo zugleich die oberdeutschen Städte mit ihrer außerordentlichen Rührigkeit und Capitalkraft den hansischen Kaufleuten den Vorrang abgewannen. Die Einnahmen des Komptors schwanden so sehr, daß zu den nothbürftigsten Bauten kaum wenige hundert Gulden aus eigenen Mitteln aufgebracht werden konnten. Um die Mitte des 16. Jahrhunderts siedelte endlich der Rest des hansischen Komptors nach Antwerpen über, erhielt hier vom König Philipp die Bestätigung der alten Privilegien, schloß einen vortheilhaften Vertrag mit der Stadt, laut welchem diese einen großen Platz zwischen zwei Kanälen als Bauplatz und 30,000 Fl. als Beitrag zum Bau hergab, erhielt eine eigene Wage, Accisefreiheit für Alles, was die Kaufleute zu eigenem Verbrauch einführten, und einen eigenen Kai. Aber die Handelsverhältnisse waren unterdeß längst andere geworden; der hansische Handel war siech und die Stapeleinrichtungen einer veralteten Zeit mehrten nur das Siechthum. Durch die rastlose Thätigkeit des hansischen Syndicus Sudermann wurden zwar großartige Komptorgebäude begonnen, aber schon die ersten Baukosten mußten zum Theil entlehnt werden, und obwohl die Einnahmen noch um 1560 im jährlichen Durchschnitt etwa 3000 Rthlr. betrugen und um 1 Million Thaler Waaren hier umgesetzt wurden, wuchsen doch die Schulden des Komptors bis zum Jahre 1578 auf fast 150,000 Fl. Von der Stadt Antwerpen, vom Londoner Komptor und von den hansischen Städten mußten Summen auf Summen aufgenommen werden. Von den deutschen Städten, welche noch hierher verkehrten und zu dem schon stark zusammengeschmolzenen Bund hielten, Köln, Bremen, Hamburg, Braunschweig, Danzig, Lübeck, nahm sich die letztere Stadt allein des Komptors mit Kraft und Aufopferung an. Köln und Danzig, deren Kaufleute in Antwerpen eigene Häuser und Factoreien besaßen, widerstrebten den Komptorordnungen immer schroffer, riefen die Gerichte von Antwerpen gegen dieselben an und duldeten sogar von ihren Bürgern thätliche Mißhandlungen des hansischen Aldermannes. Dazu kam die Unsicherheit zur See während der holländisch-spanischen Kriege, die Geusen kaperten die Schiffe, die Spanier plünderten 1576 Antwerpen und das hansische Komptor und erzwangen von diesem eine Brandschatzung von 20,000 Fl. Holländer und Seeländer erpreßten Licenzgelder und willkürliche Zölle vom hansischen Handel, und so viel auch unterhandelt wurde, nichts konnte dem hier schon von den Gegnern abhängig gewordenen hansischen Verkehr aufhelfen; der Bund war ohne Einigung und politische Macht, ohne alle Unterstützung von Seiten des Reichs. Das Oesterlingische Haus in Antwerpen blieb bis in die neuste Zeit Eigenthum der Hansa, aber von einem Gesammtverkehr des Bundes, von einer Handelspolitik desselben war schon zu Anfang des 17. Jahrhunderts nicht mehr die Rede. Jede Stadt trieb ihren Handel für sich, unbekümmert um den Vortheil des Bundes, und nur in fruchtlosen Verhandlungen, in Bündnissen ohne alle politische Folge und Wirkung äußerten sich die letzten Lebenszeichen der sonst ersten Seemacht der Nordsee.

Auch in England sollten die Streitigkeiten zwischen der deutschen Hansa und dem englischen Handelsstande in diesem Jahrhundert mit der Niederlage der Deutschen endigen. Während England seit Beilegung des Krieges der beiden Rosen durch Heinrich VII. Schritt um Schritt in der innern Entwickelung vorwärts drängte, an innerer Einigung und Festigung an der Ausbreitung und Mehrung volkswirthschaftlicher Kräfte und Bildung, an politischem Einfluß und weitreichenden Handelsverbindungen unaufgehalten zunahm, wurden die Verhältnisse im deutschen Reich schwieriger und zerrütteter, die alten Ordnungen lösten sich, der politische Einfluß schritt am meisten im Norden und Nordwesten zurück und mit dem Reiche ging der Bund der Hansa, der Träger einer deutschen Seemacht, der inneren Auflösung unrettbar entgegen. Unter Heinrich VII. und VIII. erstarkte in England die königliche Regierung zu neuem maßgebenden Einfluß, brach die Stütze der Bürgerkriege, das überwiegende Ansehen der Großen, gewann dem Lande Frieden und dem Bürgerthum die Möglichkeit, auf der einmal eingeschlagenen Bahn der Entwickelung weiter und weiter zu schreiten. Unter der Königin Maria öffneten sich die Engländer durch die Ausbeutung des Seeweges nach Archangel, mit Umgehung der immer noch von den Hansen behinderten Fahrt auf der Ostsee, die grade Handelsstraße nach Rußland und drangen in siegreicher Mitwerbung mit den zurückweichenden Deutschen in das Innere des Reiches und durch dasselbe bis nach Asien. Unter Elisabeth begann das Aufblühen der englischen Gewerbe mit Hülfe der aus den spanischen Niederlanden eingewanderten Bürger, fünf große Handelsgesellschaften entstanden, und Handel und Schifffahrt blühten bald in einer Ausdehnung, mit welcher die Hansa keinen Vergleich mehr auszuhalten vermochte. Als Elisabeth die hansischen Privilegien vernichtete, hatten die Engländer Antheil an der Weltschifffahrt im ausgedehntesten Umfange, umsegelten die Erde, hatten Colonieen im neuentdeckten Welttheil, unternahmen Handelsfahrten nach Ostindien, während an alles Dieses keine deutsche Stadt damals denken konnte.

Heinrich VII. hatte noch zu Anfang des 16. Jahrhunderts die hansischen Privilegien durch eine Parlamentsacte bestätigt, desgleichen Heinrich VIII. zu Anfang seiner Regierung im Jahre 1510. Als aber seine Unterthanen die heftigsten Klagen gegen die Hansa erhoben, weil ihnen diese weder die freie Fahrt nach Bergen und Island noch auch im Sunde und in der Ostsee gestatteten, verbot der König 1535 den Hansen ihren vortheilhaftesten Handelszweig, die Ausfuhr der ungeschorenen Tücher. Sein Nachfolger Eduard VI. bestätigte dies Verbot, untersagte den Hansen den Verkehr mit den ihm feindlichen Schotten und verlangte für alle seine Unterthanen dieselbe Freiheit des Handels in den deutschen Städten, welche diese bisher in England genossen hatten. Die englischen Gemeinden rechneten in ihren Beschwerden nach, daß noch im Jahre 1551 in Folge der Zollbegünstigung bei der Ausfuhr die Hansa 44,000 Stücke ungeschorenen Tuches hätte ausführen können, sie selbst nur 1100 Stück. Der Beschluß des geheimen Raths in England vom Jahre 1552, daß die Hansen denselben Abgaben wie die eingebornen Handelsleute unterworfen werden sollten, neigte sogleich den Vortheil dieses Handels auf die Seite der Engländer. Auch zu anderen Zugeständnissen mußte sich die Hansa bequemen, ein genaues Verzeichniß sämmtlicher Hansestädte übergeben, jeder Handelsverbindung mit Fremden entsagen, ihre Schiffe nicht in England von Fremden nach anderen Ländern befrachten lassen, Certificate für die eigenen Waaren führen u. s. w.

Unter der Königin Maria, der Gemahlin Philipps von Spanien, erreichten die Hansen noch einmal, aber nur auf kurze Zeit, die Erneuerung ihrer Privilegien. Gegen einen bedeutend ermäßigten Zoll erhielten sie freie Ein- und Ausfuhr aller einheimischen und fremden Waaren und ganz besonders der ungefärbten und ungeschorenen Tücher; statt 15 Pfg. zahlten sie jetzt nur 5 Pfg. als Zoll. Das Parlament, schon ganz auf die Seite des englischen Gewerbs- und Handelsstandes getreten, beschränkte jedoch die letzte Erlaubniß auf die Dauer von drei Jahren. Da die Hansa auch noch andere Vergünstigungen erwarb, fing ihr Verkehr in London und England von Neuem an aufzuleben. Im Jahre 1554 führte sie wieder 36,000 Stücke Tuchs aus und hatte überhaupt durch die Zollbegünstigung in einem Jahre gegen die Einheimischen und Fremden einen Handelsvortheil von mehr als 300,000 Fl. Auch der Stahlhof in London hatte zu mannichfachen Klagen der Engländer nur zu vielen Grund gegeben. Seine Bewohner waren ausschweifend und üppig geworden, achteten nicht mehr die alte Zucht, sondern zeichneten sich durch Ueppigkeit jeder Art aus, in Folge deren sich der Haß der Bevölkerung Londons vielfach in gewaltsamen Angriffen auf den Stahlhof Luft machte. Dennoch war das Komptor immer noch das reichste der Hansa, so daß es z. B. noch im Jahre 1547 dem Rath von Hamburg eine Summe von etwa 60,000 Fl. vorschießen konnte. Als nun durch die Königin Maria die Hansa zu neuem Einfluß gekommen war, dachte sie mit Ernst auch an eine Verbesserung der Komptorordnung, erneuerte und schärfte die alten Gesetze, entwarf ein genaues Verzeichniß aller an den hansischen Privilegien theilnehmenden Städte, deren Zahl zwar noch 66 betrug, von denen aber nur die wenigsten an den Bundespflichten tragen halfen, und that jetzt Alles, um die besseren Verkehrsverhältnisse nach Möglichkeit auszubeuten und zu sichern. Doch um so heftiger regte sich auch der Widerstand der englischen Gemeinden und insbesondere der Gesellschaft der Aventurers, welche klagten, daß die Hansen die Schifffahrt, das Tuchgewerbe und den Tuchhandel der Engländer zu Grunde richteten, jeden selbstständigen englischen Ausfuhrhandel niederlegten, zu Antwerpen, Bergen und überall in die Ostsee die englischen Kaufleute vertrieben und mit allen möglichen Abgaben bedrückten. Diesen Klagen folgte eine Beschränkung der Tuchausfuhr für die Hansa.

Die Königin Elisabeth ließ zwar den Hansen noch einige Vergünstigungen im Zoll, beschränkte jedoch im Jahre 1564 die Ausfuhr ungefärbter Tücher auf 5000 Stück und verlangte für ihre Unterthanen in den hansischen Städten gleiche Rechte. Die Hansa wandte sich jetzt an Kaiser und Reich und klagte ebensosehr über die Aufhebung ihrer Privilegien und über Zollbedrückungen in England, in Folge deren sie für die gleiche Waarenmenge statt der früheren 2500 Pfd. jetzt 2800 Pfd. zahlen mußte, wie über das Eindringen des englischen Handels in Deutschland. Im Jahre 1569 hatten die englischen Kaufleute ihren Stapel wieder nach Hamburg verlegt und drangen von hier aus mit englischem Tuch- und Wollhandel schon in das Innere des deutschen Reiches bis nach Nürnberg und Augsburg, während sie von Elbing her im russisch-deutschen Handel gefährlich mitwarben. Die Kaiser Max II. und Rudolf II. waren nicht abgeneigt, sich des hansischen Handels gegen England anzunehmen, und es folgten kaiserliche Schreiben und Gebote genug, doch dem deutschen Reiche fehlte mit der Einheit jede Fähigkeit, dem geschlossenen, gutgeleiteten England thatkräftig die Spitze zu bieten. Hamburg mußte freilich dem Drängen der wendischen Städte nachgeben und die Engländer ausweisen, doch diese gingen in das benachbarte Stade, dann nach Emden und breiteten unter dem Schutz des Grafen Edzarb troß aller kaiserlicher Mahn- und Drohbriefe ihren Handel in Deutschland immer erfolgreicher aus.

Die Unterhandlungen Elisabeths mit dem Kaiser und der Hansa schwankten unterdeß hin und her, keine Partei wollte das Opfer bringen, durch das sie sich selbst vernichten mußte, eine jede verlangte von der andern, was sie als unentbehrlichste Lebensbedingung für sich erkannt hatte. Elisabeth, von der Unfähigkeit des deutschen Reiches zu einer ernstlichen und kriegerischen Unterstützung der norddeutschen Handelsstädte überzeugt, welche statt früherer seekriegerischer Schlagfertigkeit jetzt nur noch Gewandtheit in langen Unterhandlungen und weitgesponnenen Beschwerdeschriften zeigten, wußte jetzt durch dieselbe Politik, welche die Hansa früher in England so meisterhaft geübt hatte, dem Einflusse dieser im deutschen Reiche die Spitze zu brechen. Nach langen Verhandlungen und Kämpfen, nach mannichfachen Maßregeln und Gegenmaßregeln von beiden Seiten, wodurch aber Elisabeth in ihrer eingeschlagenen Handelspolitik kein Haar breit wankend gemacht wurde, erreichte endlich im Jahre 1582 die Hansa vom Reichstag zu Regensburg das Verbot der englischen Waaren im deutschen Reiche. Alsbald aber wußte der englische Gesandte Gilpin durch neue Unterhandlungen diesen Reichsschluß außer Vollzug zu setzen und den Engländern in Stade Aufenthalt, Komptorgebäude, freie Kirche und Gottesdienst, Zollbegünstigungen und privilegirten Gerichtsstand zu sichern. Auch die Häupter der Hansa konnten sich nicht einigen, Hamburg neigte zu den Engländern, und die preußischen Städte, besonders Thorn und Elbing, begünstigten diese in jeder Weise. Elisabeth schritt endlich zu offenen Feindseligkeiten und nahm im Jahre 1589 sieben nach Spanien segelnde hansische Schiffe, unter dem Vorgeben, dieselben hätten die Absicht gehabt, den Spaniern Kriegsbedarf zuzuführen. Als die Hansen, sich stützend auf ihre Neutralität, den spanischen Handel fortsetzten, nahm ihnen die Königin auf einmal 60 Schiffe im Tajo. Die englische Flotte beherrschte nach der Vernichtung der spanischen Armada die Meere, und

die Hansen waren eines kräftigen und einigen Entschlusses gegen
den mächtigen Feind unfähig. Zehn Jahre vergingen von Neuem
mit halben Maßregeln und fruchtlosen Unterhandlungen. Von
Seiten des Reiches erfolgte im Jahre 1597 eine neue Aus-
weisung der Engländer vom deutschen Reichsboden; auch diesmal ohne Erfolg. Die Aventurer ließen sich in Middelburg
nieder und von hier und von anderen Orten drang der englische Handel auf offenen und heimlichen Wegen immer tiefer
und breiter in's Reich. Zugleich beantwortete Elisabeth das
Reichsmandat dadurch, daß sie den Stahlhof schloß, die Kaufleute von dort theils vertrieb, theils als Geißeln zurückbehielt und
alle Beschwerden und Fürbitten, woher sie auch kommen mochten,
streng und entschieden zurückwies. Die letzten Ueberbleibsel einer
deutschen Handelsherrschaft in England waren damit vernichtet,
und es begann jetzt unwiderstehlich die umgekehrte Handelsströmung, welche im 17. und 18. Jahrhundert vermittelst der
Weser und der Elbe und deren Hafenplätze den Sieg und die
Herrschaft des englischen Handels in Deutschland entscheiden
sollte.

Das Verhältniß der Hansa zu dem nahen Dänemark haben wir stets als das politisch wichtigste hervorgehoben und
wollen jetzt verfolgen, wie der Bund auch hier allmälig und
unrettbar Herrschaft und Ansehen verlor. Dänemark hatte mit
dem Haus der Oldenburger den Weg einer friedlicheren Entwickelung eingeschlagen, und wenn es auch unter dem unruhigen
König Hans und unter Christian II. an schweren und unglück-
lichen Kriegen nicht fehlte, so schritt doch dieses Reich zugleich
mit Schweden in innerer Ausbildung und politischer Macht-
gewinnung nur zu erfolgreich für die Stellung der Hansa vor.
Der Anfang dieses Jahrhunderts war noch außerordentlich günstig für den Bund und zeigte noch einmal sein ganzes weit-
greifendes politisches Ansehen. Christian II. suchte den hansischen Handel insbesondere dadurch zu beengen, daß er Kopenhagen zu dem Mittelpunkt des Ostseehandels zu machen strebte.
Deswegen sollten nur hier die Deutschen mit den Dänen ver-

kehren und wurde hierher der Sundzoll von Helsingör verlegt. Durch die siegreiche Schlacht am Brunkeberge 1517 und das an den schwedischen Adligen und Geistlichen in Stockholm verübte Blutbad bemächtigte er sich Schwedens. Seitdem aber wandte sich sein Glück. Gustav Wasa, aus Schweden entkommen, fand in Lübeck sichere Zuflucht und kehrte mit Lübischer Hülfe zurück, um Stockholm zu belagern. Lübeck mit Danzig, Wismar und Rostock rüsteten für ihn und verbanden sich mit dem Herzog von Holstein. Der jütländische Adel erhob diesen als Friedrich I. zum König, und Christian verließ flüchtig sein Reich. Als Friedrich mit Hülfe Lübeck's Dänemark und Kopenhagen genommen, und mit Gustav Frieden geschlossen hatte, bestätigte er den Lübeckern alle Handelsprivilegien, verpfändete ihnen die Einkünfte von Gothland auf zwei und die Insel Bornholm auf dreißig Jahre. Dann vereitelte er auch mit Lübeck's Hülfe Christians II. neuen Kriegszug und brachte diesen gefangen nach Sonderburg, doch was er den Lübeckern als Dank vor Allem hatte versprechen müssen, das war er jetzt am wenigsten geneigt zu halten. Er nahm sogleich die Politik seiner Vorgänger auf, begünstigte die Holländer vor den Ostseehansen, statt ihnen nach dem Versprechen die Ostsee zu sperren, und that Alles, um Kopenhagen auf Kosten Lübecks und der Hansa zu heben. Obwohl die Holländer seinem Gegner Christian fast allein Hülfe geleistet hatten, gab er ihnen alle genommenen Schiffe zurück, schloß mit ihnen günstigen Frieden und weigerte entschieden die Vollziehung des mit Lübeck aufgerichteten Erbvergleiches, nach welchem die Holländer in der Ostsee nicht zugelassen werden sollten. Denselben Undank erfuhren die Lübecker von Gustav Wasa. Auch dieser hatte versprochen, die Holländer von der Ostsee fern und die alte Ordnung des hansischen Handels aufrecht zu halten; aber auch er änderte, kaum auf dem Thron sicher, seine Politik und suchte Schweden durch den Anschluß an die Handelsvölker des Westens und besonders an die Holländer von dem Einflusse Lübecks und der Hansa zu befreien und zu selbstständiger Handelsbedeutung emporzuheben.

Doch in Lübecks unmittelbarer Nähe sollte die Niederlage des Bundes nicht ohne einen letzten kräftigen Widerkampf, ohne ein Wagniß auf Tod und Leben geschehen. In die wendischen Städten war unterdessen die Reformation eingedrungen und hatte andere Ideen, andere Formen und andere Stände zur Herrschaft gebracht. In Lübeck wurde die aristokratische Partei von der demokratischen, der Trägerin der neuen Ideen, gestürzt. Die siegende Partei setzte im Jahre 1530 einen neuen Rath ein, zwang die Führer der Gegenpartei, Nikolaus Brömser und Hermann Plönnies, zur Flucht und bemächtigte sich unter Führung Jürgen Wullenwebers, des neuen Bürgermeisters, vollständig der Herrschaft in der Stadt. Auch in Stralsund war die aristokratische Partei im heftigen Volksaufruhr gestürzt und zwei Bürger der neuen Partei zu Bürgermeistern erhoben worden. In Rostock und Wismar hatten die demokratischen Zünfte wenigstens gleichen Antheil am Stadtregimente gewonnen. Diese demokratische, gewaltsam nach Besserung der gegenwärtigen Verhältnisse ringende Partei in den wendischen Städten hatte in Jürgen Wullenweber einen Führer gewonnen, der sie zu den großartigsten Plänen anzuregen wußte.

Lübeck, das kaum erst wieder durch die Unterstützung Friedrichs I. und Gustav Wasa's den alten maßgebenden Einfluß in den nordischen Angelegenheiten hatte ausüben können, war auf's Aeußerste erbittert, als es sich von beiden so schlimm getäuscht und den gehaßten Nebenbuhlern, den Holländern, den Vorzug gegeben sah.

Nach Friedrichs I. bald erfolgtem Tode erhob sich diese Erbitterung durch die jetzt herrschende Partei in Lübeck und deren männlichen Führer zur energievollen Thatkraft. Lübeck rüstete eine Flotte gegen Dänemark, an deren Spitze Wullenweber seinen Freund, Marx Meier, brachte, einen kühnen, verschlagenen, auch für den Krieg nicht unbegabten Mann, der als Hamburger Hufschmied in Lübische Kriegsdienste getreten war und, durch männliche Schönheit und Klugheit hervorragend, eine reiche Bürgermeisterswittwe Lübecks zur Frau und mit ihr hohes Ansehn gewonnen hatte. Doch war sein Kriegszug, der zunächst den Holländern galt, unglücklich, er wurde zwar nicht geschlagen, fiel aber, da er unvorsichtig von seinen Schiffen sich entfernte, in die Gefangenschaft des englischen Königs Heinrich VIII., der damals gleichfalls der Hansa Feind war. Jürgen Wullenweber ließ sich dadurch in seinen Plänen nicht irre machen. Nachdem von Dänemark und Schweden seine Forderungen, mit den Holländern zu brechen, abgewiesen worden waren, nahm er die alte wendisch-hansische Politik in ihrem ganzen großartigen Umfange wieder auf und rüstete mit allen ihm zu Gebote stehenden Mitteln zum Kriege gegen die beiden nordischen Reiche. In Dänemark fand er eine große Partei zu seiner Unterstützung bereit. Das Bürgerthum und die Landbewohner, den reformatorischen Ideen und Bewegungen ergeben, waren gegen Adel, Geistlichkeit und Regierung wegen mancher Unterdrückungen und Anfeindungen in Aufstand und wollten, nach Friedrichs I. Tode, Christian II. wieder zum Könige erheben. Ein Hauptführer dieser Partei war der einflußreiche Bürgermeister von Kopenhagen, Ambrosius Bockbinder, ein Deutscher, mit dem Wullenweber in das engste Bündniß trat. Ebenso gewann er den Bürgermeister von Malmöe, Jürgen Koch, genannt Münter. Beide, Männer von großer Kraft und Einsicht, strebten danach, die Selbstständigkeit ihrer Städte und des Bürgerthums gegen König und Adel und zugleich die Ideen der Reformation gegen die herrschende Kirche zur Geltung zu bringen. Dagegen verband sich der bedrohte dänische Reichsrath mit den holsteinischen Herzogen und diese wieder mit den Niederländern und Schweden, welches letztere Reich die Feindseligkeiten gegen Lübeck sogleich begann. Aber auch Wullenweber war nicht weniger thätig und umsichtig, gewann die Bürger von Stockholm und die schwedischen Bauern gegen König und Adel, versuchte, doch vergeblich, in Svante Sture, der alle Lockungen und Verheißungen standhaft zurückwies, einen Kronprätendenten dem König Gustav Wasa entgegenzustellen, und schloß mit Heinrich VIII. von England, dessen Vertrauen der aus der Gefangenschaft entlassene Marx Meier zu gewinnen gewußt hatte, ein Schutzbündniß, wonach dieser in der Hoffnung auf die dänische Thronfolge 10,000 Pfund Sterling Hülfsgelder zahlte. Dann warb Wullenweber als Führer in dem zu beginnenden Kriege den Grafen Christoph von Oldenburg, einen der begabtesten und gebildetsten Kriegshelden jener Zeit, der auch alsbald im Bunde mit dem Grafen von Hoya und anderen Abligen und mit 4000 wohlgerüsteten Landsknechten und Reitern den Krieg in Holstein eröffnete, bald aber vom Herzog Christian von Holstein und dessen ebenfalls genialem Feldherrn Ranzau nach Travemünde zurückgedrängt und hier belagert wurde. Zugleich nahmen die beiden letzteren eine drohende Stellung gegen Lübeck ein. Von hier lief jetzt eine Kriegsflotte von 21 Schiffen unter Christoph von Oldenburg, Wullenweber und Marx Meier gegen Kopenhagen aus, mit welcher auch Rostock, Stralsund und Wismar, nachdem sie die Reste ihrer aristokratischen Verfassung aufgehoben hatten, ihre Schiffe vereinigten, während in Malmöe und Kopenhagen unter Leitung der beiden Bürgermeister ein erfolgreicher Aufstand ausbrach. Kopenhagen fiel in die Gewalt des hansischen Heeres, das mit Hülfe der aufständischen Partei in Schonen, Seeland und auf den kleinen dänischen Inseln überall schnell und entschieden die Oberhand gewann. Da erwählte der dänische Adel den holsteinischen Herzog als Christiern III. zum König, der damals mit Ranzau die Stadt Lübeck auf's Heftigste bedrängte, die Trave versperrte, eine Anzahl Kriegsschiffe erobert, die Lübischen Dörfer verbrannt hatte und vor den Thoren der Stadt lagerte. Die Nachricht der Königswahl machte ihn zum Frieden so geneigt, wie den Bürgermeister Wullenweber die Bedrängniß und Angst der Lübecker; beide schlossen, doch nur für Holstein, Frieden und ließen einander in Bezug auf die dänischen Angelegenheiten durchaus freie Hand. Christiern III. eilte sogleich nach Jütland. Wullenweber gewann über die beginnende Parteiung in Lübeck die Oberhand, zwang alle ihm gegnerisch Gesinnten zur Abdankung, ergänzte aus seinen Anhängern den Rath und führte dann mit Marx Meier eine neue Kriegsmacht nach Seeland.

Hier und in Jütland, ebenso in Fühnen und auf Schonen, standen die Parteien in blutigen Kämpfen gegen einander. Ranzau und die jütländische Adelspartei gewann beim Berg Farenskow über die Schaaren des Oldenburgers und das aufständische Volk einen entscheidenden Sieg, während der Schiffer Clemint mit den Freibauern von Vendsyssel bei Alborg eine Heerschaar der Adelspartei fast vernichtete. Gegen ihn zog jetzt der König, nahm ihn im erstürmten Alborg gefangen, ließ ihn hinrichten und zwang den besiegten freien Bauernstand gewaltsam in die Leibeigenschaft. Unterdeß gewann auch Gustav Wasa auf Schonen die Oberhand, schlug Mynter und Meier mit der Lübischen Kriegsmacht und führte den letzteren als Gefangenen auf das Varddierg-Schloß, wo sich derselbe aber durch List und Kühnheit zu befreien, zum Herrn zu machen und 15 Monate lang als unumschränkter Herrscher der Umgegend zu vertheidigen wußte. Christiern III. und Gustav Wasa schlossen jetzt einen noch engeren Bund und beherrschten bald, da der Graf von Oldenburg in schwelgerischer Unthätigkeit in Kopenhagen lag, entschieden das Feld. Im Jahre 1535 rüsteten die Städte unter Wullenwebers unermüdlicher Leitung von Neuem, brachten mit großer Aufopferung eine Flotte auf, an deren Spitze sie den Herzog Heinrich VII. von Mecklenburg und den Grafen von Oldenburg stellten, und schlugen sich mit Ruhm, doch mit unentschiedenem Glücke gegen die vereinte dänische und schwedische Flotte, zu welcher auch preußische Schiffe sich gesellt hatten. Zu Lande gewann Ranzau mit der Adelspartei vor Assens einen entscheidenden Sieg über die hansische Kriegsmacht und stellte das dänische Uebergewicht vollständig her. Kopenhagen wurde belagert, Schloß Varddierg genommen und Marx Meier hingerichtet. Die Lübische Flotte vermochte gegen den schwedischen Admiral Peder Skramm keine

Erfolge zu gewinnen und wich immer weiter vom Kriegsschauplatze zurück.

Bei diesem entschiedenen Sieg der nordischen Reiche erhob sich in Lübeck die Gegenpartei Wullenwebers wieder. Lübeck hatte mit dem außerordentlichsten Kostenaufwande, der überlegenen Persönlichkeit des Bürgermeisters folgend, die Hauptlast des Krieges getragen und sehnte sich jetzt, da das Kriegsglück gegen die Stadt schwankte, ermattet und entmuthigt nach Frieden um jeden Preis. Auch die übrigen noch zur Hansa haltenden Städte, besonders Hamburg, verlangten Ruhe und Sicherheit zur See und hielten eine Tagfahrt zu Lüneburg, die freilich den erwünschten Erfolg noch nicht hatte. Während Wullenweber sich auf einer Gesandtschaftsreise befand, kam nach Lübeck im Juni 1535 ein kaiserliches Mandat, das bei Strafe der Acht die Wiedereinführung der alten Verfassung und die Einsetzung der alten und vertriebenen Rathsmitglieder befahl. In Abwesenheit des Führers unterwarf sich die bedrängte Bürgerschaft diesen Forderungen, und als Wullenweber zurückkehrte, fand er die alten Ordnungen hergestellt, seine Gegner, unter ihnen Brömser, im Regiment und mußte, von allen Seiten geschmäht und bedroht, seinen erzwungenen Rücktritt nehmen. In Lübeck selbst wagte Niemand gegen den immer noch gefürchteten Mann mit Gewaltthat vorzugehen. Bald darauf begab er sich nach Hadeln, um hier mit Willen des Rathes zur Fortsetzung des Krieges 6000 Knechte zu werben. Dort fiel er, auf trügerisches Anstiften des Rathes, in die Hände des Herzogs Heinrich von Braunschweig, der ihn gefangen setzte und ihn dann unter grausamen Martern am 24. September 1537 in Wolfenbüttel hinrichten ließ. Schon vor seinem Tode hatten auf Vermittelung der Fürsten des schmalkaldischen Bundes Lübeck und Stralsund mit Dänemark auf dem Tage zu Hamburg am 15. Februar 1536 Frieden geschlossen, wozu dann auch Wismar und Rostock gezogen wurden. Lübeck erhielt eine Bestätigung der Handelsfreiheiten, hatte aber auf immer seine Stellung als maßgebendes Haupt der Hansa und diese ihren leitenden Einfluß auf die inneren Angelegenheiten des nordischen Reiches verloren.

Mit Recht wird Jürgen Wullenweber noch heute als der letzte große Mann der Hansa gepriesen. Auf Lübeck, seine Stadt, bis dahin die Königin in den nordischen Meeren, fiel die großartige Neugestaltung des Welthandels mit der ganzen vernichtenden Wucht ihrer Folgen. Noch im unbehinderten Besitze seines politischen, im ganzen Norden maßgebenden Einflusses, seiner nach damaliger Kunst auf's Trefflichste ausgestatteten, überall gefürchteten Kriegsflotte, seiner lange angesammelten außerordentlichen Capitalien, ohne nur ein einziges der erfahrungs- und verbindungsreichen Handelshäuser verloren zu haben, welche überall, wohin der Lübische Handel drang, als die hervorragenden und maßgebenden zu erscheinen und geachtet zu werden gewohnt waren, im vollen, ungeschmälerten Besitz also aller Mittel, welche die Handelsherrschaft gewonnen und erhalten hatten, sollte Lübeck jetzt von einer Welthandelsstadt des deutschen Nordens zu einer Ostseehandelsstadt, von einem Weltmarkte zu einem Lokalmarkte, von einer Herrscherin der Meere zu einem beherrschten, von einem gehaßten, ränkevollen Nachbar abhängigen Hafenplatze niedergedrückt werden. Und dazu herrschte in dieser Stadt damals eine von neuen, mächtigen Ideen aufgeregte, von leidenschaftsvollem Reformtriebe ganz erfüllte Partei, die kaum erst die Fesseln einer veralteten hemmenden Verfassung siegreich zerbrochen hatte und nun mit dem vollen Feuer neuerungssüchtigen Thatendurstes nach dem großartigsten Ziel am meisten begierig sein mußte. Unter solchen Verhältnissen kam Jürgen Wullenweber an die Spitze der Stadt, und er war der Mann, dieser Verhältnisse Herr zu werden. Er wird uns geschildert von fester männlicher Gestalt; sein Bildniß zeigt ein Antlitz voll Entschiedenheit und Feuer, mit breiter hoher Stirn, mit einem Auge voll Denkkraft und von sicherem, durchbringendem Blick, mit starker Nase und energisch vorgeschobenem Unterkiefer, mit vollem Haupt- und Barthaar. Voll lebendiger, unmittelbarer Auffassungskraft, voll unwiderstehlicher, die nächsten und wichtigsten Interessen unverrückt in's Auge fassender Beredtsamkeit, voll stolzer Liebe für seine bedrohte Stadt, von rasch entschlossener, auch zum Aeußersten fähiger Schnellkraft des Willens, dabei nicht unabhängig von der Eitelkeit, zu pomphaftem Auftreten und großartigem Scheine geneigt, wußte er sich der bewegten Volksmenge weit über die Grenzen seiner Stadt zu bemächtigen und sie auf das Ziel, das ihm als das höchste, als das für seine Stadt unentbehrlichste vorschwebte, gerichtet zu halten.

Als Haupt der demokratischen und reformatorischen Partei trat er im Innern der Stadt an die Spitze der Revolution, der Neubildung auf politischem und kirchlichem Gebiet, und als dasselbe Haupt, als der Bürgermeister der ersten Hansestadt, vertrat er, erfüllt von der alten Größe und der seit Jahrhunderten überlieferten Politik des Bundes, mit allen seinen und seiner Stadt Mitteln auf dem Gebiete der Handelspolitik eine Zeit, die dem gewaltsamen Sturze unaufhaltsam entgegeneilte, Richtungen, die ringsumher bekämpft wurden, Formen, an deren Zertrümmerung die begonnene Neugestaltung des Welthandels mächtig und unwiderstehlich arbeitete. Dem Charakter des Mannes gemäß, war dieser letzte Kampf der alten Hansa kühn in Anbetracht der Mittel, denn die eine Stadt fast allein wagte ihn gegen die mächtig aufstrebenden Nachbarreiche und die mächtiger andringenden Weltverhältnisse, rasch und plötzlich im Ausbruch, doch klug und weithin berechnet in den politischen Verbindungen, großartig und überraschend im Ziel, aber gewaltsam, heftig und pomphaft in der Ausführung, vollständig vernichtend im Ausgange. Nicht des Führers Unfähigkeit verschuldete diesen, seine Kraft brachte vor unvermeidlicher Niederlage die Größe der deutschen Hansa noch einmal im vollen, doch rasch entschwundenen Lichte zur Erscheinung.

www.ingramcontent.com/pod-product-compliance
Lightning Source LLC
Chambersburg PA
CBHW020845160426
43192CB00007B/794